beck'sche reihe

bsr

C.H.Beck Geschichte Europas – die zehnbändige Reihe vereint herausragende Vertreter der deutschen Geschichtswissenschaft, die auf dem neuesten Stand der Forschung eine zugängliche und zeitgemäße europäische Geschichte vorlegen. Ihr Blickwinkel ist europäisch, nicht nationalstaatlich. Sie konzentrieren sich auf zentrale Entwicklungen, die ein ganzes Zeitalter prägten, und vermitteln zugleich das wichtigste Wissen über den behandelten Zeitraum. So wird deutlich, was «Europa» in den unterschiedlichen Epochen seiner langen Geschichte ausmachte und was für Vorstellungen jeweils mit dem Begriff verbunden wurden.

Jenes Europa, von dem wir heute sprechen, sieht seinen Ursprung im antiken Mittelmeerraum, der teils Asien, teils Afrika, teils auch Europa zugerechnet wird. Doch wäre es ein Anachronismus, von einem antiken Europa zu sprechen, denn die Vorstellung von Europa in einem emphatischen Sinne ist, wann immer sie entstanden sein mag, nicht antik. Europa war für die Antike eine Frauengestalt der Mythologie, die ironischerweise gar nicht aus Europa stammte, sondern aus Phönizien: Der verliebte Zeus näherte sich ihr in Gestalt eines Stiers und trug sie nach Kreta – insofern im modernen Verständnis immerhin nach Europa. Doch trotz dieser Ferne, Fremdheit und Differenz hat jener alte Kulturraum und haben näherhin die Kulturen der Griechen und Römer, die sich selbst nie als Europäer verstanden, über Jahrtausende hinweg die Entwicklung der europäischen Identität mitgeprägt. Hartmut Leppin umreißt in diesem Band die Geschichte der Antike von der Zeit Homers bis an die Grenze zum Frühmittelalter und erhellt, welche wichtigen Impulse aus dieser Epoche bis in die Gegenwart fortwirken.

Hartmut Leppin lehrt als Professor für Alte Geschichte an der Goethe-Universität zu Frankfurt/Main, die Geschichte des Christentums und griechische Geschichte bilden Schwerpunkte seiner Forschung. Er ist Ordentliches Mitglied des Deutschen Archäologischen Instituts. Von demselben Autor sind im Verlag C.H.Beck lieferbar: *Die Kirchenväter und ihre Zeit* (bsr 141); *Einführung in die Alte Geschichte* (2005).

Hartmut Leppin

Das Erbe der Antike

C.H.BECK GESCHICHTE EUROPAS

Mit 10 Abbildungen und 6 Karten im Text

Originalausgabe / © Verlag C.H.Beck oHG, München 2010 / Satz, Druck u. Bindung: Druckerei C.H.Beck, Nördlingen / Umschlagentwurf: malsyteufel, Willich / Umschlagabbildung: Entführung der Europa, römisches Mosaik, Nationalmuseum von Bardo, Tunis, Foto: Werner Forman, © Werner Forman Archive / Scala, Florenz / Printed in Germany / ISBN 978 3 406 60130 9 / *www.beck.de*

Inhalt

Vorwort

Auf so wenigen Seiten über die Antike in einem sehr breiten Verständnis zu handeln bildet eine Herausforderung, die nicht leicht zu bewältigen ist – die aber auch einen eigenen Reiz hat. Sie wird noch schwieriger und reizvoller, wenn das Buch Teil einer Geschichte Europas werden soll. Man kann ein solches Unternehmen nur mit Mut zur Lücke angehen. Vor wenigen Jahren habe ich eine für Studierende gedachte Einführung in die Alte Geschichte publiziert, die systematischer und nüchterner war. Im vorliegenden Buch, das letztlich ein langer Essay ist, wird stärker pointiert, zugespitzt, auch eine persönlichere Auffassung von der traditionsbildenden Bedeutung der Antike formuliert. Nicht immer reproduziere ich, was man den neusten Forschungsstand nennt, teils gewiss aus Unkenntnis, bisweilen auch, weil er mich nicht überzeugt. Zu vielen Einzelheiten, die ich anführe, gibt es wissenschaftliche Kontroversen, die ich allenfalls andeuten kann. Die wenigen Bemerkungen in den Literaturhinweisen sind sicherlich kein vollwertiger Ersatz: Doch wird der Fachmann die Dinge einzuordnen wissen und der allgemein interessierte Leser sich mit ihrer Hilfe weiter in den Gegenstand vertiefen können.

Wichtige Hinweise verdanke ich zahlreichen Gesprächen mit Kollegen in Frankfurt/Main, namentlich der engen und freundschaftlichen Zusammenarbeit mit Frank Bernstein (der manches anders sieht), und anderswo; wertvoll war die kritische Lektüre durch Alexandra Hasse-Ungeheuer und Manuela Keßler. Auch von meiner Frau Nadja Schäfer habe ich viele Anregungen bekommen. Wie stets war die Zusammenarbeit mit dem Verlag C.H.Beck und seinem Lektorat mit Stefan von der Lahr und Beate

Sander äußerst angenehm. Bei der Erstellung der Korrekturen und des Registers hat mich Marius Kalfelis verlässlich unterstützt.

Gewidmet ist das Buch dem Andenken an Walter Eder (1941–2009). Seit ich ihn kennenlernte, habe ich von dem Austausch mit ihm unendlich viel profitiert. Er war ein großer, lange verkannter Anreger des Faches, denn er wusste originell zu denken, doch starb er zu früh, um all das niederzuschreiben, was er an Neuem gedacht und so vielen in großzügiger Weise mündlich weitergegeben hat.

Frankfurt/Main, im Frühjahr 2010

I. Prolog

Sonderbar steht es um Europa. Nur scheinbar selbstverständlich nämlich firmiert dieses westlich des Ural gelegene Anhängsel Asiens als eigener Kontinent: Allenfalls als Subkontinent mag man es gelten lassen, wenn man auf die Karte blickt. Dass man dennoch gemeinhin Europa als Kontinent anerkennt, hat natürlich historische Gründe, da ‹Europa› nicht allein für geographische Verhältnisse, sondern zugleich für eine bestimmte geistige Tradition steht. Sie hat sich vor allem auf diesem Kontinent herausgebildet, war aber nie an ihn gebunden. Schwerlich kann man die politische und kulturelle Geschichte Europas von jener des neuzeitlichen Amerika trennen. In Australien wiederum ist die Europäische Geschichte die Geschichte der europäischen Einwanderer auf dem Fünften Kontinent.

Das Europa, von dem wir heute sprechen, sieht seinen Ursprung im Mittelmeerraum – im antiken Mittelmeerraum, der geographisch teils Asien, teils Afrika, teils auch Europa zugerechnet wird. Doch wäre die Rede von einem antiken Europa ein Anachronismus, denn die Vorstellung eines Europa in einem emphatischen Sinne ist, wann immer sie entstanden sein mag, nicht antik. Europa war für die Antike eine Frauengestalt der Mythologie, die ironischerweise gar nicht aus Europa stammte, sondern aus dem vorderasiatischen Phönizien. Der verliebte Zeus näherte sich ihr in Gestalt eines Stiers und trug sie nach Kreta (insofern im modernen Verständnis nach Europa), wo ihr Sohn Minos das Königshaus begründen sollte. Europa war ferner eine Bezeichnung für Landschaften in Mittelgriechenland und im südlichen Balkan. Bisweilen unterschied man auch Europa als Kontinent von Asien und Libyen (Afrika). Anders als in der Neuzeit jedoch wurde diese geographische Einteilung kaum mit kulturellen und politischen Unterschieden in Verbindung gebracht – das widersprach ja der Evidenz, da an der Westküste Kleinasiens zahlreiche Griechen siedelten und in weiten Teilen Europas Völker wohnten, die eindeutig der Barbarenwelt zuzurechnen waren.

Nie gliederte man die Menschheit in Europäer, Asiaten und Afrikaner, auch wenn man sich Gedanken darüber machte, ob das jeweilige Klima einen Menschentyp präge und so eine Beziehung zwischen Region und Menschenschlag bestehe. Üblich war es, die Völker in Griechen oder später auch Römer auf der einen und Barbaren auf der anderen Seite einzuteilen. Spätestens seit der klassischen Zeit verband man das mit der Vorstellung unterschiedlicher Charaktereigenschaften: Die vernünftigen, kulturell entwickelten, freien Griechen und Römer standen in ihrer Sicht den grobschlächtigen, grausamen, affektgesteuerten Barbaren gegenüber, die von Despoten geknechtet wurden. Derartige Stereotypen übertrug man unschwer auf Perser oder Ägypter, auf Karthager oder Germanen, allenfalls mit gewissen Varianten, wenn etwa die Germanen als kühn, die Orientalen hingegen als verweichlicht galten, die Karthager aber als perfide. Manchmal idealisierte man Barbaren – aber das ist nur die andere Seite der Medaille, wenn die Menschheit qualitativ unterschieden wird.

Gelegentlich führte man auch die Oikumene im Munde, was eigentlich die bewohnte Welt meinte, im Gegensatz zu Ländern ohne Zivilisation. Doch die Verbindung des geographischen Terminus «Europa» mit Wertvorstellungen, wie sie für das moderne Europakonzept bezeichnend ist, blieb selten, auch noch im Mittelalter, als man sich vor allem als Christenheit und nur selten als Europa definierte. Erst seit dem Spätmittelalter erlangte ein europäisches Selbstverständnis größere Bedeutung.

Passt dann das Buch überhaupt in die Reihe, für die es konzipiert ist? Die Frage ist berechtigt und wäre zu verneinen, wenn es um eine antike Geschichte des europäischen Kontinents ginge. Geographisch gesehen, ist ja eben der Mittelmeerraum das Zentrum der Antike. Er erlebte im Altertum eine bemerkenswerte kulturelle

Blüte. Die Erinnerung daran wurde über die jüdische, die griechische und die römische Tradition weitergegeben und gilt nach wie vor als bedeutsam. Von einer Antike Europas in diesem Sinne zu sprechen scheint durchaus sinnvoll:

Für das, was Europa wurde, bildet die Antike einen unumgänglichen Bezugspunkt, gerade weil die Geschichte Europas nicht allein die Vergangenheit eines bestimmten Raums meint, sondern die Geschichte, die Europa als die seine wahrnimmt, erinnert und weitererzählt. Geht man auf die Antike zurück, so hat man es auch mit einer Geschichte Europas zu tun, die nicht national bestimmt ist, sondern von den verschiedensten Nationen als die eigene empfunden wird. Wann immer man europäische Gemeinsamkeiten beschwört, beruft man sich gerne auf die Antike, gerade auch in der modernen Europäischen Union, so nüchtern sie ansonsten daherkommt. Europa schreibt sich geistige Traditionen zu, die ihren Ursprung in der Antike finden, welche weithin ein sehr hohes Prestige genießt, mag sie auch noch so unterschiedlich aufgefasst werden. Elemente der Antike begegnen allenthalben, sei es auf der Theaterbühne, im Kinosaal, bei politischen Ordnungsvorstellungen oder während der Olympischen Spiele, in der Sprache des Alltags und der Wissenschaft, in Historienfilmen und Science Fiction, als Gegenstand intellektueller Auseinandersetzung und als abgesunkenes Kulturgut. So fern die Antike gerückt ist, als Teil der Selbstbeschreibung Europas scheint sie unverzichtbar, und dies gerade auch außerhalb des Milieus der Spezialisten. Daher ist es nötig, über die Antike nachzudenken, wenn es um Europa gehen soll.

Im Zentrum meiner Überlegungen, die daher als Teil einer Europäischen Geschichte konzipiert sind, steht, was auf die politische und normative Ordnung Europas nachhaltig wirkte. Vieles, was gleichermaßen fundamental wichtig ist für Europa, bleibt unbehandelt: Die Bedeutung der Antike für die Literatur, für die bildende Kunst, für die Wissenschaft lasse ich allenfalls anklingen, doch für eine Geschichte Europas, die im Kern als eine politische Geschichte Europas konzipiert ist, erscheint diese Schwerpunktsetzung vertretbar.

Und noch eine weitere Fokussierung ist angesichts der Fülle des Berichtenswerten nötig: Das Buch konzentriert sich auf drei Schlüsselbegriffe, die eine besondere Wirkungsmacht entfalteten: die Idee der Freiheit, die bis heute in höchstem Ansehen steht, die Idee des Reiches, die namentlich im «Alten Europa» höchst umstritten ist – und die Idee des wahren Glaubens, die gerade in den letzten Jahren wieder Virulenz gewonnen hat, oft in der irrigen Vorstellung, dies sei eine ausschließlich orientalisch-islamische, nachgerade uneuropäische Angelegenheit. Bei der Entscheidung, für dieses Buch von diesen drei Begriffen auszugehen, kommt ein hoher Grad an Subjektivität ins Spiel, doch scheinen mir damit wesentliche Facetten der Antike in Hinblick auf ihre Wirkungsgeschichte erfasst.

Mit einer Gliederung anhand der drei genannten Begriffe löse ich mich von der herkömmlichen Epocheneinteilung der Antike, die sich nach einer etablierten, nur in den Details umstrittenen Lehrbuchmeinung folgendermaßen darstellt: Für Griechenland unterscheidet man das Archaische (ca. 800–500 v. Chr.), das Klassische (ca. 500 bis 336 v. Chr., dem Herrschaftsantritt Alexanders des Großen) und das Hellenistische Zeitalter (336–31 v. Chr., dem Sieg Octavians, der als Augustus berühmt werden sollte, über das letzte hellenistische Großreich Ägypten). Für Rom spricht man sodann von Republik (510–31 v. Chr.), Kaiserzeit (31 v. Chr. – 284 n. Chr., dem Herrschaftsantritt Diokletians) und Spätantike (284–634, dem Beginn der islamischen Expansion).

Diese Einteilung darf jedoch nicht verabsolutiert werden, denn sie gilt lediglich für die griechisch-römische Welt des Altertums. Die jüdische Geschichte, die in diesem Band immer wieder berührt wird, kennt eine ganz andere Periodisierung. Für sie bilden der Wiederaufbau des Tempels zu Jerusalem um 516 v. Chr. und die erneute Zerstörung des Heiligtums 70 n. Chr. die entscheidenden Zäsuren. Die Persische Geschichte erlebte wie die Griechische durch die Eroberungen Alexanders des Großen einen entscheidenden Einschnitt, doch die Zeit des Augustus bildete keine Zäsur, dafür die Herrschaftsübernahme durch die Sassaniden 224 n. Chr., die die Geschichte des Reiches in neue Bahnen lenkte. Wie für das Römisch-Byzantinische Reich bedeutete für das Sassanidenreich die Expansion des Islam einen Bruch. Während aber Byzanz, wenn auch deutlich geschwächt, überlebte, ging das Sassanidenreich unter.

Die drei Begriffe, die der Gliederung zugrunde liegen, besitzen immerhin den Vorzug, dass sie in der Reihenfolge, die ich für die Darstellung gewählt habe, bestimmte Perioden der herkömmlichen Gliederung der Antike erschließen und zugleich die Gliederung wieder in Frage stellen: Die Entdeckung der Freiheit, die die griechisch-römische Welt vom Alten Orient deutlich unterscheidet, verbindet sich mit der Geschichte des Archaischen und Klassischen Griechenland. Im Hellenismus wie auch in der Römischen Republik und der Kaiserzeit wurden (durchaus unterschiedliche) Reichskonzepte entwickelt. In der Spätantike etablierte sich mit dem Christentum eine Religion, die den Anspruch erhob, den wahren Glauben zu vertreten, als Religion der Kaiser. Doch gehören die entsprechenden Begriffe eben nicht ausschließlich in eine Epoche: Freiheitsvorstellungen entwickelten sich im Hellenismus, in der römischen Zeit und durchaus auch in der christlichen Welt weiter. Reichsbildungen gab es bereits im Alten Orient, so dass das zweite Kapitel chronologisch weiter zurückgreifen muss als das erste, allerdings dann auch zeitlich erheblich weiter geht. Und schließlich: Wer von der Idee des wahren Glaubens spricht, darf über das Judentum nicht schweigen, das im Zusammenhang des Alten Orients entstand. Bisweilen werde ich Wiederholungen nicht vermeiden können, doch scheint mir dieser Nachteil dadurch aufgewogen, dass auf diese Weise auch Querverbindungen hervortreten.

Bei der Auswahl jener drei wirkungsmächtigen Begriffe Freiheit, Reich und wahrer Glaube ging es nicht etwa darum, Wurzeln Europas zu bestimmen und Kontinuitäten aufzuzeigen. Auch wo Kontinuitäten bestehen und immer neue Rückgriffe auf die Antike vorgenommen wurden, bleibt das, was am Anfang steht, fremd. Die Antike erschließt sich nicht unmittelbar. Doch es ist nicht irgendein Fremdes, um das es hier geht: Die Antike ist auch nicht einfach das nächste Fremde, sondern das Fremde, das Europa möglich machte und das immer wieder als das Eigene erinnert wurde, und deswegen bleibt sie für Europa bedeutungsvoller als andere Phasen der Weltgeschichte.

Was die Antike an Traditionen überlieferte, waren zudem keine festen Wissensbestände, die sich unter entsprechenden Bedingungen einfach implementieren ließen, sondern sie hatten den Charakter von Potentialen, die von späteren Generationen in durchaus verschiedenartiger Weise aktualisiert wurden. Die Bedeutung dieser Überlieferungen stieg, sofern der Alten Welt an sich eine legitimierende Kraft zugeschrieben wurde. Während vieler Epochen der Europäischen Geschichte galten bestimmte Phasen der Antike als Epochen der Vollendung oder zumindest der Vorbildhaftigkeit, doch nicht immer dieselben: Diente das altisraelische Königtum Herrschern im Mittelalter als Modell, so war für die Renaissance und für die Französische Revolution die Römische Republik ein Vorbild. An die Römische Kaiserzeit appellierte Napoleon, während das Archaische Griechenland viele Menschen im *Fin de siècle* faszinierte. Das Klassische Griechenland bildete für verschiedene Epochen Norm oder Referenz.

Texte, die aus der Antike stammen oder sie beschrieben, benutzten Europäer oft und gerne, nicht lediglich als Relikte, sondern oft auch als Autoritäten, die scheinbar für sich sprachen, tatsächlich aber zum Sprechen gebracht werden mussten. Dies erweiterte den Erfahrungsraum Europas und damit auch die Handlungsmöglichkeiten. Selbst wo man nicht klassizistisch argumentiert, bot und bietet die Antike späteren Generationen Referenzen für das Denkbare und das Menschenmögliche, für das Schöne und für den Niedergang.

Die Ambivalenzen der antiken Überlieferung darf man dabei nicht übersehen: Der Gedanke der Freiheit verflocht sich in der klassischen Zeit mit einer ethnizistischen Sicht, die die Griechen auf- und die Barbaren abwertete; die glanzvolle Reichsorganisation der Römer beruhte auf der Unterdrückung fremder Völker; das Christentum, das so viel Nächstenliebe entbunden hat, verdrängte gewaltsam Abweichungen im Glauben. Auch diese Aspekte waren wirkungsmächtig. Da die Antike Europas mithin ganz unterschiedlich angeeignet wurde, scheint mir die altfränkisch anmutende Metapher vom Erbe der Antike, die im Titel auftaucht, nach wie vor sinnvoll, sinnvoller als die Bilder der Wurzel oder der Wiege Europas, die ein gleichmäßiges, eigenständiges Wachstum evozieren.

Es handelte sich übrigens nicht um ein exklusives Erbe der Europäer: An wenigen, zu wenigen Stellen werde ich daran erinnern, dass noch andere sich Teile der Erbmasse aneigneten. Die griechische Philosophie ist für die Entwicklung des Islam von größter Bedeutung, der in einer Welt entstand, die stark vom antiken Christentum und Judentum geprägt war. Aber auch nach Indien und China strahlt die Antike aus. Die Wege aus der Antike führen nicht nur nach Florenz, Paris und Berlin, sondern auch nach Bagdad, Pataliputra und Xinjian

Viel zu selten kann ferner in der historischen Darstellung dieses Buches selbst der Blick über die Grenzen der griechisch-römischen Welt hinaus gerichtet werden. Es ist unbestreitbar, dass die griechisch-römische Antike in einem fortwährenden Austausch mit den umgebenden Kulturen stand, dass sie fortwährend Anregungen von dort empfing und dorthin weitergab. Dies hat die moderne Forschung mit Nachdruck herausgearbeitet. Hier muss ich es bei Andeutungen belassen.

Jeder, der ein wenig Kenntnis über die Antike hat, wird noch mehr Lücken entdecken, die hier gar nicht angesprochen werden. Das lässt sich bei der Synthese eines so großen Stoffes nicht vermeiden. Wenn ein gewisses Interesse an dem, was geboten wird, und die berechtigte Unzufriedenheit mit dessen Lückenhaftigkeit zu einer weiteren Beschäftigung mit der Antike führen, so ist eines der Ziele des Buches erreicht.[1]

II. Freiheit

Die Griechen, jenes so kleine, so freie und so erfolgreiche Volk, gaben schon den Zeitgenossen Rätsel auf: *«Wer ist denn ihr Gebieter und beherrschet Volk und Heer?» «Keines Mannes Sklaven sind sie, keinem Menschen untertan.» «Wie vermögen sie dann Fremden, die als Feinde nahn, zu widerstehn?» «Ja so, daß sie einst Dareios' großes und schönes Heer zerstörten».*[1] Diese Verse entstammen einer Tragödie des Aischylos, die 472 aufgeführt wurde. Das Athener Publikum verfolgte eine Szene am persischen Hof, bei der Atossa spricht, die Mutter des gegen die Griechen ausgezogenen Perserkönigs Xerxes (486–465), zudem Witwe des Dareios (522–486), den die Athener zehn Jahre zuvor geschlagen hatten. Sie befragt, von Sorgen und schlechten Vorzeichen heimgesucht, den Chor der alten Männer über das eigenartige Volk der Griechen, das so machtlos schien und doch so siegreich war, das keinen König kannte und dennoch so viel Widerstandskraft besaß. Wenig später wird die Nachricht von einer vernichtenden Niederlage der Perser eintreffen.

Die Tragödie beruht, durchaus ungewöhnlich, auf historischen Ereignissen. Den Griechen war es gelungen, zwei militärische Vorstöße der Perser abzuwehren, obwohl diese über erheblich mehr Soldaten und weitaus größere Ressourcen geboten. Woher kam die Energie, woher die Disziplin der Griechen? Wie ist dieser Erfolg zu erklären? Kontingente Umstände spielten gewiss eine Rolle: Die Athener hatten mit Themistokles bei Salamis einen brillanten Kommandeur; dank Silberfunden waren sie überhaupt erst in die Lage versetzt worden, eine ausreichende Flotte zu bauen; die geographischen Verhältnisse spielten eine Rolle, die Schwierigkeiten, die Macht der persischen Truppen, zumal der Kavallerie, in den Engen

Griechenlands zu entfalten, und Verschiedenes mehr. Natürlich haben auch diejenigen recht, die sagen, dass dieser Misserfolg die Perser keineswegs ins Mark traf. Es war für die Perser ein Problem an der Peripherie – doch wurde der Feldzug des Xerxes mit einem gewaltigen Aufwand betrieben, so dass die Niederlage durchaus schmerzte und der griechische Sieg eindrucksvoll blieb.

Schon die Zeitgenossen hatten noch ganz andere Gründe für das griechische Durchsetzungsvermögen namhaft gemacht. Der Geschichtsschreiber Herodot (ca. 485–425), der einige Jahrzehnte nach den Perserkriegen über die Konflikte zwischen Osten und Westen schrieb, sah offenbar einen Hauptgrund, der für Aischylos' Drama ebenfalls bedeutsam ist: die Freiheit. Gerade dass die Griechen sich keinem Herren beugen müssen, macht sie stark – sofern diese Freiheit keine völlige Ungebundenheit bedeutet. Der Geschichtsschreiber lässt den nach Persien geflohenen vormaligen spartanischen König Demaratos im Gespräch mit Xerxes Folgendes über seine Landsleute sagen: *Wenn sie auch frei sind, sind sie doch nicht ganz frei. Ihr Herr ist das Gesetz. Das fürchten sie weit mehr als dein Volk dich. Sie gehorchen seinem Befehl, und der Befehl ist immer derselbe: keiner Heeresmacht je zu weichen, sondern fest in der Schlachtreihe zu stehen und zu siegen und zu sterben.*[2] Der Perserkönig, unfähig sich vorzustellen, wie diese Haltung zum Siege führen könne, und immer noch siegesgewiss, wird bald eines Besseren belehrt.

Eine Bindung an Regeln, wie sie der Moderne keineswegs fremd erscheint, ist ebenso wesentlich für den griechischen Freiheitsbegriff wie etwas anderes, das dem modernen Betrachter allerdings widerstrebt: Die Freiheit, die im Kampf gegen ein fremdes Volk errungen wurde, unterschied die Griechen in ihrer Sicht von den östlichen Nachbarn, den barbarischen Persern. Der Erfolg wurde den Eigenschaften zugeschrieben, die man für sich selbst beanspruchte und den anderen absprach. Die Freiheit galt für die eigene Polis und deren Bürger, vielleicht noch für die Griechen überhaupt. Sie galt aber nicht für alle Menschen und ist schon deswegen eine ganz andere Freiheit als die der Moderne. Dieser Begriff der Freiheit, wie er sich in der klassisch-griechischen Welt, namentlich in Athen, weiterentwickelte, hatte seine Ursprünge im archaischen Griechenland, in einer aristokratischen Welt.

1. Der Wettstreit der Aristokraten: Archaisches Griechenland

Homer

Am Anfang einer ungebrochenen literarischen Tradition aus der Antike steht Homer. Zwei große Epen verbinden sich mit diesem Namen, die prägend wurden für spätere Zeiten, nicht nur Zitate lieferten, sondern zugleich einen Quell für Verhaltensmuster und Werte bildeten. Die Griechen der klassischen Zeit besaßen anders als spätere religiöse Gemeinschaften keinen kanonischen Text, aber mit Homer eine gemeinsame geistige Grundlage, die ihnen auch das Gefühl einer gemeinsamen Geschichte im Kampf gegen Troja eingab.

Die Ilias schildert Ereignisse, die sich an wenigen Tagen während der zehn Jahre dauernden Belagerung Trojas durch die Achaier abspielen. Grollend, vom Anführer Agamemnon gedemütigt, zieht sich Achill aus dem Kreise der Belagerer zurück. Fast geht das Heer der Achaier daran zugrunde, doch kehrt der Beleidigte, dessen bester Freund Patroklos vom trojanischen Prinzen Hektor getötet worden ist, in den Kampf zurück, wendet das Blatt, bringt Hektor um und schändet seinen Leichnam. Schließlich lässt er sich aber zur Herausgabe des Toten bewegen. Leichenfeiern stehen am Ende des Werks, aus dem man ersehen konnte, wie destruktiv die ungebundenen Aristokraten zu agieren vermochten.

Die Odyssee, das zweite Epos Homers, behandelt die langwierige Rückkehr des Odysseus in seine Heimat. Es wirkt, obwohl auch hier viel Gewalt geübt wird, nachgerade märchenhaft. Manchen fremden Völkern begegnet der Held und lernt dabei merkwürdige Sitten kennen. Viel muss er leiden, doch kehrt er am Ende nach Hause zurück und kann die hinschlachten, die seine

Familie bedrängen. Die Erwartung, dass Götter irgendwie doch Gerechtigkeit walten lassen, scheint in dem Werk immer wieder auf.

Wer sich in die Epen vertieft, hat das Gefühl, in eine archaische Welt des Kriegertums einzutauchen, in der die Helden ihren Gefühlen freien Lauf lassen, ganz sie selbst sind. Doch der Schein trügt. In den beiden Epen läuft vieles zusammen, was in Griechenland erdacht worden oder im Orient schon vorgeprägt war. Schon die Sprache Homers ist eine komplexe Kunstsprache, die Feinheiten der Werke setzen Kennerschaft voraus.

Leider ist über den historischen Homer wenig bekannt. Gemeinhin geht man davon aus, dass die Ilias und Odyssee gar nicht von ein- und demselben Dichter stammen. Der Ilias-Dichter wird gerne auf die Mitte des 8. Jahrhunderts datiert, der Odyssee-Dichter an sein Ende, aber auch spätere Ansätze lassen sich gut vertreten, zumal die Epen mit Sicherheit nicht in einem Zug entstanden, sondern ältere Dichtungen aufnahmen und so langsam wuchsen – bisweilen mutiert der Dichter in der Forschung zum Redaktor von Texten, die über Jahrhunderte mündlich überliefert wurden. Eine solche Vorstellung bereitet nur dann Schwierigkeiten, wenn man glaubt, ein jeder Dichter müsse ein Originalgenie im Sinne des Sturm und Drangs sein oder jedenfalls sofort eilends niederschreiben, was ihm in den Kopf komme.

Wo die Dichtungen entstanden, ist ebenfalls unbekannt, die meisten Indizien sprechen für die kleinasiatische Westküste, das antike Ionien. Auf jeden Fall lebte Homer in einer Welt, für die orientalische Einflüsse eine große Rolle spielten. Das Neuassyrische Reich, das die kulturelle Überlieferung des Alten Orients seitsumerischer Zeit zu bewahren suchte, hatte seine Macht zeitweise bis nach Kleinasien ausgedehnt; die unter assyrischer Vorherrschaft lebenden Phönizier durchquerten mit ihren Schiffen das Mittelmeer und kamen mit Griechen in Kontakt. Etliche Griechen standen in assyrischen, dann auch babylonischen Diensten.

Zahlreiche Motive der homerischen Dichtung haben Parallelen im Orient. So ist Achill, der Held der Ilias, mit seinem Freund

Patroklos ähnlich eng verbunden wie der mesopotamische Gilgamesch mit seinem Freund Enkidu. Diese Freunde sterben jeweils, doch der eine, Patroklos, fällt, der andere, Enkidu, erliegt einer Krankheit. Überschätzen sollte man daher den orientalischen Einfluss nicht. Obgleich die Epen, die am Beginn der abendländischen Literatur stehen, am Rande des Alten Orients entstanden und sicherlich manches von dort sich anverwandelten, entstand mit ihnen etwas ganz Neues.

Die Welt, auf die die Ependichter sich scheinbar beziehen, ist die der Mykenischen Kultur. Im 14./13. Jahrhundert hatte in Griechenland eine an kretische Vorbilder erinnernde, aber durchaus eigenständige Palastzivilisation geblüht, als deren wichtigstes Zentrum Mykene gilt. Auf einigen Tontafeln, die dort zutage kamen, ist zum ersten Mal die griechische Sprache bezeugt, man stößt sogar auf Götternamen, die aus dem späteren Griechenland ebenfalls bekannt sind. Dennoch war dies eine völlig andere Welt. Die Kultur der kretischen und der mykenischen Paläste erinnert bei allen Eigenarten in ihren Strukturen stärker an Mesopotamien und Vorderasien als an das spätere Griechenland, schon allein durch das bloße Vorhandensein so großer Paläste, die das Zentrum von Verwaltung und Politik bildeten.

Die ereignisgeschichtlichen Entwicklungen jener Jahre sind nur rudimentär greifbar. So bleibt, was gerne als Trojanischer Krieg bezeichnet wird, schattenhaft. Unstreitig gab es Troja in Nordwestkleinasien, es gehörte wahrscheinlich zur Peripherie des Hethiterreichs, das weite Teile Kleinasiens dominierte. Die Stadt hat viele Belagerungen erlebt und wurde mehrfach erobert. Ob Homer irgendetwas Präziseres über eine bestimmte Belagerung wusste, ob Namen wie Agamemnon oder Achill etwas mit irgendwelchen historischen Kämpfen zu tun haben, steht dahin.

Was bei Homer von der mykenischen Welt bleibt, sind lose Erinnerungen, etwa an schwere kriegerische Auseinandersetzungen, an einzelne Gegenstände, die zu seiner Zeit in Griechenland nicht mehr gebräuchlich, damals aber verbreitet waren, wie der Streitwagen. Doch anderes – die Verwendung der Schrift, die komplexe

Verwaltung der Paläste – tritt gar nicht in seinen Horizont. Homer ist ein Dichter des Archaischen Zeitalters.

Mit seinem Werk lässt die Forschung daher gemeinhin die sogenannten Dunklen Zeitalter Griechenlands (12.–8. Jh.) enden, dunkel vor allem deswegen, weil man wenig darüber weiß: Am Ende der Mykenischen Zeit trat ein schwerwiegender Bruch ein, der viel mit dem sogenannten Seevölkersturm um 1200 zu tun hatte. Völkerschaften, denen sich dann auch Mykener anschlossen, verheerten weite Strecken des Orients, zerstörten das Hethiterreich und Teile der Levante, bedrohten Ägypten. Ganze Regionen wandelten ihr Gesicht, so auch Griechenland. Die Paläste wurden allmählich aufgegeben, die Schreibkunst ging verloren, doch zugleich entstanden wichtige neue Technologien, so die Töpferscheibe und die Bearbeitung von Eisen, das weitaus härter war als die bislang benutzte Bronze. Im 8. Jahrhundert breitete sich wieder eine Schrift aus, die aber nicht auf den mykenischen Zeichen fußte, sondern letztlich auf ägyptischen Hieroglyphen, die ihrerseits namentlich von den Phöniziern zu einem Alphabet weiterentwickelt worden waren. Griechen übernahmen die Zeichen leicht verändert, fügten systematisch Vokale hinzu und verwendeten die Schrift anders, als man es bislang von den Mykenern weiß, nicht nur, um Listen zu führen, sondern auch, um Dichtung festzuhalten.

Die griechische Alphabetschrift ist, wie die ebenfalls aus ägyptischen Wurzeln entstandene hebräische, nie untergegangen. Sie bestimmt unsere Art, die Welt zu beschreiben, bis heute und formte das Bett, durch das ein literarischer Traditionsstrom bis zur Gegenwart fließen konnte, obwohl das meiste verdampfte oder versickerte. So empfinden wir die griechische und die jüdische Geschichte stärker als die unsere als jene des Alten Orients. Doch diese hat, durch die Bibel, aber auch über die griechische Tradition die europäische Welt wesentlich mitgeprägt. Die griechische Mythologie bewahrte die Erinnerung an die Verbindungen, nicht nur an die phönizische Prinzessin Europa, die, von Zeus entführt, zur Mutter kretischer Könige wurde, sondern auch an Europas Bruder Kadmos. Von ihm hieß es, er habe die Schrift nach Griechenland gebracht. Erbgut des Alten Orients ging so über verschiedene Träger in das Erbe Europas ein.

Poliswelt und aristokratische Kultur

Die Welt Homers war eine Welt von Aristokraten. Anders als der neuzeitliche europäische Adel kannten die Aristokraten im archaischen Griechenland keine gesicherten rechtlichen Privilegien und andere Formen der ständischen Abgrenzung wie einen Adelstitel. Vielmehr mussten sie stets beweisen, dass sie im Wortsinne die *áristoi*, die Besten, waren, indem sie sich im Krieg hervortaten und einen aufwendigen Lebensstil pflegten, mit Jagd, Athletik und Gastmählern. Das waren keineswegs Bereiche entspannter Freizeit, sondern Orte der Bewährung, wo man sich dem anderen körperlich oder geistig überlegen zeigen musste, etwa durch kluge Bemerkungen beim Gastmahl. Der Reichtum beruhte zumeist auf Landbesitz. Die Aristokraten besaßen größere Güter und konnten oft Abgaben von Pächtern einnehmen; nicht selten waren sie Herren einer bestimmten Landschaft, in der sie dann Gericht hielten und Kulte kontrollierten, indem sie als Priester wirkten. Dies alles war nach Maßstäben orientalischer Herrscher ärmlich, genügte aber, um aus der griechischen Gesellschaft herauszuragen.

Man pflegte in diesen Kreisen Freundschaften, auch homoerotische Beziehungen zwischen Männern unterschiedlichen Alters. Viele Aristokraten gehörten überregionalen Netzwerken an. Man besuchte sich gegenseitig, verheiratete die Kinder untereinander und hatte keine Scheu, mit Nicht-Griechen verwandtschaftliche Bindungen einzugehen. Doch bestand keine Standessolidarität. Ansätze, eine stärkere Erblichkeit der aristokratischen Stellung durchzusetzen, liefen ins Leere – der Sohn eines Aristokraten war lediglich durch seinen Besitz und die Erziehung begünstigt, musste aber zeigen, dass er «es konnte».

Ein wichtiger Treffpunkt, um seine Überlegenheit friedlich und ruhmreich zu beweisen, waren die großen, in religiöse Feiern eingebundenen Wettkämpfe, die Agone, zu denen nur Griechen zugelassen waren. Bei jenen Festen, unter denen die Olympischen Spiele die bekanntesten sind, galt keineswegs, dass Dabeisein alles war. Es zählte allein der Sieg – bezeichnenderweise werden im Deutschen alle Teilnehmer Olympioniken genannt, während das Wort eigentlich nur die Olympiasieger meint.

Der Druck, immer neu zu beweisen, dass man zur Aristokratie zählte, trug zu einer ausgeprägten Wettkampfhaltung bei; Jacob Burckhardt (1818–1897) sprach vom agonalen Geist der Griechen. Dieser löste eine bewundernswerte Dynamik aus, hatte aber auch destruktive Wirkungen, wie schon Homer zeigte. Es war eine Welt, die sich in die Einzelinteressen der Starken und derer, die es werden wollten, aufzulösen drohte.

Gerade aus der Sicht von Bauern konnten diese Aristokraten in ihrer Selbstherrlichkeit erdrückend wirken. Ein weiteres frühes, kurze Zeit nur nach den homerischen Werken entstandenes Epos hat – und das ist ein erstaunliches Phänomen – die Sicht der bäuerlichen Welt verewigt, die *Werke und Tage* Hesiods, der im mittelgriechischen Böotien lebte. Hier werden die Härte wie die Dignität der bäuerlichen Arbeit poetisch gefasst und Regeln für das Zusammenleben eingeschärft: *Wer etwas zum Vorrat hinzufügt, sorgt gegen den brennenden Hunger vor.* Anderswo heißt es: *Und kein Rind kommt abhanden, wenn der Nachbar kein übler Gesell ist. Gutes Maß laß dir geben vom Nachbarn, gutes gib wieder.* Nicht die größere Gemeinschaft, sondern die unmittelbare Nachbarschaft ist hier der wichtigste, der überlebenswichtige Bezugspunkt.

Aber der Dichter sagt auch, dass die Götter über die Gerechtigkeit wachen, und warnt die Aristokraten in Versen, aus denen zugleich das Ohnmachtsgefühl der einfachen Bevölkerung spricht: *Nahe, inmitten der Menschen verweilend, geben Unsterbliche acht, wenn Männer mit krummen Bescheiden einer den Anderen peinigt, ohne Scheu vor den Augen der Götter … Es ist auch sie da, die Jungfrau, die Dike* (Gerechtigkeit), *Zeus' eigene Tochter, hehr und geachtet den Göttern, die droben den Himmel bewohnen. Tut ihr ein Mensch nun etwas zuleid und kränkt sie mit Ränken, setzt sie sogleich bei Zeus-Vater sich hin, dem Sohn des Kronos, und erzählt von dem Trachten der Schändlichen, daß die Gesamtheit büße das frevlerische Tun ihrer Herrn, die in verderblicher Gesinnung die Bescheide des Rechts verkehren, indem sie sie verbogen fällen. Davor hütet euch wohl, ihr Herren, fällt gerade die Sprüche, Ihr Gabenschlucker.*[3] Was die Aristokraten als Richter verfügen, erscheint hier als korrupt.

Als diese Verse geschrieben wurden, begann sich in Griechenland eine ungewöhnliche politische Organisationsform herauszubilden, die Polis, die in vielen Fällen die Aristokratie einbinden und ihre Dynamik für die Gemeinschaft fruchtbar machen sollte. Städte waren keine Besonderheit Griechenlands, auch nicht solche, die eine eigene politische Organisation hatten. Schon im 4. Jahrtausend hatten sich die sogenannten sumerischen Stadtstaaten herausgebildet. In Phönizien, an der Ostküste des Mittelmeers, existierten zahlreiche Städte, die miteinander rivalisierten. Doch in Griechenland entwickelte sich die Polis und mit ihr eine erstaunlich breite und intensive Form der politischen Teilhabe.

Das griechische Wort *polis* meint einfach eine Stadt. In der modernen Forschung hat sich daraus ein Fachbegriff entwickelt, der eine überschaubare politische Einheit bezeichnet, die sich als Bürgergemeinde konstituiert, mithin als eine Gemeinschaft derer, die am politischen Leben teilhaben. Der Begriff des Stadtstaates wird heute meist vermieden, wenn man von Polis spricht, keinesfalls nämlich war ein Staatsgebiet konstitutiv für sie. Vielmehr war sie eine Körperschaft von Bürgern, die auch der gemeinsame Kult zusammenhielt – Religion und Politik gehörten in dieser Welt zusammen. Nicht das Abstraktum Athen, sondern «die Athener» waren Inbegriff der Polis; daher waren sogar Poleis ohne Territorium denkbar.

Am Beginn der Polis standen Zentralorte kleiner Landschaften, mit wichtigen Tempeln und Marktplätzen, wo auch Versammlungen abgehalten wurden. Anders als im Mittelalter waren die Städte rechtlich nicht vom Land abgesetzt, so dass die Landbewohner die gleichen Rechte hatten wie die Städter. Dennoch war die Bürgerzahl gering, mehr als einige Hundert Bürger dürften es selten gewesen sein – die griechischen Poleis glichen sicherlich zumeist mehr einem neuzeitlichen Dorf als einer Stadt.

Die Basis der Polis war der Oikos. Das griechische Wort wird zumeist mit «Haus» übersetzt, meint aber viel mehr. Es geht nicht lediglich um das Gebäude, sondern vor allem um eine Familie einschließlich der Gefolgsleute und Unfreien sowie um eine wirtschaftliche Einheit. Im Oikos, der idealerweise autark war, wurden Wirtschaftsgüter produziert, weiterverarbeitet und verbraucht, natürlich vor allem die alltägliche Nahrung. Gewöhnlich stand ein Bürger einem Oikos vor. Nachbarschaftliche Beziehungen verbanden verschiedene Oikoi miteinander, da sie nur überleben konnten, wenn man bereit war, sich in schwierigen Lagen gegenseitig zu helfen – Hesiod vermittelt viele dieser Lebensregeln.

Den Mittelpunkt der Polis bildete die Agorá. Die Lehrbuchübersetzung dieses Wortes lautet «Markt», und sie vermittelt eine wesentliche Funktion des Ortes, die wirtschaftliche. Doch war die Agorá außerdem ein religiöses und ein politisches Zentrum, denn hier traf man sich, konnte miteinander beraten, nach welchen Modi auch immer zu einer Entscheidung gelangen und die Unterstützung der Götter erflehen. An den Agorai entstanden Tempel und erste politische Gebäude.

In den Dunklen Zeitaltern Griechenlands hatte wohl vielerorts ein Königtum bestanden, das irgendwann gestürzt wurde. Der Titel eines Königs indes verschwand nicht völlig, da man sich scheute, bei wichtigen Kulten, in der Kommunikation mit den Göttern, einen neuen Namen einzuführen. In politischer Hinsicht aber waren die Könige entmachtet. Mit dem Sturz des Königtums in Griechenland wurde der aristokratische Wettbewerb offener, zugleich gewann eine andere Einrichtung Bedeutung, der Rat, in dem sich die Vornehmsten versammelten und sich, so gut es ging, miteinander abstimmten. Hier wurden die wichtigsten Entscheidungen zumindest vorbereitet, in archaischer Zeit gewiss oft gefällt, während eine Versammlung des Volkes, wenn sie denn einberufen wurde, ihre Zustimmung oder Ablehnung ausdrücken mochte.

Die Bedeutung derer, die nicht zu den Aristokraten gehörten, wuchs aufgrund einer militärgeschichtlichen Entwicklung, der Entstehung der Hoplitentaktik, vermutlich in der ersten Hälfte des 7. Jahrhunderts. Während in der Frühzeit Einzelne gegeneinander fochten, bildeten sich neue Kampfesweisen heraus, die verlangten, dass mehrere Bewaffnete, eben die Hopliten, geschlossen in einer Schlachtreihe (der Phalanx) operierten; der Schild erlaubte es, den jeweiligen Nebenmann zu decken. Das erforderte zugleich eine enorme Disziplin. Nicht nur, wer ängstlich zurückblieb, gefährdete den anderen, sondern auch, wer vorpreschte, um Ruhm zu erlangen. Statt des Ehrgeizes eines egozentrischen Aristokraten war jetzt Kooperationsfähigkeit gefordert. Damit stieg die Bedeutung kooperativer Tugenden. Zudem nahm der Einfluss der Volksversammlung zu. Denn für die Hoplitenphalanx genügten die wenigen Aristokraten nicht, man war auf die breitere Schicht der wohlhabenden Bauern angewiesen. Diese forderten oft mehr Mitsprache und konnten dies umso wirkungsvoller tun, wenn es um Krieg und Frieden ging.

Die Aufgaben, die nicht zwischen Aristokraten, sondern in der Polis verhandelt wurden, vermehrten sich. Für bestimmte Bereiche wurden Geschäftsträger bestellt, deren Stellung sich verfestigte, so dass regelrechte, immer differenziertere Ämter entstanden. Wenn die Forschung dann von Beamten spricht, was hier vermieden wird, so sollte dies nicht zu dem Missverständnis führen, es handele sich um bezahlte Lebenszeitstellungen mit Pensionsansprüchen.

Für die Aristokraten, aber auch für die anderen Hopliten barg die Verteilung von Ämtern ein Risiko, da einer unter ihnen als Amtsinhaber zu stark werden konnte. Dafür benötigte man Regeln. In einigen Fällen wurden sie auf Steininschriften niedergelegt und blieben erhalten, so in der kleinen kretischen Stadt Dreros:

Dies hat die Polis beschlossen: Wenn jemand als Kosmos amtiert hat, dann soll derselbe innerhalb der nächsten zehn Jahre nicht als Kosmos amtieren. Wenn er aber doch wieder als Kosmos amtiert, soll er, wie auch immer er geurteilt hat, das Doppelte schulden und amtsunfähig sein, solange er lebt. Und was er als Kosmos verfügt hat, soll nichtig sein. Eidesleister aber sind der Kosmos, die Damioi und die 20 der Polis.[4]

Vieles an der Inschrift bleibt im Dunkeln, so die genauen Funktionen des *kosmos* («Ordner»), der *damioi* oder der 20. Der entscheidende Punkt ist indes das Verbot, ein Amt vor Ablauf einer bestimmten Frist ein weiteres Mal auszuüben. Niemand sollte sich auf Dauer in einer Funktion etablieren.

Dass man Regeln formulierte, vom Einzelfall abstrahierte und eine allgemeine Norm niederlegte, zeigt ein keineswegs selbstverständliches Vermögen, über politische Ordnung zu reflektieren. Dies war sicherlich eine der Voraussetzungen für die Entwicklung eines differenzierten politischen Denkens bei den Griechen. In vielen Städten wurden jetzt Gesetze erlassen, auch Gesetzessammlungen schriftlich niedergelegt. Inhaltlich sah man darin gewiss keine Neuerungen. Vielmehr wollte man dort, wo Unklarheiten bestanden, Festlegungen im Sinne des Hergebrachten treffen. Daher ging es auch nicht um eine vollständige Auflistung des geltenden Rechts, so dass die Rede von archaischen Gesetzeskodifikationen zumindest missverständlich ist. Berühmt ist bis heute Drakon, der vermutlich um 620 in Athen wirkte. Indem er die Blutsgerichtsbarkeit durch verbindliche Verfahren regelte, bekämpfte er die blutigen Fehden der Aristokraten, mit der Unterscheidung zwischen vorsätzlicher und nicht-vorsätzlicher Tötung stabilisierte er eine wichtige Entwicklung des Rechtsdenkens. Spätere Quellen berichten, dass auf Müßiggang und den Diebstahl von Feldfrüchten die Todesstrafe gestanden habe – so entstand der Begriff der «drakonischen» Strafen.

Das Nachdenken über die politische Ordnung wurde durch einen gleichzeitigen historischen Prozess gefördert, der ganz anders motiviert war: Unter den Griechen, die im Mutterland und an der Küste Kleinasiens lebten, entstand eine Migrationsbewegung, die zur Gründung neuer Poleis außerhalb Griechenlands führte, an den Küsten des Schwarzen Meeres, in Süditalien, auf Sizilien, in Südfrankreich und in der nordafrikanischen Kyrenaika. Überall da, wo weder die Phönizier noch eine andere starke Macht die Küsten kontrollierten, gründeten Griechen neue Siedlungen, Apoikien genannt – auf den verbreiteten Begriff der «Kolonie» verzichte ich, da er falsche Assoziationen zur römischen und neuzeitlichen Geschichte weckt. Bemerkenswerterweise waren nämlich die griechischen Apoikien unabhängige politische Einheiten, die mit ihrer Mutterstadt über gemeinsame Kulte und ein spezifisches Gefühl der Treue verbunden waren, aber in keinem politischen Abhängigkeitsverhältnis standen. Moderne Städte wie Marseille, Neapel oder Syrakus blicken stolz auf diese Tradition zurück (vgl. Karte S. 30/31).

Die Motive für den Aufbruch waren unterschiedlich: Spannungen in den Heimatstädten, sei es innerhalb der Aristokratie, sei es zwischen anderen Bevölkerungsgruppen; die Bevölkerungsdynamik, zumal das Vorhandensein zu vieler Söhne ohne wirtschaftliche Existenzgrundlage; religiöse Gründe; Missernten; auch schlichte Unternehmungslust dürften eine Rolle gespielt haben. Nicht alle Städte waren von der Bewegung erfasst, Athen entsandte keine Apoikie, Sparta nur eine. Beide verfügten in unmittelbarer Nähe über vergleichsweise große Gebiete, in denen man sich ansiedeln konnte.

Die Begründung neuer Poleis erfolgte gewöhnlich unter Führung einer Mutterstadt (*metrópolis*), die den offiziellen Gründer stellte, den Oikisten, doch oft schlossen sich Angehörige anderer Poleis an. Vor Ort musste man unter neuen Verhältnissen eine Stadt mit ihren Organen einrichten; das zwang zur Reflexion darüber, was die Polis eigentlich ausmachte. Politische Ordnungen konnten nicht mehr als etwas gedacht werden, was aus der Tradition vorgegeben war, vielmehr machte man, wenn man auf die heimatliche Ordnung zurückgriff, die bemerkenswerte Erfahrung, dass nicht alles in der neuen Heimat funktionierte und dass die Ordnung sich weitergestalten ließ.

Vieles, was in der archaischen Zeit geschah, begünstigte scheinbar eine Auflösung der griechischen Welt in Einzelinteressen: Die Aristokraten stritten für ihren persönlichen Ruhm, die Bürger widmeten sich ihrer Nachbarschaft oder ihren Poleis, viele zogen in die Fremde, um zu ihrem Vorteil Apoikien zu gründen. Dennoch verfestigte sich eine griechische Identität. Denn das Forum, vor dem

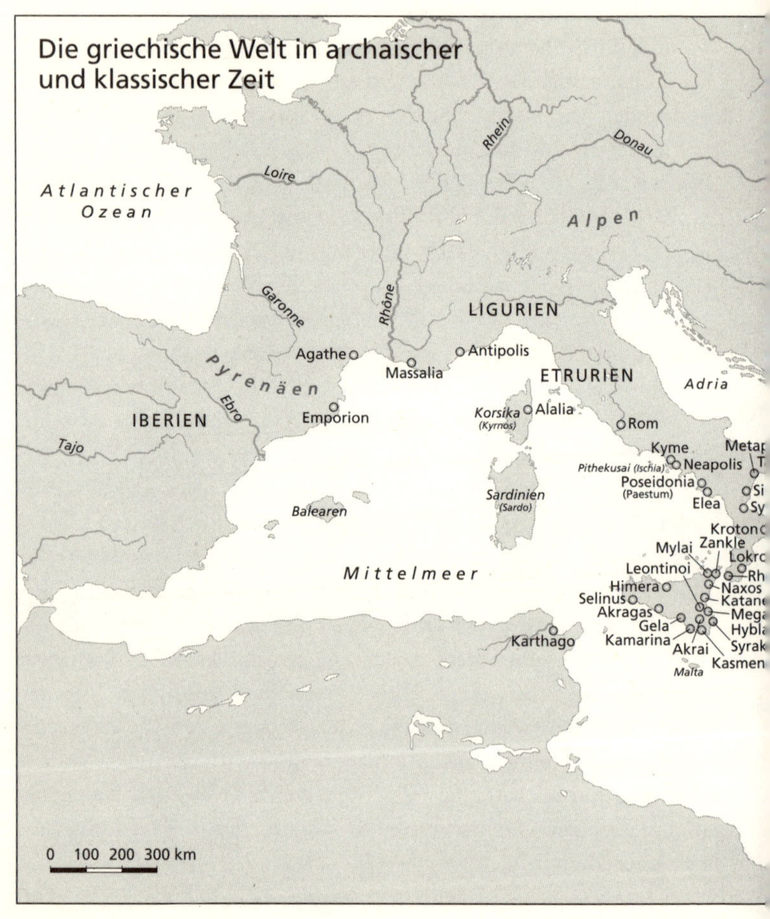
Die griechische Welt in archaischer
und klassischer Zeit
Atlantischer
Ozean
Loire
Rhein
Donau
Alpen
Garonne
Rhône
LIGURIEN
Agathe
Massalia
Antipolis
Pyrenäen
ETRURIEN
Adria
IBERIEN
Ebro
Emporion
Korsika
(Kyrnos)
Alalia
Tajo
Rom
Kyme
Pithekusai (Ischia)
Neapolis
Poseidonia
(Paestum)
Elea
Sardinien
(Sardo)
Balearen
Kroton
Mylai
Zankle
Leontinoi
Mittelmeer
Himera
Naxos
Selinus
Akragas
Gela
Kamarina
Akrai
Karthago
Malta
0 100 200 300 km

Borysthenes
Tanaïs
Hypanis
Karpaten
Pyretos
Olbia
Maiothisches Meer
Berezan
Pantikapaion
Phanagoreia
Tyras
Theodosia
Kimmerischer Bosporos
Pityus
Chersonessos
Dioskurias
Phasis
Istros (Histria)
Tomoi
Kallatis
Schwarzes Meer (Pontos Euxeinos)
Trapezunt
Donau
Odessos
Sinope
Mesembria
Anchialos
Apollonia
THRAKIEN
Byzantion
Kalchedon
PHRYGIEN
Tigris
Abdera
Ainos
Gordion
Melitene
MAKEDONIEN
Thasos
Kyzikos
Pessinus
Komana
Pella
Olynthos
Sestos
Lampsakos
Methone
Abydos
Lemnos
Tyana
Poteidaia
Mende
LYDIEN
Karkemisch
Lesbos
Kyme
Smyrna
Taurus
THESSALIEN
Phokaia
Tarsos
Sardes
Euphrat
Chios
Ambrakia
Chalkis
Eretria
Ephesos
Aspendos
Al Mina
Chaleb (Aleppo)
Kolophon
Euböa
Delphi
Perge
Side
Athen
Milet
Korinth
Megara
Halikarnassos
Olympia
Argos
Naxos
Salamis
Knidos
Messene
Sparta
Rhodos
Soloi
Zypern (Kypros)
Thera
Paphos
Damaskos
Sidon
Tyros
Kreta
Gortyn
Samareia
Jerusalem
Gaza
Mittelmeer
Saïs
Kyrene
Naukratis
Nil
Rotes Meer

man sein eigenes Ansehen erwarb, blieb gemeingriechisch. Dazu trugen die Agone bei, zu denen nur zugelassen war, wer griechische Kulte pflegte und insofern an der griechischen Kultur teilhatte. Griechen von überallher durften daran teilnehmen – aber eben nur Griechen; hier begegneten Griechen aus den Apoikien jenen des Mutterlandes und bedienten sich der gemeinsamen Sprache, in der man sich trotz der zahlreichen Dialekte zu verständigen vermochte. Anscheinend grenzten die Griechen sich gerade in der Begegnung mit dem Fremden von anderen Ethnien ab und dachten dabei an die Sprache, die Gebräuche und die gemeinsamen Kulte.

Man sprach im archaischen Griechenland noch nicht in einem prononcierten Sinne von Freiheit, doch gab es eine Freiheitsvorstellung, wie sie viele andere Gesellschaften jener Epoche kannten: Freiheit im Sinne des Gegensatzes zur Sklaverei und zur Schuldknechtschaft, also einer Verschuldung, die so aussichtslos war, dass man gezwungen war, seine Verwandten und schließlich sich selbst dem Gläubiger zu verkaufen. Oft waren Missernten, eine stete Gefahr in agrarischen Gesellschaften, die Auslöser eines solchen Statusverlustes. Die griechischen Bauern waren besonders bedroht, weil sie gewöhnlich gemäß dem Prinzip der Realteilung allen Erben ein Stück vom Besitz hinterließen, das dann oft zu klein fürs Überleben war. Die Schuldknechtschaft gefährdete die Freiheit vieler Bauern, auch von Hopliten, und damit die militärische Basis der griechischen Städte.

Bei den Dichtern der Zeit bildete die gute Ordnung der Polis, die Eunomie, die Bedingung der Möglichkeit von Freiheit. Die siegreiche Gemeinschaft war in der Lage, vor Versklavung im Kriege zu schützen. Ihre gute Ordnung ging auf Zeus zurück, und man hoffte, dass er sie bewahre.

Relativ genau bezeugt sind die Athener Verhältnisse zu Beginn des 6. Jahrhunderts, als es noch keine herausragend bedeutende Stadt war, aber doch mehr als ein kleines Nest. Dort nahm nicht nur die Schuldknechtschaft bedrohliche Ausmaße an, sondern auch der inneraristokratische Streit. Der frühere Archont Solon wurde zum Schiedsrichter gewählt. Er selbst berichtet über sein Tun – eines der wenigen ausführlichen Zeugnisse der Antike, das von einem politischen Akteur stammt. Dem Stil der Zeit entsprechend schrieb Solon in Versen: *Unsere Stadt aber wird nach Zeus' Willen niemals zugrundegehen und nach der Absicht der unsterblichen Götter. … Sie selbst aber wollen die mächtige Stadt durch ihre Torheit verderben, die Bürger, verlockt von Reichtum und der Volksführer ungerechtem Sinn … So kommt das Unglück der gesamten Gemeinde jedem einzelnen ins Haus; und die Türen am Hofe vermögen es nicht mehr aufzuhalten, sondern über den hohen Zaun springt es hinüber.*[5] Wie bei Hesiod vertraut der Dichter auf die schützende Kraft des Zeus, aber seine Leser können die Ordnung selbst gefährden oder bewahren. Was der Stadt widerfährt, geht alle an, keiner kann sich in seinen Oikos zurückziehen.

Spätere Traditionen wiesen Solon, dem Hochgerühmten, eine Vielzahl von Reformen zu, die jedoch schwer zu belegen sind. Sicher kann man sein, dass er gegen die Schuldknechtschaft vorging. Einigermaßen wahrscheinlich ist die Einführung einer timokratischen, am Einkommen orientierten Ordnung der Bürgerschaft. Dabei richtete man vier Klassen (vielleicht neu) ein, und zwar auf der Grundlage des Ernteertrags, der in *médimnoi* gemessen wurde, wobei ein *médimnos* ungefähr 50 Liter Getreide fasste und insofern mit «Scheffel» übersetzt werden kann: Man sprach jetzt von Pentakosiomedimnoi (Fünfhundertscheffler); Hippeis (Ritter mit 300 Scheffeln); Zeugiten (mit 200 Scheffeln) und – weitgehend besitzlosen – Theten. Bis hinab zu den Zeugiten waren die Bürger in der Lage, als Hopliten zu kämpfen. Die politischen Rechte wurden nach der Zugehörigkeit zu den Klassen gestaffelt, allein die Pentakosiomedimnoi konnten zunächst als Archonten und Schatzmeister amtieren, die Theten blieben einflusslos. Die aristokratische Herkunft wiederum brachte in dieser Ordnung keine unmittelbare Sonderstellung, sondern nur eine mittelbare aufgrund des Reichtums, den man möglicherweise erbte.

Für viele Delikte schrieb Solon Rechtssätze oder Verfahrensweisen vor und nötigte damit die Bürger dazu, ein Gericht anzurufen, statt zur Selbsthilfe zu greifen. Damit stärkte er jene, die nicht imstande waren, ihr Recht aus eigener Kraft durchzusetzen. Ebenfalls Solon zugeschrieben wird die Popularklage. Hiernach hatte jeder Bürger das Recht, bei bestimmten Delikten, die die Gemeinschaft betrafen, Klage zu führen. Da es in der Antike keinen Staatsanwalt gab, war es besonders wichtig, wenn die Bürger sich in dieser Weise engagierten. Überhaupt appellierte Solon fortwährend an den Gemeinsinn der Bürger. Niemand sollte seinen Ehrgeiz über die Interessen der Polis stellen – diese Mahnung galt besonders den Aristokraten. Alle sollten für die gute Ordnung eintreten – auch für Solon ist Eunomie ein Schlüsselwort, auch er führte sie auf die Götter zurück, fürchtete aber, dass die Menschen sie zerstören könnten. Ein scheinbar merkwürdiges Gesetz, das Solon zugeschrieben wird, würde diese Haltung gut illustrieren: Im Falle eines Bürgerkriegs solle jeder für eine Seite Partei nehmen: Es sollte keine schweigende Mehrheit mehr geben. Eine solche Bestimmung würde gut zu dem überall erkennbaren Bestreben Solons passen, das Bürgerethos zu heben, das später zu den unverzichtbaren Voraussetzungen der Demokratie gehörte.

Die Reformen des Solon schwächten die Aristokraten, die von der Schuldknechtschaft eher profitiert hatten. Die Vornehmen schwächten sich allerdings noch mehr durch ihre gegenseitigen Fehden, und gerade daraus entsprang die größte Bedrohung ihrer Freiheit: die Tyrannis.

Tyrannis: Die Über-Aristokraten

Die Rivalität der Aristokraten konnte damit enden, dass einer sich über alle erhob – der Tyrann –, was seit dem 7. Jahrhundert, als die Kypseliden die Herrschaft in Korinth errangen, immer wieder geschah, in mehreren Poleis des griechischen Mutterlands und später in Sizilien. In gewisser Weise war der allseits überlegene Tyrann ein «Über-Aristokrat», doch zugleich löste er die aristokratische Welt auf, denn die Gleichheit der Aristokraten, der Nährboden des Wettbewerbs, ging verloren.

Manche Tyrannen kamen über ein Bündnis mit anderen Aristokraten empor, manche versuchten, das Volk für ihre Sache zu mobilisieren, manche nutzten eine Schiedsrichterrolle, wie sie Solon eingenommen hatte, um ihre eigene Macht abzusichern. Die übrigen Aristokraten mussten im Tyrannen einen gefährlichen Gegner sehen. Das Gefühl der Bedrohung spricht aus Versen des Alkaios, der um 600 auf Lesbos in Adelskämpfe verstrickt war. Bei ihm taucht das eindringliche Bild auf, eine Gemeinschaft sei wie ein Schiff:

Nicht mehr begreifen kann ich der Winde Streit:
Denn eine Woge wälzt sich von hier heran,
von dort die andre. Wir inmitten
treiben im Sturme auf schwarzem Schiffe.

Das Ungewitter brachte uns in Todesnot.
Schon schlagen Wellen hoch über Bord und Deck,
durchlöchert ist das ganze Segel,
Fetzen nur flattern von ihm im Winde.[6]

Es ist nicht, wie bei späteren Autoren, das Staatsschiff, das Alkaios meint, sondern seine Hetairie, seine Adelsgruppe, die mit glühendem Hass gegen den Tyrannen Pittakos aufbegehrt. Der Hass ihrer Gegner prägt die antike Überlieferung zu den Tyrannen, umso schwieriger ist es, das Handeln der historischen Persönlichkeiten zu erfassen.

Angesichts ihrer prekären Stellung mussten die Tyrannen alles tun, um sich abzusichern. Wenig Erfolg hatten sie damit, ihre Stellung zu formalisieren, sie als ein herausgehobenes Amt zu definieren. Dafür waren die ganzen Verhältnisse in der Polis wohl zu stark an Personen ausgerichtet. Bisweilen gelang es ihnen, die Macht auf die Söhne zu übertragen, doch ein allgemein anerkanntes dynastisches Prinzip entwickelte sich nicht. Mehr als drei Generationen überlebte kein Tyrannengeschlecht. Wichtigste Grundlage der Macht des Tyrannen waren seine Ressourcen an Kämpfern – das Vorhandensein einer Leibwache wurde zum Inbegriff tyrannischer Herrschaft – und an materiellen Gütern. Daneben konnte er hoffen, seine Macht religiös zu legitimieren, indem er eine besondere Nähe zu erfolgsverheißenden Göttern für sich reklamierte. Aber eben aus diesen Gründen war es für die Tyrannen so wichtig, immer neue Erfolge zu erzielen.

Am besten bekannt ist wieder, was in Athen geschah. Die Tyrannis dort begann spät, nach Solon, dessen Wirken scheinbar verpufft war. Zumindest war es ihm nicht gelungen, die aristokratischen Rivalitäten dauerhaft einzudämmen; auf das Gemeinwohl ließen die hohen Herren sich nicht verpflichten. In den Kämpfen setzte sich ein gewisser Peisistratos durch, doch er benötigte mehrere Anläufe, bis er sich 546/45 die Herrschaft über Athen gesichert hatte. Bei seinem Tode 528/27 gab er sie an seine beiden Söhne weiter, ein trügerisches Zeichen für die Stabilität seiner Tyrannis.

Peisistratos stützte sich zunächst auf Bündnisse mit anderen Aristokraten außer- und innerhalb Athens, die aber selten von Dauer waren. Andere Rivalen vertrieb er aus Athen. Die überkommenen Gesetze, die solonischen eingeschlossen, ließ er unangetastet und vermied es so, seine Herrschaft als gesetzesfern erscheinen zu lassen, wenngleich er manches änderte. Die wichtigste Machtbasis von Aristokraten bildeten Gegenden, wo sie die lokalen Einheiten, die Demen, als Richter und Priester kontrollierten. Deren Stellung suchte Peisistratos offenbar zu untergraben, indem er Richter, sogenannte Demenrichter, entsandte, die den hergebrachten Gerichtshöfen Konkurrenz machten. Kultische Feiern wurden auf Athen ausgerichtet, zumal auf die Burg der Stadt, die Akropolis. Im Interesse seiner eigenen Macht schwächte Peisistratos die attische Aristokratie und erleichterte ohne Absicht die Entwicklung einer demokratischen Ordnung, die eine geschwächte Aristokratie leichter integrieren konnte.

Von großer Wirkung war die glanzvolle Ausgestaltung der Panathenäen, eines Festes, dessen Mittelpunkt ein Zug der verschiedenen Gruppen der Bürgerschaft auf die Akropolis war, bei dem aber auch Wettspiele mit überregionaler Ausstrahlung stattfanden. Zumal unter Peisistratos' Söhnen erlebte Athen eine kulturelle Blüte, die aus dem Repräsentationsbedürfnis der Machthaber erwuchs, denn mit dieser Pracht zeigten die Tyrannen, welch bedeutende Ressourcen sie kontrollierten. Dichter zogen nach Athen, die bildende Kunst blühte auf, wichtige Bauten entstanden auf der Akropolis und anderswo. Die Anfänge der Tragödie sah man ebenfalls in der Zeit der Tyrannis. Von nachhaltiger Wirkung war ferner die Einführung der Münzprägung. Schon frühe Stücke waren mit der Eule als dem Symbol der Stadt versehen, das noch heute den griechischen Euro schmückt. Damit löste die Tyrannis ältere Münzen ab, welche die aristokratischen Familien mit ihren Symbolen versehen hatten.

Diese Maßnahme ist zugleich ein Indiz für eine schwer zu fassende wirtschaftsgeschichtliche Entwicklung. Das Münzgeld, dessen Ursprung die Griechen im vorderasiatischen Lyderreich des 7. Jahrhunderts suchten, gewann an Bedeutung, namentlich im Alltag, was nur durch die Schaffung kleiner Münzwerte möglich wurde, deren Vertrauenswürdigkeit eine angesehene Institution mit ihren Zeichen bestätigen musste. Ähnlich wie im Falle des Alphabets nutzten die Griechen eine Erfindung, die vermutlich anderswo gemacht worden war, mit besonderem Geschick.

So erfolgreich die Peisistratiden erschienen, unangefochten war ihre Stellung nie. Einen Einschnitt bildete der sogenannte Tyrannenmord 514. Die beiden Aristokraten Harmodios und Aristogeiton verübten ein Attentat auf Hipparchos, einen der Peisistratos-Söhne, nicht allerdings um die Stadt zu befreien, sondern um sich für persönliche Kränkungen – es ging nicht zuletzt um eine homoerotische Liebschaft – zu rächen. Erst später, im demokratischen Athen, wurde dieses Ereignis als entscheidender Schlag gegen die Tyrannis gefeiert und durch ein Denkmal in Erinnerung gehalten (Abb. S. 38).

Schon vor der Errichtung des Denkmals war das Attentat in einem jener Gedichte zelebriert worden, wie man sie bei aristokratischen Gastmählern vortrug:

Schmücken will ich das Schwert! Mit der Myrthe Ranken!
Wie Harmodios einst und Aristogeiton,

Den Athenern gelang es nicht, die Tyrannis aus eigener Kraft abzuschütteln. Daher rühmten sie die Tötung eines Tyrannen durch Harmodios und Aristogeiton, die auf persönlicher Rivalität gründete, und gedachten der Tat mit einem öffentlichen Denkmal auf der Agorá, von dem eine römische Kopie erhalten ist.

Da sie den Tyrannen
Schlugen, da der Athener
Gleicher Rechte Genosse ward.[7]

Ein wichtiges Stichwort taucht hier auf: Die Athener wurden *isónomoi* (*gleicher Rechte Genossen*). Dieses Wort, im 6. Jahrhundert aufgekommen, brachte eine wichtige politische Forderung zum Ausdruck, die der Gleichheit. Dies konnte man inneraristokratisch verstehen, aber auch auf einen weiteren Bevölkerungskreis beziehen. War zuvor von Eunomie die Rede, von der guten Ordnung, so wurde nun konkretisiert, was man darunter verstehen solle, nämlich Isonomie, vielleicht frei mit Ordnung der Gleichheit zu übersetzen. War die Eunomie eine Ordnung, die Zeus gesetzt hatte und die, wenn man Solon folgte, die Menschen zerstören oder bewahren konnten, so war die Isonomie etwas, was man erstreiten musste.

Das erfolgreiche Attentat gegen seinen Bruder machte offenbar die Herrschaft des anderen Peisistratos-Sohnes Hippias noch drückender. Dennoch wurde die Tyrannis 510 nicht von den Athenern allein gestürzt, sondern mit Hilfe der Spartaner, die sich auf einen Athener Aristokraten stützten, Isagoras. Sofort verwickelte er sich in Adelskämpfe, an der Spitze seiner Gegner stand Kleisthenes, der dem mit Peisistratos zeitweise verfeindeten Geschlecht der Alkmeoniden entstammte, sich aber wohl mit der Tyrannis später arrangiert hatte. Und Kleisthenes tat etwas, was ungewöhnlich war: Er brachte das Volk auf seine Seite. Herodot, der etwa drei Generationen später darüber berichtet (5,66), verwendet hier das ungewöhnliche griechische Wort *proshetairízesthai*, in dem das Wort *hetairos* steckt, mit dem Aristokraten gerne ihre Freunde bezeichneten. Damit verdeutlicht er, welchen Stellenwert das Volk bekommen hatte: Es konnte als Kollektiv zum Freund des Aristokraten werden. Das Selbstbewusstsein der Athener war inzwischen so weit entwickelt, dass es im Zusammenhang dieser Auseinandersetzung 509/8 anscheinend ohne aristokratische Führer einen von Sparta unterstützten Vorstoß des Isagoras abzuwehren wusste.

Tyrannis und Freiheit bilden in der Sicht der Späteren einen Gegensatz, doch das greift zu kurz. Die Tyrannis der Peisistratiden war eine der Voraussetzungen dafür, dass mit der Demokratie eine politische Ordnung entstand, die ihren Bürgern eine Freiheit gewährte, wie sie wenige andere Gesellschaften realisierten und realisieren sollten, und dass sie mit Athen ein klares Zentrum besaß. Sowohl die Begrenzung der aristokratischen Macht durch die Tyrannis als auch die Entbindung der Kräfte im Sturz der Tyrannis vermittelten den attischen Bürgern Selbstbewusstsein. Der Über-Aristokrat läutete das Ende der aristokratischen Herrschaft ein.

2. Die Kooperation der Bürger: Klassisches Griechenland

Die Tyrannis war die eine Organisationsform der Polis, die aus der aristokratischen Welt entstand, die andere war die Demokratie. Als Idealtypus steht die Demokratie, in der alle Bürger gleiche Rechte haben, in einem Gegensatz zur Aristokratie, in der die Vornehmen ein Machtmonopol besitzen. In der historischen Wirklichkeit finden sich jedoch zahlreiche Abstufungen, je nachdem welche Rechte die Gesamtheit der Bürger besaß. Mehrere Poleis wurden zeitgenössisch als Demokratien bezeichnet, in einem weiteren, aber auch in einem engeren Sinne. Am wirkungsmächtigsten war die Entwicklung in einer Stadt, die einen Sonderweg einschlug und die einmalige geistige Leistungen hervorbrachte, im klassischen Athen.

Demokratisierung ohne Absicht: Athen

Niemand hatte die Demokratie gewollt und keiner konnte sie wollen. Denn es lag außerhalb der Vorstellungswelt, dass die Bürgergemeinde, das einfache Volk, so viel Macht erfolgreich verwalten könne. Aber es gab eine Bevölkerung, die selbstbewusst geworden war, und es gab Personen, die deren Interessen artikulierten, nämlich Aristokraten, die sich mit dem Volk zusammentaten, um ihren eigenen Ehrgeiz im Kampf gegen die Rivalen zu befriedigen.

Kleisthenes konnte als Vorbild dienen. Mit seinem Namen verbindet die antike Überlieferung Reformen, die in der Tat das Volk begünstigten. Er stärkte die Demen, die unter anderem für die Bürgerlisten zuständig waren. Der Athener identifizierte sich nicht mehr über den Namen seines Vaters, sondern über den seines Demos. Darüber hinaus schuf Kleisthenes neue Untergliederungen der Bevölkerung, indem er zehn neue Phylen einrichtete. Sie bestimmten wesentlich die Struktur der politischen Ordnung, wenn auch in komplizierter Weise. Denn sie teilten sich in jeweils drei Trittyen, Drittteile, deren Angehörige wieder aus den Demen einer der drei Teilregionen Attikas (Küste, Binnenland, Stadt) kamen. Dadurch wurde die Bevölkerung Attikas gemischt, offenbar um zu verhindern, dass die Phylen als Träger regionaler Interessen dienten.

Über die zehn Phylen wurden auch das Heer eingeteilt und die Ratsherren bestimmt. 500 Mitglieder umfasste der Rat, der jetzt wohl neu konstituiert wurde. Zuvor hatte es den alten Areopag gegeben, den Rat der Aristokratie, der aus gewesenen Amtsinhabern bestand; möglicherweise hatte Solon schon einen Rat der 400 daneben eingesetzt. Auf jeden Fall lebte Athen (wie viele andere Poleis auch) mit zwei Räten. Bezeichnenderweise wurden ältere Ämter nicht abgeschafft, sondern neue neben die vorhandenen gesetzt: Es hatte bisher neun Inhaber des Oberamtes gegeben, die Archonten, von denen einer, der Polemarch (*pólemos* ist griechisch für Krieg) anscheinend die militärischen Operationen übernahm. Bald nach Kleisthenes – und vielleicht infolge seines Wirkens – bildete sich das Amt der zehn Strategen heraus, die in Kriegsangelegenheiten immer größere Bedeutung erlangten.

Noch etwas Eigen-, aber in der griechischen Welt durchaus nicht Einzigartiges verbindet die Tradition mit dem Namen des Kleisthenes, und zwar den Ostrakismos, das «Scherbengericht», das erst 488/87 erstmals durchgeführt wurde: Unter bestimmten Voraussetzungen durfte jeder Bürger den Namen eines Mannes auf eine Scherbe schreiben, den er für gefährlich hielt. Der dabei mehrheitlich Ermittelte musste, wenngleich ohne Ehr- und Vermögensverlust, für zehn Jahre das Land verlassen; dieses Verfahren, das bis 417 bezeugt ist, trug offenbar zur Beruhigung aristokratischer Rivalitäten bei, da es denjenigen bedrohte, der polarisierte und damit viele Gegner auf sich zog. Isonomie ist das Stichwort, das man gerne mit den Reformen des Kleisthenes verbindet. In der Tat wurde dieser aristokratische Wert auf die Bürgerschaft ausgedehnt. Manche sprechen von einer Demokratie, besonders treffend erscheint der Ausdruck Akklamationsaristokratie, der darauf hinweist, dass die Schicht der Aristokraten führend blieb, aber der Zustimmung des Volkes bedurfte (W. Eder).

Viele Einzelheiten der Geschehnisse in den folgenden Jahren sind strittig, fast alle Daten fraglich, die meisten Akteure bleiben schemenhaft – selbst zum Tod des Kleisthenes fehlt eine Überlieferung, doch einige wichtige Schritte zur ausgestalteten Demokratie lassen sich festhalten. Heutzutage pflegt man solche Entwicklungen als Prozesse zu beschreiben, die im Kontext bestimmter Strukturen entstehen, in denen nicht-personale Kräfte wirken und wo das Ergebnis kaum mit den Intentionen der Akteure übereinstimmt. Die antike Historiographie sieht dagegen bestimmte herausragende, zielstrebige Persönlichkeiten am Werk – wie eben Solon oder Kleisthenes, und der nächste Name, der auftaucht, ist der des Themistokles. Ihm werden sowohl innere Reformen zugerechnet als auch der Seesieg über die Perser bei Salamis im Jahr 480: 488/87 soll er ein kompliziertes (und nicht ganz reines) Losverfahren für die Bestimmung der Archonten durchgesetzt haben. Da die Strategen weiter gewählt wurden, verlor die Tätigkeit als Archont an Prestige, und damit verlor auch der Areopag, in den die Archonten nach Ablauf ihrer Amtszeit eintraten, an Bedeutung.

Als Themistokles wirkte, hatte das isonome Athen bereits eine erste Bewährungsprobe bestanden: In der Schlacht von Marathon hatten die Bürger im Jahre 490, weitestgehend auf sich gestellt, mit Disziplin und Mut persische Truppen geschlagen. Aus persischer Sicht war das wohl nur ein Scharmützel, dennoch bedeutete die Niederlage eine Schmach für den Großkönig. Jeder konnte sich ausrechnen, dass er bald Rache nehmen würde, zumal er sein Expeditionskorps nicht aus einer Laune heraus geschickt hatte, sondern weil Athen die ionischen Städte an der Küste Kleinasiens unterstützt hatte, als sie vom Perserkönig abgefallen waren.

Doch nicht nur Athen fühlte sich bedroht: Mehrere griechische Poleis schlossen sich ausdrücklich als Hellenen zusammen, um sich den Persern entgegenzustellen; von einem griechischen Freiheitskampf zu sprechen wäre allerdings anachronistisch. Viele Griechen fühlten sich unter persischer Herrschaft gar nicht unwohl, eine Reihe von Poleis blieb dem Bündnis fern; auch das Heiligtum von Delphi wollte von Widerstand nichts wissen. Dagegen übernahm die unbestritten stärkste Macht der griechischen Welt, Sparta, die Führung (Abb. S. 44).

Von den Kämpfen mit den Persern, den ruhmreichen Schlachten, war schon zu Beginn des Kapitels kurz die Rede gewesen; das soll nicht wiederholt werden. Wichtig waren die Ereignisse auch für die innere Ordnung: Die Athener setzten auf eine neue Waffengattung, die Flotte. Dank Silbervorkommen, die man in Attika gefunden hatte, konnten sie eine Reihe von Kriegsschiffen fertigen, Triëren, Dreiruderer, die in der Seeschlacht vor Salamis 480 einen triumphalen Erfolg feierten und den Großkönig zur Flucht zwangen. Man hatte, so deuteten die Freunde Athens das Ereignis, Griechenland befreit, und zwar weil man eine freie Ordnung besaß, nur den Gesetzen gehorchte und keinem König.

Die Entwicklung zur Demokratie wurde durch diesen Sieg vorangetrieben: In der Feldschlacht entfalteten die Nicht-Hopliten, die Theten, nur geringe Wirkung, sie konnten allenfalls als Plänkler die feindlichen Reihen verwirren. Für die Flotten hingegen waren sie unverzichtbar, denn man war auf sie als Ruderer angewiesen. Da politischer Einfluss in der frühen griechischen Polis mit militärischer Durchschlagskraft einherging, konnten die Theten innenpolitisch selbstbewusster agieren, und die folgende Entwicklung musste sie darin noch bestärken.

Die Spartaner hatten ihre Stärke in der Landschlacht von Plataiai unter Beweis gestellt. Als die Griechen den Persern bis zur klein-

Nach dem Sieg über die Perser in Plataiai 479 stifteten griechische Poleis gemeinsam dem Apoll diese Säule in der Gestalt dreier verschlungener Schlangen und nannten darauf die beteiligten Städte mit ihren Kontingenten. Später wurde das Kunstwerk in den Hippodrom von Konstantinopel verbracht.

asiatischen Küste nachsetzten, standen sie noch unter spartanischer Führung, doch innere Gründe – von denen noch die Rede sein wird – brachten Sparta dazu, sein Engagement dort aufzugeben, und den Athenern fiel die Führungsrolle zu. Mit griechischen Städten der Ägäis schlossen sie ein Bündnis, um deren Befreiung von den Persern zu erreichen, wofür man zuallererst auf eine gemeinsame Flotte baute.

Ursprünglich war dieses Bündnis allem Anschein nach wirklich freiwillig und vom Vertrauen auf Athen getragen: Die Athener Strategen wirkten zugleich als Kommandeure dieses (Ersten Attischen) Seebundes. Athens Vorrangstellung wurde indes bald zur drückenden Übermacht, weil viele Angehörige des Seebundes nicht in der Lage waren, eigene Schiffe zu unterhalten. Sie leisteten daher Zahlungen an Athen, die in den Ausbau von dessen Armada flossen. So besaß Athen bald die bei weitem stärkste Flotte – schließlich verfügten nur noch drei Bündner über eigene Schiffe. Poleis, die abfielen, wurden mit Gewalt in das Bündnis zurückgezwungen und büßten ihre Seemacht ein. Als 454 die Seebundskasse von der Insel Delos nach Athen überführt und den Bündnispartnern eine regelmäßige Abgabe an Athen auferlegt, als ferner die Handelsgerichtsbarkeit immer stärker auf Athen ausgerichtet, schließlich die Maße und Gewichte vereinheitlicht wurden, konnte niemandem mehr das Ergebnis dieser Entwicklung verborgen bleiben: Aus dem Bündnis war ein Herrschaftsverband geworden. Für griechische Verhältnisse war der Seebund, oft als «attisches Seereich» apostrophiert, ein großräumiges Herrschaftsgebilde, doch gemessen an den Großreichen des Alten Orients oder am späteren Alexanderreich war er klein.

Athen blieb den Zwecken des Bündnisses anfangs insofern treu, als es den Kampf gegen die Perser fortsetzte. 449/48 akzeptierten beide Seiten einen Friedenszustand, mit dem sie ihre Interessensphären abgrenzten. Er sollte mehrere Jahrzehnte halten. Lockerer wurde die Athener Herrschaft dadurch nicht. Der Seebund belegt so die Dialektik der griechischen Freiheit: Geschlossen, um die Freiheit der griechischen Poleis zu ermöglichen, mutierte er für viele

Bündnispartner zum Inbegriff der Unterdrückung und die Stadt der Demokratie zur Tyrannin im Seebund. Nur auf Kosten anderer schienen die Athener ihre Freiheit behaupten zu können.

Mit dem Seebund strömten Ressourcen nach Athen, die den Ausbau der Demokratie förderten, da noch mehr Theten benötigt wurden und sich finanzieren ließen. Zugleich konnten vornehme Athener sich als Kommandeure im Seebund hervortun. Dennoch war es für die führenden Athener Politiker keineswegs selbstverständlich, auf diese Politik zu setzen; vielen erschien es wichtiger, ein gutes Verhältnis zu Sparta zu pflegen, das die stärkste Landmacht blieb. Als aber Ende der sechziger Jahre nach einem Erdbeben ein Aufstand in Sparta losbrach, entsandten die Athener ein Hilfskorps. Doch das wurde zurückgewiesen; die Freunde der Spartaner in Athen waren desavouiert.

Zur gleichen Zeit, vielleicht dadurch veranlasst, nahm die politische Ordnung Athens eine bedeutende Entwicklung, die unsere (wenigen) Quellen mit dem Namen des Ephialtes und dem Jahr 462/61 verbinden: Der Areopag verlor bestimmte Rechte, vor allem wohl die Aufsicht über die Amtsinhaber, die an die Geschworenengerichte überging, in denen das breite Volk dominierte. Die Beteiligung des Volkes wurde weiter gestärkt, mit vielen gesetzlichen Einzelbestimmungen, zu deren Durchsetzung etliche Namenlose beigetragen haben mögen. Wie auch immer die Details zu bewerten sein mögen, so sieht man doch relativ deutlich, was sich um die Mitte des 5. Jahrhunderts entwickelt hatte.

Wenn ich im Folgenden diese demokratische Ordnung zu skizzieren versuche, dürfte sie geschlossener wirken, als es der historischen Wirklichkeit entsprach, die stets in Bewegung blieb. Bei vielen Regelungen ist schlichtweg unbekannt, seit wann sie bestanden. Zudem muss man sich klar machen, dass die Athener ihre politische Ordnung nie formell verschriftlichten. Es gab eine Vielzahl einzelner Beschlüsse und Gewohnheiten, die als Ergebnis eine leidlich stabile Struktur hervorbrachten. Deren vier wichtigste Einrichtungen bildeten der Rat der 500, die Volksversammlung, die Geschworenengerichte und die Amtsinhaber:

Der Rat der 500 (die *boulé*) war zuständig für die Alltagsgeschäfte bis hin zum Verkehr mit auswärtigen Gesandtschaften; ein Ausschuss, die sogenannten Prytanen als Vertreter einer Phyle, führte für je 30 Tage die Geschäfte. Auf der Agorá waren Tag und Nacht einige von ihnen in einem speziellen Gebäude präsent. Wenn man überhaupt von einer Regierung Athens sprechen will, so war dies die jeweilige Prytanie. Die Ratsmitglieder wurden für ein Jahr aus einem Kreis von Männern gelost, die von den Demen vorgeschlagen worden waren. Höchstens zweimal im Leben durfte man Ratsherr werden und das nicht in aufeinanderfolgenden Jahren, so dass ein bemerkenswert hoher Anteil der Bürger die Chance hatte, einmal dem Gremium anzugehören, ja einen Teil der «Regierung» zu bilden.

Darin zeigt sich ein leitendes Prinzip der Demokratie: Man wollte Macht breit verteilen. Eine Kompetenz der Spezialisten konnte sich hier nicht aufbauen, und das wäre auch völlig unnötig gewesen, da man von der Allkompetenz des Bürgers ausging – jeder war demnach in der Lage, Politik zu treiben. Daher stellte das Losverfahren eine angemessene Form dar, Funktionsträger zu bestimmen. Denn es barg kein Risiko, sofern alle kompetent waren, und verhinderte, dass ein Vornehmer sich durchsetzen konnte, der etwa bei einer Wahl Stimmen hätte kaufen oder herbeizwingen können.

Die Beschlüsse des Rates waren in der Regel Vorbeschlüsse (*probouleúmata*), die man der Volksversammlung (*ekklesía*) vorlegte. Erst der Beschluss der Volksversammlung (das *pséphisma*), der das *proboúleuma* verändern und ergänzen mochte, besaß verbindlichen Charakter. Die sachliche Kompetenz der Volksversammlung war umfassend. Sie konnte vom Rat sogar die Vorberatung bestimmter Gegenstände einfordern, allerdings höchstens in Ausnahmefällen einen spontanen Beschluss in einer Angelegenheit herbeiführen.

Zu Rede und Abstimmung in der Volksversammlung berechtigt waren alle männlichen Bürger ab dem vollendeten 18. Lebensjahr. Man votierte offen, und jede Stimme zählte, es galt die einfache Mehrheit. Das erscheint aus heutiger Sicht ganz selbstverständlich, war es aber keineswegs – in Rom etwa, wo das Mehrheitsprinzip grundsätzlich galt, stimmte man in Stimmkörpern ab (s. S. 115 f.). Selbst das Mehrheitsprinzip ist für sich genommen merkwürdig, da die Stimmen der Unterlegenen ganz verloren gingen. Es war gewiss nicht leicht, den Bürgern, namentlich den Aristokraten, die Disziplin zu vermitteln, das zu akzeptieren. Damit verlangte das Mehrheitsprinzip eine Eigenschaft, die schon den Erfolg der Hoplitenphalanx begründete, nämlich die Fähigkeit zur Kooperation. Man musste es ertragen, überstimmt zu werden, und trotzdem weiter mitmachen. Selbst dem vornehmsten Aristokraten wurde abverlangt, sich kooperativen Normen zu fügen.

Die Geschworenengerichte (Dikasterien) sind eine Eigenart der Athener Demokratie, die besonders viel Kritik auf sich gezogen hat. In Athen gab es keinen Juristenstand, keine Rechts- und keine Staatsanwälte. Die Plädoyers wurden von den Prozessparteien selbst vorgetragen oder aber von Freunden oder Verwandten, zum Teil nach Texten, die professionelle Redenschreiber verfasst hatten. Zu Gericht saßen nicht berufsmäßige Richter, sondern mehrere hundert (je nach Bedeutung des Falls zwischen 201 und 1501) Laien, Geschworene, die ohne Beratung und in geheimer Abstimmung ihr Urteil fällten. Nach einem Zufallskriterium wurden die Geschworenen für jeden Prozess aus denjenigen Athenern über dreißig Jahren ausgewählt, die sich für die Wahrnehmung dieser Funktion gemeldet hatten. Damit strebte man offenbar eine gleichmäßige Repräsentanz der Bevölkerung Attikas an; doch diese stellte sich nur in einem begrenzten Umfang ein, weil nicht jeder sich zur Teilnahme bereit erklärte: Da die Geschworenen nur mit einer mäßigen Summe honoriert wurden, war ihre Position vor allem für diejenigen interessant, die eine einträglichere Tätigkeit nicht auszuüben vermochten. Es mag sich dabei um Ältere gehandelt haben, um Athener, die gerade keiner Arbeit nachgingen, aber auch um Bauern, die ihre Aufgaben in der Stadt um den Besuch des Gerichts ergänzten und so noch ein paar Obolen einstreichen wollten.

Die Dikasterien konnten unter bestimmten Umständen die Gültigkeit von Volksbeschlüssen prüfen; überwiegend hatten sie es aber mit den verschiedensten Zweigen des Gerichtswesens zu tun, die heute als Zivil- oder Strafsachen betrachtet würden. Lediglich bestimmte Verfahren im Bereich religiöser Frevel und der Blutgerichtsbarkeit oblagen dem Areopag. In den Prozessen selbst ging es nicht allein um den Streitfall und um rechtliche Fragen – Gesetzestexte mussten von den Prozessparteien vorgetragen werden –, sondern auch um die Gesamtpersönlichkeit des Angeklagten, der zu zeigen hatte, dass er ein wertvolles Mitglied der Gemeinschaft war. Besonders empfindlich reagierten die Geschworenen, wenn etwa ein Reicher und Vornehmer sich an einem Schwachen verging, ihn verspottete oder gar misshandelte. Dann musste der Beklagte seinen Richtern, die eben keine funktionale Elite darstellten, sondern gewöhnliche, eher weniger wohlhabende Bürger waren, beweisen, dass er einer «von uns» war, insofern ein akzeptabler Angehöriger der demokratischen Polis. So gesehen, besaß in der Tat jeder Athener Bürger eine hinreichende Kompetenz als Richter.

Auch von den Amtsinhabern wurde anders als von modernen Beamten keine Spezialkompetenz verlangt. Die Athener Amtsträger wurden gewöhnlich für ein Jahr aus allen Bürgern erlost und hatten lediglich eng umrissene Befugnisse; alle Ämter waren mit mehreren Männern besetzt, so dass ein Einzelner weder zu viel Macht gewinnen noch zu viel Schaden anrichten konnte. Zugleich wurde in den kollegialen Ämtern die Fähigkeit zur Kooperation, die für die Demokratie konstitutiv war, verlangt und eingeübt.

Lediglich bei der Strategie und den Finanzämtern verhielt es sich anders. Die Strategen, deren militärisches Können für Athen überlebenswichtig war, bekleideten ein Wahlamt und durften dies wiederholt tun. Seit 443 wurde Perikles jedes Jahr neu zu einem der zehn Strategen gewählt und erwarb damit eine Machtbasis, die ihn als die bestimmende Figur der Athener Politik bis zum Beginn des Peloponnesischen Krieges erscheinen lässt. Zu den einflussreichen Ämtern des Finanzwesens hatten lediglich Männer der höchsten Steuerklasse Zugang, wobei man hier nicht einmal vermuten muss, dass ihre Erfahrung im Umgang mit Geld eine Rolle spielte. Es genügte wohl, wenn die Polis bei eventuellen Unregelmäßigkeiten in der Lage war, sich aus ihrem Vermögen zu bedienen.

Nicht nur die Abgaben des Seebundes spülten Geld in die Athener Kassen, einen wichtigen Beitrag leisteten auch Einnahmen aus staatlichem Besitz oder aus Zöllen; ferner mussten die dauerhaft in Athen ansässigen Fremden, die Metöken, eine Abgabe zahlen. Die wichtigste Grundlage des Athener Finanzwesens war jedoch das System der Leiturgien: Zahlreiche Aufgaben, etwa den Unterhalt eines Kriegsschiffs oder die Organisation einer Theateraufführung, übernahm die Polis nicht direkt. Vielmehr verpflichtete man wohlhabende Bürger, Derartiges im Wesentlichen aus privaten Mitteln zu bestreiten. Ein solches Verfahren bot zwei große Vorteile: Der persönliche Ehrgeiz wurde angestachelt, da jeder sehen konnte, wie sehr der Betreffende sich engagiert hatte, und ein erheblicher Teil dessen, was heute der Verwaltung obliegt, wurde an den einzelnen Bürger delegiert.

Eine Vielzahl von Verfahrensweisen, von denen nur einige hier erwähnt wurden, trugen dazu bei, ein strukturelles Problem der attischen Demokratie abzumildern: Man versuchte politische Gleichheit vor dem Hintergrund sozialer Ungleichheit zu verwirklichen. Besitzgleichheit wurde jedoch kaum einmal eingefordert. Vielmehr beschnitt man Möglichkeiten, ökonomische oder soziale Macht in politische umzusetzen. Die großen Gerichtshöfe und das Losverfahren erschwerten die Korruption; der Ostrakismos erlaubte es, bedrohlich erscheinende Bürger zu entfernen; die strenge Orientierung an Regeln des wechselseitigen Respekts, über die Geschworenengerichte wachten, zwang den Vornehmen, sich den allgemeinen Normen unterzuordnen. Ebenso wurde weitestgehend verhindert, dass ein Einzelner auf der Grundlage eines Amtes herausragende Macht genoss.

Dabei half, dass der Rechtsstatus eines jeden vor Amtsantritt und am Ende seine ganze Amtsführung streng kontrolliert wurden; die Rechenschaftspflicht galt als Charakteristikum der Demokratie und zeigte jedem Amtsinhaber, dass er nicht selbstherrlich agieren durfte. Ferner machte es die Einführung von Diäten (Tagegeldern) für Ratsherren, Amtsinhaber, Geschworene und schließlich sogar für die Teilnehmer der Volksversammlung unwahrscheinlich, dass jemand aus wirtschaftlichen Gründen nicht partizipieren konnte. So bekleideten bei einer Gesamtzahl von vielleicht 30 000 Bürgern neben den Geschworenen, die bereits nach Tausenden zählten, ca. 1200 Männer als Amtsträger oder Ratsherren jedes Jahr öffentliche Ämter. Kaum eine Gesellschaft hat einen so hohen Anteil von Bürgern in ihre Politik involviert.

Beim Geschichtsschreiber Thukydides feiert Perikles in einer Rede auf Gefallene die Leistungen der Demokratie: *Die Ordnung, die wir haben, richtet sich nach keinen fremden Gesetzen; viel eher sind wir für sonst jemand ein Vorbild, als daß wir andere nachahmen. Mit Namen heißt sie, weil die Polis nicht auf wenige Bürger, sondern auf eine größere Zahl gestellt ist, Demokratie. Es haben aber nach dem Gesetz in dem, was die einzelnen angeht, alle gleichen Teil, und der Geltung nach hat im öffentlichen Bereich derjenige den Vorzug, der sich irgendwie Ansehen erworben hat, nicht nach irgendeiner Zugehörigkeit, sondern nach seinem Verdienst; und ebenso wird keiner aus Armut, wenn er für die Stadt etwas leisten könnte, durch die Unscheinbarkeit seines Namens verhindert.*[8]

Die Verteilung von Macht und die Realisierung der Gleichheit innerhalb der Bürgerschaft gelangen in einem bemerkenswerten Maße, aber nicht vollständig. Wer weit entfernt von Athen lebte, hatte beschränktere Möglichkeiten, seine Rechte auszuüben, als ein Bewohner der Stadt. Und obgleich die Zensusgrenzen einen Großteil ihrer Bedeutung verloren, entstammte faktisch die politische Elite noch viele Jahrzehnte der Aristokratie; erst im Peloponnesischen Krieg traten Angehörige neuer Familien in den Vordergrund. Aber auch sie verfügten über einen beträchtlichen Reichtum. Jeder, der politischen Einfluss wünschte, benötigte die von Erwerbsarbeit freie Zeit für seine Vorbereitung und das entsprechende Selbstbewusstsein, um als Redner aufzutreten. Soziale Unterschiede blieben politisch relevant.

Doch jederzeit konnte der einfache Bürger als Ratsherr, als Geschworener, als Angehöriger der Volksversammlung über die Hochgestellten urteilen. Drastisch, aber gewiss nicht realitätsfern lässt der Komödiendichter Aristophanes einen armen Alten sprechen, der als Geschworener wirkt: *Welch Wesen ist hoch beglückt, gefeiert und reich, wie ein Geschworener, hat Freuden die Füll, ist gefürchtet zugleich wie ein Geschworener – und das noch im Alter? Am Morgen gleich, wenn er kriecht aus dem Bett, da erwarten ihn mächtige Männer – vier Ellen hoch – an den Schranken schon: Ich trete hierzu, und entgegen streckt einer sogleich die samtene Hand, die den Säckel des Staates bestohlen. Sie verneigen sich tief, und sie bitten und flehn und schwimmen in Tränen und schluchzen: «O erbarme dich, Vater, o laß dich erflehn, wenn du jemals im Amt wohl selber dich ein bißchen vergriffen, hier oder im Feld oder beim Einkauf für die Soldaten!» Wo wüßte so einer von mir, dass ich leb, hätt ich früher ihm nicht schon geholfen?*[9] Diese Chance, einmal über die hohen Herren zu urteilen, trug gewiss dazu bei, den Zusammenhalt der Bürgerschaft zu sichern.

Die Einrichtungen der Demokratie verlangten, dass man sich mit der Kraft des Wortes durchsetzte, in der Volksversammlung, im Rat, vor den Dikasterien, gegenüber den Amtskollegen. So verwundert es nicht, wenn Athen zu einem Ort wurde, an dem man vieles neu bedachte und in Frage stellte, was andernorts selbstverständlich schien. Hatten sich schon in archaischer Zeit Ansätze philosophischen Denkens entwickelt, so wurden sie in Athen weiterentwickelt und in bleibende Texte überführt.

Die Athener Bürgerschaft war nicht nur eine politische, sondern zugleich eine religiöse Gemeinschaft. Wer als Athener geboren wurde, nahm schon deswegen an den Athener Kulten teil, an bestimmten Festen wurde er den anderen Bürgern vorgestellt. Das war keine Sache einer persönlichen Glaubensentscheidung, sondern der Tradition. Im Theater, wo das europäische Drama mit Tragödie und Komödie seinen Anfang nahm, verkörpert sich die unlösliche Verbindung dessen, was in der modernen Gesellschaft zu Politik, Religion und Kultur ausdifferenziert worden ist – bezeichnenderweise in einer Tradition, die von der Tyrannis mitgeprägt war.

Die Theateraufführungen waren stets Teil religiöser Feste; aus einem Wechselgesang für die Götter erwachsen, verselbständigten sich die dramatischen Handlungen immer mehr. Es traten Einzelsänger auf, die ein komplexes Schauspiel darboten, soweit das ihre Dreizahl – mehr wurden in den Tragödien nicht akzeptiert – zuließ. Daneben gab es weiter den Chor, der sang und tanzte. Während die Komödien mit ätzendem Spott in phantasiereichen, nachgerade karnevalesken Dramen das Gelächter des Publikums herausforderten, nahmen die Tragödien überwiegend Stoffe des Mythos auf und variierten sie, nur selten gelangten Gegenwartsthemen – wie die Reaktion am persischen Königshof auf den Sieg der Griechen – auf die Bühne.

Theateraufführungen, die als Wettkampf dreier Beiträge organisiert waren, gehörten zu den öffentlichen Aufgaben, die man Bürgern als Leiturgien anvertraute. Sie waren eingebunden in Prozessionen und Opferhandlungen; es wurden bei der Gelegenheit die erwachsen gewordenen Kriegswaisen in voller Rüstung präsentiert und Tribute zur Schau gestellt: Sie waren Teil eines Festes der Polis.

Alles an den Theateraufführungen des 5. Jahrhunderts bildete zudem eine Angelegenheit der Bürger, der männlichen Bürger: Bürger dichteten, schauspielerten – auch in weiblichen Rollen –, tanzten und sangen, vor einem Publikum, das überwiegend aus Bürgern bestand, und vor einer Jury, die sich aus Bürgern zusammensetzte, im Rahmen eines Festes, in dem Götter der Bürgerschaft gefeiert wurden. Die Allkompetenz des Bürgers umfasste mithin nicht nur den Einsatz im Krieg, die Entscheidungsfähigkeit in der Volksversammlung, die Beteiligung am Rat, die Verwaltung der Prytanie, die Ausübung von Ämtern, die Urteilsfähigkeit bei Gericht, sondern auch die Mitwirkung an dramatischen Aufführungen.

Was dachten sich die Bürger bei den Darbietungen, die sie gestalteten und verfolgten? Sie sahen, wie in den Komödien ihre höchsten Politiker, selbst Götter verspottet, wie abweichende Verhaltensweisen lächerlich gemacht wurden. Sie erlebten mit, wie in den Tragödien große Helden stürzten, wie aus Rache brutale Morde begangen, wie über die Gültigkeit von Gesetzen diskutiert wurde, wie die persische Königin von der Niederlage vor Salamis erfuhr, wie die Demokratie verteidigt und die Hybris der Helden gestraft wurde. Vielleicht gelang es ihnen dadurch leichter, den schnellen Wechsel zu verarbeiten, den die Entstehung der Demokratie herbeiführte; vielleicht bedeutete es für sie nur, dass sie für eine gewisse Zeit dem Alltag enthoben waren. Doch manchem war es vielleicht wichtiger, die prachtvollen Gewänder zu betrachten und die immer aufwendigere Bühnentechnik zu bewundern. Der Zuschauer der Tragödie ist uns unbekannt. Ein Intellektueller war er typischerweise nicht.

Der allkompetente Athener Bürger wachte sorgsam über seine Privilegien. Zu der exklusiven Gruppe zählte seit 451/50 nur, wer sowohl von Vater- als auch von Mutterseite her Athener war, was insbesondere Aristokraten in Schwierigkeiten brachte, die gerne Ehen über die Polisgrenzen hinaus schlossen, aber auch ärmere Einwohner, die etwa in Athen ansässige Fremde heiraten wollten. Nur durch einen speziellen Volksbeschluss konnte man ansonsten das Bürgerrecht erlangen. Die in Athen ansässigen Fremden, die Metöken, lebten gesichert in der Stadt und konnten sich einen Rechtsbeistand suchen, doch durften sie in der Regel kein Land erwerben. Zudem waren sie verpflichtet, an Feldzügen teilzunehmen und Abgaben zu zahlen. Dennoch blieb Athen attraktiv genug, um viele Fremde anzulocken.

Dem faktischen Frieden mit Persien folgte ebenfalls um die Mitte des 5. Jahrhunderts ein Friede mit Sparta. Zwischen 446 und 431 genossen die Athener zumeist Ruhe, nachdem sie zuvor Jahr für Jahr in Kriege gezogen waren, aus denen viele nicht zurückkehrten. In den wenigen Jahrzehnten seit Beginn des Jahrhunderts hatte seine Bürgerschaft Persien aufgehalten und eine Vormachtstellung in der griechischen Welt errungen, sich in einer Demokratie eingerichtet, Bauten hervorgebracht, die bis heute Bewunderung auf sich ziehen, Theaterwerke geschaffen, die noch auf den modernen Bühnen gespielt werden; daneben war dies der Ort, an dem über philosophische Fragen fundamental nachgedacht, die antike Geschichtsschreibung zu einer ersten Blüte gebracht wurde. Was das Wirken von vielleicht 30000 Bürgern – die ja außerdem noch liebten, hassten, Kinder aufzogen, aßen und tranken – in so kurzer Zeit auslöste, bleibt unvergleichlich, auch wenn vieles von Menschen stammte, die nach Athen zugewandert waren. Nicht zufällig hatten sie dieses Ziel gewählt.

Den Zeitgenossen war das unheimlich: *Sie sind Neuerer, leidenschaftlich, Pläne auszudenken und Beschlossenes wirklich auszuführen … Ferner sind sie Draufgänger über ihre Macht, waghalsig über jede Vernunft und in Nöten hoffnungsvoll … Und immer gehen sie frisch ans Werk … Siegreich, verfolgen sie ihre Feinde bis zum letzten Ende, geschlagen, fallen sie nur kaum zurück. Ihre Leiber verschwenden sie für ihre Stadt, als wären sie ihnen fremd, aber ihren ganzen Geist nehmen sie zusammen, etwas für die Stadt zu tun … bei ihnen allein ist es gleich, ob sie haben oder hoffen, was sie sich vorgenommen, weil sie jeden Beschluß so rasch ins Werk setzen. Und mit all dem plagen sie sich unter Mühen und Gefahren ihr ganzes Leben lang und genießen kaum, was sie haben, weil sie immer nur erwerben, von keinem anderen Fest wissen, als das grad Nötige zu tun.*[10] Mit Worten wie diesen schafften die Korinther es, so die Darstellung des Thukydides, die Spartaner zum Krieg gegen Athen aufzurütteln.

431 brach er aus, der Peloponnesische Krieg, der mit kurzen Unterbrechungen bis 404 währte. Auf der einen Seite stand Athen, auf der anderen Sparta. Athen, das sich zur See überlegen wusste, nahm es in Kauf, dass Spartaner wiederholt nach Attika einbrachen und das Land verwüsteten. Es überstand 429 eine Pest, an der sein führender Politiker Perikles starb. Bis an die Nordküste der Ägäis wurden die Kämpfe getragen, doch nur wenige Schlachten ausgefochten, und keine brachte eine Entscheidung, so dass man 421 mit einem Frieden, der mehr oder weniger den Status quo bestätigte, diese erste Phase beendete, den nach einem spartanischen König benannten Archidamischen Krieg. Es herrschte nun etwas, was schon früh als Fauler Friede bezeichnet wurde. An vielen Orten flackerten Kämpfe auf, durchaus unter Beteiligung Athens und Spartas.

Die Athener taten, was man nach der Korintherrede von ihnen erwarten musste: Sie griffen noch weiter aus. Sizilien war das Ziel (415–413). Trotz starker Rüstungen gelang es ihnen aber nicht, Syrakus zu erobern, ihre Truppen wurden aufgerieben oder gefangen.

Sparta nahm den Krieg im Mutterland 413 wieder auf. In der Grenzfestung Dekeleia setzte es sich fest, daher spricht man vom Dekeleischen Krieg. Viel schlimmer war jedoch, dass Persien die Spartaner materiell unterstützte und ihnen den Aufbau einer Flotte ermöglichte. Die Athener wehrten sich leidenschaftlich, in mehreren Seeschlachten blieben sie siegreich, doch am Ende reichten die Ressourcen nicht, und die Stadt musste aufgeben. Mit knapper Not entging sie der Vernichtung. Der eigentliche Sieger hieß indes nicht Sparta, sondern Persien. Denn Sparta akzeptierte, dass die kleinasiatischen griechischen Städte, die nach den Perserkriegen befreit worden waren, wieder unter persische Herrschaft kamen.

Der Peloponnesische Krieg bedeutete eine Bewährungsprobe für die Demokratie, die erfolgreich gemeistert wurde. Aristokraten hatten sich in Gemeinschaften zusammengeschlossen, die man Hetairien nannte. Mit Druck und Versprechungen gelang es 411, die Volksversammlung, die unter dem Eindruck militärischer Nöte stand, dazu zu bringen, die Demokratie abzuschaffen – so weit gingen ihre Befugnisse. Doch das Volk von Athen gab es nicht nur in Athen, sondern auch auf Salamis, wo starke Flottenverbände standen. Sie blieben der Demokratie treu und konnten sich durchsetzen. 410 kehrte die Demokratie nach Athen zurück. Am Ende des Krieges kam es wieder zu einem – von Sparta beförderten – Umsturzversuch, der in ein Terrorregiment mündete. Die Demokraten aber sammelten sich und kehrten zurück. Für wenige Jahre gab es ein demokratisches Regime in Athen und ein oligarchisches in Eleusis, die wieder zusammenwuchsen.

Offenbar rechneten die meisten Athener die Niederlage im Krieg nicht der Demokratie zu. Man sah andererseits von einer systematischen Verfolgung der Umstürzler ab, ja man legte fest, dass man an die schlimmen Geschehnisse nicht erinnern dürfe. So gelang die innere Befriedung erstaunlich rasch. Dennoch grassierte mancherorts Misstrauen. Möglicherweise gehört der 399 durchgeführte Prozess gegen den Philosophen Sokrates in solche Zusammenhänge. Dieser, von Beruf Steinmetz, ist als historische Gestalt nur schwer zu fassen, da man ihn lediglich aus den Schriften von Anhängern und

Gegnern kennt, die ganz unterschiedliche Vorstellungen vermitteln. Offenbar behauptete Sokrates, ein Daimon halte ihn zu seinem Tun an, das im Wesentlichen wohl darin bestand, Gespräche zu führen, um darüber nachzudenken, was Tugend, was richtig sei; unter den Gesprächspartnern, die er durch seine Nachfragen verwirrte, machte er sich wenig Freunde, umso mehr bei jungen Aristokraten in seiner Begleitung, die von den neuen Fragen fasziniert waren und sich gewiss darüber amüsierten, wie die Befragten in die Enge getrieben wurden. Zu dem Kreis gehörte unter anderem Alkibiades, der zunächst die Sizilische Expedition betrieben hatte, aber wegen eines religiösen Frevels abberufen worden und auf die Seite Spartas übergegangen war, um dann doch wieder nach Athen zurückzukehren. Nach seinem neuerlichen Scheitern dort begab er sich an den Hof eines persischen Satrapen, wo er schließlich einem Mord zum Opfer fiel.

Solche Menschen sah man als Produkt einer Erziehung, die alle Traditionen in Frage stellte, und so verwundert es nicht, dass die Klage gegen Sokrates aus einem streng demokratischen Milieu kam. Er führe, so hieß es, neue Götter ein – gemeint war vermutlich der Daimon – und verderbe die Jugend. Sokrates, der als Hoplit und Ratsherr seinen Pflichten als Bürger durchaus nachgekommen war, provozierte das Dikasterion: Nachdem er in der Sache verurteilt worden war und über das Strafmaß entschieden werden sollte, verlangte er zunächst eine Belohnung und erklärte sich schließlich bereit, eine bestimmte Summe zu zahlen, zu der seine wohlhabenden Freunde beitragen wollten; auf den üblichen Appell an das Mitleid der Geschworenen für seine verwaiste Familie verzichtete er. Niemanden konnte jetzt sein Todesurteil überraschen. Die Gelegenheit zur Flucht ließ er verstreichen und nahm den Schierlingsbecher, von seinen Anhängern zum Opfer einer Demokratie stilisiert, deren Freiheiten er weidlich genutzt hatte.

Unzweifelhaft hatte die Demokratie während des Peloponnesischen Krieges und auch danach Schwächen gezeigt. Dafür steht nicht nur die vorschnelle Entscheidung für die Sizilische Expedition, sondern auch ein weiterer berühmter Prozess: Nach einem

Sieg der Athener in der Seeschlacht bei den Arginusen 406 verurteilte die Volksversammlung in einem summarischen Verfahren sechs der zehn Strategen – angeblich gegen den Rat des Sokrates – zum Tode, da sie bei einem aufkommenden Sturm die Rettung schiffbrüchiger Athener versäumt hatten. Tote nicht zu bergen galt als schlimmer Frevel, da diese so von einem regulären Begräbnis, vom üblichen Gedenken und vor allem von der Unterwelt ausgeschlossen waren, so dass der Grund plausibel war. Doch erfolgte die Verurteilung überstürzt – und die Athener hatten sich selbst eines großen Teils ihrer militärischen Elite beraubt.

Es gibt keine demokratische Reformschrift aus der Zeit nach dem Peloponnesischen Krieg, doch einzelne Volksbeschlüsse zeigen, dass viele sich der Probleme der Demokratie bewusst waren und pragmatische Lösungen anstrebten. Schon während des Peloponnesischen Krieges hatte man versucht, die geltenden Gesetze zu sammeln, man führte nun Verfahren ein, um die Konsistenz der Gesetzgebung zu wahren; Prozesse und sonstige Verfahrensweisen wurden formalisiert. Die antike Demokratie, der anders als der modernen auf dem Kontinent kein Rechtsstaat vorangegangen war, nahm rechtsstaatliche Züge an.

Ferner setzte eine Spezialisierung ein, die den Gedanken der Allkompetenz der Bürger nicht verdrängte, aber doch schwächte. Für bestimmte politische Bereiche – etwa für das Finanzwesen – setzte man auf ausgewiesene Bürger. Es bildete sich in Athen eine Funktionselite heraus: Man sprach von Rhetoren und Strategen, die Politik trieben. War Perikles noch sowohl ein herausragender Redner als auch ein bewährter Feldherr gewesen, so dienten der Stadt jetzt etliche Strategen, die sich in Volksversammlungen nicht durchzusetzen vermochten, wie auch manch erfolgreicher Redner, der nicht in der Lage war, Soldaten zu führen – das Kriegswesen war spezialistischer geworden und stellte höhere Anforderungen.

Dennoch hielt man an demokratischer Tradition fest; die Sensibilität gegenüber Anmaßungen von Höhergestellten blieb wach; das zeigte sich immer wieder in den Prozessen, mit denen gegen Übergriffe vorgegangen wurde. Nach wie vor erklärten sich Jahr für Jahr

Hunderte von Athenern bereit, für die Polis Aufgaben zu übernehmen, selbst in den Krieg zu ziehen. Die Last der Leiturgien wurde breiter verteilt. Doch wohl häufiger als zuvor gab es Athener, die sich aus der Politik zurückzogen; der Philosoph Platon ist ein berühmtes Beispiel und keineswegs ein isoliertes.

Dennoch: Später wird noch von den äußeren Niederlagen Athens in dieser Zeit die Rede sein, doch eine innere Schwäche war dafür nicht die Ursache; die Athener Demokratie blieb vielmehr sogar bis ins 3. Jahrhundert hinein lebendig. Sie war ja für die meisten Athener Männer ein Erfolgsmodell. Aber es lebten noch andere Menschen in der Stadt.

Die Freiheit des Athener Bürgers war die Unfreiheit des anderen. Diese Aussage betrifft nicht nur den Seebund. In der eigenen Polis duldete man die Anwesenheit von Sklaven und die Not der Unterdrückten: *Lieber Xenokles, liebe Mutter, laßt es nicht zu, dass ich in der Schmiede zugrundegehe, sondern lauft zu meinen Herren und findet etwas Besseres für mich! Man hat mich nämlich einem ganz schlimmen Menschen gegeben. Unter Peitschenhieben gehe ich zugrunde, ich bin gefesselt, man behandelt mich wie ein Stück Scheiße – es wird immer schlimmer.*

Selten wird die Not der kleinen Menschen in antiken Quellen sichtbar. Hier, niedergeschrieben auf einem Stück Blei, hören wir die Stimme eines Mannes, der höchstwahrscheinlich Sklave war und Hilfe erflehte.[11] Lesis, so hieß der Sklave, hatte wenigstens jemanden, an den er sich wenden konnte, eine Mutter – vielleicht eine Freigelassene – und einen Mann, möglicherweise deren Lebensgefährte. Andere hatten niemanden und auch nie schreiben gelernt. Ihre Stimmen sind verstummt. Dennoch ist es eine wichtige Facette der Demokratie, dass die Mehrheit der Bevölkerung an dem freien Polisleben keinen Anteil hatte.

Sklaverei hatte es in Griechenland seit jeher gegeben, wobei das Wort lediglich den Rechtsstatus der Unfreiheit bezeichnet, der sich mit ganz verschiedenen Lebenslagen verbinden konnte. Es mochte sich um jemanden handeln, der auf dem Lande Seite an Seite mit seinem Besitzer arbeitete, oder um einen Handwerker, der auf

Rechnung seines Herrn und ansonsten eigenverantwortlich tätig war. Sklaven im Eigentum der Polis traten als städtische Ordner bei der Volksversammlung in Erscheinung oder aber verschwanden als Arbeiter im Silberbergwerk von Laureion, wo sie unter unmenschlichen Bedingungen, am Fels angekettet, dahinvegetierten, um die Einkünfte der Demokratie zu mehren. Manchen Sklaven winkte die Freilassung, die anderen auf immer versagt blieb.

Während Athener nicht gefoltert werden durften, hatten Sklaven gerade unter Folter vor Gericht auszusagen, da man ihnen sonst nicht zutraute, die Wahrheit zu sagen. Das ist aus moderner Sicht empörend und belegt gerade deswegen einen zentralen Unterschied zwischen antiker und moderner Demokratie: Die antike Demokratie kannte keine allgemeinen Menschenrechte. Sie ging vielmehr von Bürgerrechten aus, daher sah man im Sklaven nicht den Mitmenschen, sondern den, der nicht zur Bürgerschaft zählte und deswegen gewisse Privilegien einfach nicht genoss. Nur ganz leise und am Rande wurde Kritik an der Sklaverei laut.

Doch nicht nur Sklaven waren von den Verheißungen der Demokratie ausgeschlossen: In seinen Komödien lässt Aristophanes gelegentlich Frauen Macht gewinnen, was den Athenern vermutlich herzhafte Lacher abnötigte. Eine solche Umkehrung der Ordnung war in der Wirklichkeit undenkbar. Vielmehr wurden gerade in Athen die Frauen konsequent aus dem politischen Raum ausgeschlossen. In der aristokratischen Gesellschaft mochten Frauen als Vornehme vermittelt über Männer, seien es Väter, Brüder oder Gatten, einen gewissen Einfluss ausüben; in der archaischen Zeit konnte die Dichterin Sappho einen Kreis von Schülerinnen um sich scharen, die sie auf das Leben als Frau in dieser archaischen Welt vorbereitete. Gegenüber solchen Handlungsspielräumen (vornehmer) Frauen der archaischen Zeit waren die der Frauen in der Demokratie erheblich eingeschränkt.

Das lag gerade daran, dass die Demokratie mit ihren formalisierten Institutionen einen eigenen politischen Raum schuf und ihn scharf gegenüber Nicht-Bürgern, damit auch Frauen, abgrenzte. An der Volksversammlung konnten sie nicht teilnehmen; als ruchbar wurde, Perikles berate sich mit seiner Geliebten Aspasia, schadete ihm das. Die Vorstellungen von klugen Hetären, die sich frei in der Gesellschaft bewegten, romantisieren die Verhältnisse. Diese Frauen mögen sich zwar in der Nähe hoher Herren aufgehalten und an ihren Gesprächen teilgenommen haben, das war aber gerade nur deswegen möglich, weil sie ansonsten als Nicht-Bürgerinnen oder Unfreie aus der Athener Gesellschaft ausgeschlossen blieben.

Allerdings waren die Frauen keineswegs in, wie man früher sagte, «orientalischer Abgeschlossenheit» an das Haus gebunden. Zwar galt es als ein Schönheitsideal, wenn die Haut nicht bräunte, doch die Frauen verließen durchaus bisweilen ihr Haus, die wohlhabenden in Begleitung von Sklavinnen. Viele der weniger wohlhabenden agierten selbständig auf der Agorá, als Händlerinnen oder Handwerkerinnen. Vor allem gab es eigene öffentliche Räume für Frauen. Dabei handelte es sich um religiöse Feste, die Bürgerinnen vorbehalten waren und damit überhaupt erst sichtbar machten, welche Frau der Bürgerschaft angehörte. Aber in den politischen Raum wirkte dies nicht hinein. Die Freiheit der Athener Männer beruhte auf dem Ausschluss von Frauen und Sklaven, sie beruhte auch darauf, dass man sich von den anderen absetzte, die nicht die Eigenschaften, die Fähigkeit zur Selbstkontrolle hatten, die sich Athener Bürger gerne zusprachen:

Exklusiv und immer exklusiver wurde man zumal nach den Perserkriegen gegenüber den Barbaren, denjenigen, die nicht Griechisch sprachen und nicht an den gemeingriechischen Kulten teilnahmen. Barbaren wurden abgewertet, als Menschen, die nicht in der Lage seien, Freiheit zu leben, ja die sich von Natur aus für die Versklavung eigneten. Die griechische Freiheit war verknüpft mit ethnizistischen Vorstellungen. Diese Verbindung von Freiheitsanspruch und politischer Beschränkung sollte sich als ein schwieriges Erbe des Abendlandes erweisen.

Die Vielfalt der Poliswelt: Sparta, das Dritte Griechenland und Sizilien

Scheinbar ganz anders als Athen war Sparta. Es wurde zum Inbegriff eines Militärstaates, der seine Bürger als Ganze beansprucht. Das archaische Sparta jedoch war keineswegs ungewöhnlich, auch hier gab es eine wohlhabende Aristokratie, auch hier eine lebendige Kultur, die eindrucksvolle poetische Werke hervorbrachte, auch hier eine frühe Gesetzgebung, verbunden mit dem Namen Lykurgs. Auch hier strebte man nach Eunomie. Nicht einmal, dass hier nie ein Tyrann regierte, war einzigartig. Was Sparta auszeichnete, war ein Doppelkönigtum, das zunächst über große Macht gebot. Wie auch in anderen Poleis kam es aber in Sparta durch die Entstehung der Hoplitenphalanx zu einer breiteren Lagerung der Macht.

Der im 7. Jahrhundert wirkende spartanische Dichter Tyrtaios hat das Hoplitenideal wirkungsmächtig in scheinbar typisch spartanische Worte gefasst: *Tot zu sein ist nämlich schön, unter den Vorkämpfern gefallen, als tüchtiger Mann im Kampf für die Heimat; die eigene Polis aber und üppige Fluren hinter sich lassend ein Bettler zu sein, ist von allem das Schmerzlichste.*[12] Eine unheilvolle literarische Tradition haben die ersten Verse eröffnet, der römische Dichter Horaz (65–8 v. Chr.) übersetzte sie mit *dulce et decorum est pro patria mori (süß und ehrenhaft ist es, für das Vaterland zu sterben),*[13] was auf Kriegergräbern den Tod vieler Soldaten legitimieren sollte. Die eigentliche Aussage des Tyrtaios ergibt sich aber erst aus den folgenden: Lieber soll man für die Polis sterben, als ohne sie zu sein. All das hätte ein Athener ebenso sagen können. Auch der Perikles, den Thukydides eine Gefallenenrede halten lässt, setzt die Opferbereitschaft des Einzelnen voraus und sieht die Polis als die einzig mögliche Existenzform.

Doch irgendwann entwickelte sich Sparta doch auffällig anders: Vieles spricht dafür, dass ein äußerer Faktor die entscheidenden Veränderungen auslöste. Sparta gründete nur eine Apoikie, dafür eroberte es das angrenzende Messenien. Und während Athen die Landschaft Attika durch Tyrannis und Demokratie zu integrieren vermochte, musste Sparta mit äußerster Anspannung seiner Kräfte dafür sorgen, Messenien zu sichern. Man hielt die Ursprungsbevölkerung im Status von Heloten, das heißt von Unfreien, die zwar anders als Sklaven eine Familie gründen durften und nicht frei verkäuflich waren, bei denen aber doch eine Bindung an ihren Grund und Boden und dessen Besitzer bestand. Ständig fühlte man sich von Heloten bedroht und daher gezwungen, stets militärisch gerüstet zu sein.

Dies führte zu einer Lebensform, deren Eigenart von den Zeitgenossen und Späteren betont, wohl auch stilisiert wurde; spartanische Quellen dazu fehlen. Befremdlich war für die Athener schon, dass der Polis ein dicht besiedeltes Zentrum fehlte; wohl gab es gemeinsame Versammlungsstätten und Tempel, aber eine Verdichtung der Bevölkerung wie in Athen existierte nicht. Oft wird als unmenschlich gebrandmarkt, wenn neugeborene Spartaner dem Rat vorgestellt und dann entweder akzeptiert oder aber ausgesetzt, damit dem Tod anheimgegeben wurden. Ungewöhnlich war aber nur, dass der Rat über das Los der Kinder entschied, denn das tat im sonstigen Griechenland der Vater. Unzählige Kinder müssen in Griechenland ausgesetzt worden sein, die aus irgendeinem Grund ihrem Vater missfielen. Charakteristisch aber war die Lösung der Entscheidung aus dem Oikos.

Entsprechend verlief die Erziehung: Offenbar wurden die spartiatischen Jungen nach dem siebten Lebensjahr gemeinschaftlich und in demonstrativer Gleichheit, ohne jeglichen Luxus zu militärischer Tüchtigkeit und strenger Selbstdisziplin gedrillt. Noch von den jungen Erwachsenen erwartete man, dass sie in ihren Speisegemeinschaften (Syssitien) lebten, bis sie ab 30 in ihre Familien gehen konnten. Gerne und bewundernd wurde berichtet, wie die Abhärtung und das Geschicklichkeitstraining der Spartiaten bis zur Selbstzerstörung gingen. So soll es Aufgabe der Jungen gewesen sein, unbemerkt zu stehlen. Wurde man ertappt, standen einem schwere Züchtigungen bevor. Plutarch (ca. 46–ca. 120 n. Chr.) berichtet seinem Publikum dazu eine Anekdote, die das Bild des absonderlichen Spartas ausschmücken sollte: *Die Knaben stehlen mit so viel Selbstkontrolle, daß einmal, so heißt es, einer, der einen jun-*

gen Fuchs gestohlen hatte und ihn in seinem Kittel versteckt hielt, es schweigend ertrug, dass ihm von dem Tier der Bauch mit Krallen und Zähnen zerfleischt wurde, und daran starb, nur um sich nicht zu verraten.[14]

Die politischen Institutionen Spartas waren in mancherlei Beziehung ungewöhnlich. Die zwei Könige, die das Recht hatten, Feldzüge zu führen, mussten im Inneren mit einem konkurrierenden Organ rechnen, den fünf Ephoren, die von der Volksversammlung für ein Jahr bestimmt wurden und ihr Rechenschaft schuldeten. Anscheinend seit dem 6. Jahrhundert schränkten die Ephoren zunehmend die Spielräume der Könige ein, etwa indem einige von ihnen kraft ihres Amtes die Truppen begleiteten. Überdies saßen sie der Volksversammlung vor und hatten das Recht, jeden Spartiaten, selbst einen König, zumindest anzuklagen, vielleicht auch zu verurteilen. Nicht zuletzt übten sie eine finanzielle Aufsichtsfunktion aus. Im 5. Jahrhundert waren sie offenbar das mächtigste Organ der Polis.

Anders als Athen hatte Sparta nur einen Rat, die Gerousie, den Rat der Alten. Zu ihm gehörten die Könige sowie 28 von der Volksversammlung akklamierte Männer über 60. Seine Mitglieder, die Geronten, bildeten ein Gericht und übten eine allgemeine Aufsicht aus. Die Volksversammlung war anscheinend gewöhnlich kein Ort der Diskussion, fällte aber im Zweifelsfall verbindliche Entscheidungen. Ihre Abstimmung erfolgte teils durch Akklamation, teils durch Auseinandertreten («Hammelsprung»). Besonders irritierend erscheint, dass Akklamationen bei Meinungsverschiedenheiten bisweilen nach Lautstärke bewertet wurden; vielleicht sollte so die Intensität der Zustimmung oder Ablehnung erkennbar werden.

Die spartanische Gesellschaft gliederte sich vor allem in Spartiaten, Perioken («Umwohner») und Heloten; daneben existierten mehrere Zwischengruppen. Als Spartiaten bezeichnet man die Vollbürger Spartas, die an der Volksversammlung teilnahmen und Ämter bekleideten, sich aber hauptsächlich dem Kriegshandwerk zu widmen hatten. Die ökonomische Grundlage bildete der Grundbesitz in Gestalt der sogenannten *klároi*. Schwer erkennbar ist, wieweit unter den Spartiaten, die großen Wert darauf legten, nach außen als Gleiche zu erscheinen und einen gemeinsamen Lebensstil zu pflegen, soziale Differenzen bestanden, ob man gar von einer Aristokratie sprechen darf. Auf jeden Fall schrumpfte die Zahl derer, die ihren *kláros* halten und sich den Lebensstil der Spartiaten leisten konnten, so dass der Mangel an Vollbürgern im 4. Jahrhundert zu einem Hauptproblem der Polis wurde. Mit ihrer Exklusivität untergruben die Spartiaten ihr eigenes System – wobei die Exklusivität als solche wieder keine Besonderheit darstellt; auch die Athener Bürgerschaft war ja keineswegs offen, band aber die Zugehörigkeit nicht an ein so hartes wirtschaftliches Kriterium.

Frauen aus Spartiatenfamilien erhielten offenbar ebenfalls eine körperbetonte Erziehung, die aus ihnen tüchtige Mütter machen sollte. Aufgrund der häufigen Abwesenheit der Männer hatten sie relativ große Handlungsspielräume; das Erbrecht, das darauf ausgerichtet war, die *klároi* zusammenzuhalten, erlaubte es einer Frau, mehrere Männer, und zwar Brüder, zu heiraten (Polyandrie). Das alles hat mit Emanzipation im modernen Sinne nichts zu tun, genügte aber, um bei den übrigen Griechen das Bild von der Andersartigkeit Spartas zu verfestigen.

Mit dem Begriff «Lakedämonier» werden Spartiaten und Periöken zusammen bezeichnet. Die Letzteren, über die man wenig weiß, genossen in ihren Dörfern eine gewisse Autonomie, waren aber zum Waffendienst für die Polis verpflichtet.

Besonders schwer hatten es die Heloten. Sie bewirtschafteten die *klároi*, an die sie gebunden waren, und sicherten den Spartiaten so ihren Lebensunterhalt. Sie besaßen kaum Rechte. Vermutlich wurden die Heloten der Kernlandschaft Spartas, Lakonien, weniger hart behandelt als jene in Messenien, die eine kollektive Erinnerung an ihre Unabhängigkeit zu bewahren wussten und deswegen gefährlich erschienen. So blieb die Furcht vor den Heloten ein bedeutender Faktor spartanischer Politik.

Kaum eine Stadt war so stark durch innere Zwänge bestimmt wie Sparta. Das hatte auch Auswirkungen auf die äußere Politik. Ebenso wie für Athen bedeuteten für Sparta die Perserkriege eine Wende.

War es zuvor die unbestrittene Vormacht Griechenlands gewesen, so wuchs nun Athens Ansehen und Stärke. Mit umso größerem Stolz erinnerten die Spartaner an ihre Leistungen bei den Thermopylen: 300 Spartiaten hätten, bis auf den letzten Mann kämpfend, der persischen Übermacht getrotzt. Angeblich Simonides von Keos (557/56–468/67) verfasste ein Epigramm, das durch die Schillersche Übersetzung im deutschen Sprachraum sprichwörtlich geworden ist: *Wanderer, kommst du nach Sparta, verkündige dorten, du habest uns hier liegen gesehn, wie das Gesetz es befahl.*[15] Auch diesen Gesetzesgehorsam sollte man übrigens nicht als typisch spartanisch ansehen: Der thukydideische Perikles rühmt seine Athener ebenso wegen ihres Gesetzesgehorsams.

Pausanias, der als Vormund des spartanischen Königs die griechischen Truppen bei ihrem Sieg von Plataiai 479 kommandiert hatte, versuchte den Sieg zu nutzen, um möglichst viele griechische Städte von persischer Herrschaft zu befreien. Doch erschien er seinen Landsleuten zu eigenständig und damit gefährlich für die Geschlossenheit der Spartiaten. Er wurde zeitweise wieder abberufen, strebte neuerlich nach Macht, musste wieder nach Sparta zurück und wurde dort umgebracht: Den Spartanern fehlte die Möglichkeit, Leute, die so weit entfernt agierten, zu kontrollieren, und der innere Zusammenhalt war ihnen offenbar wichtiger als eine expansive Politik. Sie ließen daher Athen faktisch freie Hand in der Ägäis.

464/63 erschütterte ein Helotenaufstand in Messenien Sparta tiefgreifend. Zwar wurde er mit aller Härte niedergeschlagen, doch hielt er das Gefühl wach, fortwährend von den Heloten bedroht zu werden. Es waren jetzt die Athener, die den Spartanern helfen wollten; sie wurden aber, wie erwähnt, abgewiesen, ein Symptom dafür, dass man die vormaligen Verbündeten immer stärker als Bedrohung empfand. Kriege brachen aus, die Athen und Sparta mit wechselndem Erfolg ausfochten. 446/45 wurde, wie erwähnt, ein Friede vereinbart, der auf 30 Jahre festgelegt war und immerhin 15 hielt. Der Peloponnesische Krieg bestätigte Sparta als Vormacht Griechenlands, doch nur scheinbar, denn es hatte sich mit Persien eingelassen. Zu seiner alten Stärke sollte es nie mehr zurückfinden.

Bemerkenswert ist, dass Sparta den Peloponnesischen Krieg im Zeichen der Freiheit führte. Die griechischen Städte sollten von der Vorherrschaft Athens befreit werden. Die außenpolitische Freiheitsparole, die die Athener im Perserkrieg eingesetzt hatten, kehrte sich gegen sie selbst. Was die Spartiaten, deren Leben in moderner Sicht so unfrei erscheint, über sich selbst dachten, weiß man nicht; vermutlich sah man die einengende Lebensweise nicht im Widerspruch zum Freiheitsgedanken, weil gerade sie die Teilhabe an Politik und Krieg erlaubte, die für den griechischen Freiheitsbegriff so wichtig war.

Der Konflikt zwischen Sparta und Athen verdeckt leicht, dass es noch zahlreiche andere Poleis gab, die in den literarischen Quellen, die vor allem Athen im Auge haben, ein Schattendasein führen, die aber gerade in der letzten Zeit durch Ausgrabungen und Inschriftenfunde stärker ins Bewusstsein gerückt sind. Man spricht für das Mutterland in Anlehnung an die deutsche Geschichte des 19. Jahrhunderts vom Dritten Griechenland. Dort bestand eine unüberschaubare Vielfalt der Polisstrukturen. Die einen, etwa Argos auf der Peloponnes, bildeten Demokratien aus, die mit Athen vergleichbar waren, andere, so die kretischen Städte, hatten mehr Gemeinsamkeiten mit Sparta. Daneben bestanden beispielsweise in Thessalien Ethne, also weiträumige politische Einheiten ohne zentrale Polis, ferner gab es locker organisierte Königtümer wie Makedonien; allerdings schritt die Tendenz zur Polis-Bildung allenthalben voran.

Die Küsten Siziliens und Großgriechenlands (Süditalien) waren seit der Apoikienbewegung weithin griechisch geprägt. Auch hier ist mit durchaus unterschiedlichen politischen Organisationsformen zu rechnen, vor allem mit vielen Änderungen innerhalb der einzelnen Städte. Die Tyrannis hielt sich auf Sizilien länger als im Mutterland; seit etwa 466 ergab sich jedoch in Syrakus ein demokratisches Zwischenspiel. Dieses wurde seit 405, unter dem Eindruck der karthagischen Bedrohung, durch die sogenannte Zweite Tyrannis abgelöst, die in Syrakus prunkvolle Formen annahm, ohne eine nachhaltige Stabilisierung der Region zu erreichen.

Sizilien und Großgriechenland waren besonders reich, ihre zum Teil noch heute ausgezeichnet erhaltenen Tempel übertrafen an Größe und Pracht die des griechischen Mutterlandes (Abb. S. 69). Zwischen den verschiedenen Regionen griechischer Sprache bestand ein reger Austausch. Während der hellenischen Spiele, aber auch sonst, sah man ja in der gemeinsamen Sprache und dem gemeinsamen Kult etwas, das einen von den Barbaren unterschied. Ein Tragiker wie Aischylos fand auch auf Sizilien sein Publikum, Gorgias aus Sizilien vermochte auch in Athen erfolgreich Rhetorik zu lehren.

Außenpolitisch hatten die sizilischen Städte sich fortwährend mit dem Vordringen Karthagos auf der Insel auseinanderzusetzen; 480 trugen die Griechen einen überlegenen Sieg davon – man erzählte sich, dieser sei am selben Tag errungen worden wie der Triumph in der Seeschlacht von Salamis –, doch blieb die Bedrohung virulent. Karthago begann 406 eine großangelegte Offensive und drang im Westen der Insel vor, durchaus vergleichbar mit dem Machtgewinn Persiens im Peloponnesischen Krieg. Während dieses Kräftemessens hatte sich Syrakus in der Ägäis engagiert, doch die militärische Verflechtung blieb Episode, denn die Städte des Westens mussten sich ganz anderer Herausforderungen erwehren, sahen sie sich doch zunehmend den Vorstößen italischer Mächte aus dem Inneren der Halbinsel ausgesetzt. Einer der neuen Gegner hieß Rom.

Machtverlust der Poleis

Der Sieg Spartas im Peloponnesischen Krieg hatte Griechenland geschwächt hinterlassen und Persien eine überlegene Stellung verschafft. Sparta, das durch seine Unterhandlungen mit Persien einen dramatischen Ansehensverlust erlitten hatte, ließ sich 400 bis 394 auf einen Konflikt mit dem Reich ein, ohne erfolgreich zu sein. Es begann eine Epoche ununterbrochener militärischer Auseinandersetzungen bei wechselnden Bündnissen; die bipolare Struktur des Mächtesystems im 5. Jahrhundert, die zeitweise stabilisierend gewirkt hatte, wurde durch eine multipolare abgelöst, in der mal die

Die griechischen Apoikien auf Sizilien und in Unteritalien gelangten zu einem märchenhaften Reichtum. Daher konnten sie sich gewaltige Tempelbauten leisten, wie den hier dargestellten sog. Concordia-Tempel, der um 440 errichtet wurde und nur einer von mehreren aus dem sog. Tempeltal von Akragas (Agrigent) ist.

eine, mal die andere Stadt einen Vorrang hatte und keine Polis die Übermacht der anderen dulden wollte, da alle ihre Autonomie in Ehren hielten.

Athen erholte sich rasch, doch Persien konnte, wenn es denn wollte, allein schon durch seine ökonomischen Ressourcen die Gewichte zwischen den Poleis verschieben. Die Bedeutung dieses Faktors stieg auch deswegen, weil das Heerwesen sich professionalisierte und dadurch die Bedeutung von Söldnern wuchs, obgleich Bürgerheere noch lange aktiv blieben.

Von sich aus waren die Poleis nicht in der Lage, sich zusammenzuraufen. Persien vermochte 387/86 einen weithin akzeptierten allgemeinen Frieden, den sogenannten Königsfrieden, zu erwirken, aber die Griechen zahlten dafür einen teuren Preis: Die Zugehörigkeit der kleinasiatischen Städte zu Persien wurde anerkannt, die Mächtevielfalt in Griechenland festgeschrieben und Sparta als Garantiemacht hingenommen.

Auch dieser Friede hatte keinen Bestand. Das bislang unbedeutende Theben gewann an Durchschlagskraft, da es sich besser organisierte und – der personale Faktor ist in diesem Falle äußerst wichtig – mit dem Feldherrn Epaminondas einen herausragenden Anführer fand. 371 gelang den Thebanern durch eine kluge Taktik in der Schlacht von Leuktra der Sieg über Sparta. Die Niederlage der scheinbar stärksten Militärmacht hinterließ bei den Zeitgenossen einen tiefen Eindruck. Für kurze Zeit erwarb Theben die Hegemonie in Griechenland, büßte sie aber schon 362, nach dem Tode ihres Feldherrn, wieder ein. Geradezu grotesk ist die wichtigste außenpolitische Entwicklung der folgenden Jahre: 356 bemächtigten sich die hinterwäldlerischen Phoker der Tempelschätze von Delphi und konnten sich, gestützt auf Söldner, zehn Jahre lang gegen ein Bündnis mehrerer Mächte halten. Die für Persien so angenehme Instabilität schien kein Ende zu finden.

Vernehmlicher ertönte in dem von verheerenden Kämpfen heimgesuchten Griechenland der Ruf nach einem allgemeinen Frieden. Gegen Persien und seine Dominanz gerichtet war die Idee des Panhellenismus, die im 4. Jahrhundert vorgetragen wurde. Die Griechen sollen gemeinsam handeln, die Poleis sich nicht weiter im Kampf gegeneinander verzehren, sondern gemeinsam gegen Persien ziehen. Intellektuell kündete sich etwas an, was bald darauf vollzogen werden sollte, aber durch das Ethnos Makedonien.

Denn an der nördlichen Peripherie war etwas geschehen, was man zunächst kaum beachtet zu haben scheint. Dort lag Makedonien, dessen Bewohner von den meisten Griechen gar nicht als ihresgleichen betrachtet wurden, während das Königsgeschlecht, das sich einer Herkunft aus Argos rühmte, immerhin zu den gemeingriechischen Spielen zugelassen war. Makedonien war ein weiträumiges Gebiet mit einer lockeren Organisation; regelrechte, selbstorganisierte Poleis fehlten. Es gab wohlhabende freie Bauern, lokal fest verankerte Aristokraten und darüber einen König, der wichtige priesterliche Funktionen ausübte und im Kriegsfall als Heerführer in Erscheinung trat. Doch die einzelnen Herrscher blieben schwach, die Angehörigen des Königshauses belauerten und bekämpften sich wechselseitig, nicht selten bis aufs Blut. Gelegentlich, etwa während des Peloponnesischen Krieges, hatte Makedonien in die griechische Politik eingegriffen, manche Herrscher bemühten sich um eine Annäherung an die griechische Kultur – so starb der Tragiker Euripides am Hofe eines makedonischen Königs –, aber es blieb eine wenig beachtete Randmacht.

Die wichtigste Herausforderung Makedoniens lag gar nicht in Griechenland, sondern im Norden und im Osten. Illyrische und thrakische Völkerschaften setzten den Makedonen zu und zwangen sie, stärker zusammenzurücken. Neuerlich wurde hier ein personaler Faktor wichtig: die herausragende persönliche Leistung Philipps II. (359–336), der ursprünglich als Vormund seines Neffen Amyntas III. an die Macht gekommen war. Er hatte das Theben des Epaminondas kennengelernt und wusste, was eine gute militärische Organisation ausmachte. So drillte er die Makedonen; mit der mehrere Meter langen Lanze, der Sarissa, führte er eine Waffe ein, die es Gegnern schwermachte, gegen die Makedonen anzustürmen, die auch nicht leicht nachzuahmen war, weil vor allem in Makedonien hohe Bäume wuchsen. Siege über Illyrer und Thraker bescherten Philipp Bergwerke mit beträchtlichen Ressourcen. Seine Stellung im Inneren Makedoniens war unangefochten, doch erwies er sich als klug genug, dies nicht zur Schau zu stellen, indem er seine Kampfgenossen weiter als Hetairen, Gefährten, bezeichnete und behandelte.

In einem nächsten Schritt suchte er seine Stellung in der Nord-Ägäis abzurunden. Dort verfolgte aber auch Athen seine Interessen; es gab einen neuen Seebund, zu dem Poleis aus diesem Raum zählten. Mit Geschick gelang es Philipp, Athen immer weiter hinauszudrängen. Die Besetzung Delphis durch die Phoker nutzte der Makedone, der inzwischen die Kontrolle über Thessalien gewonnen hatte, um als Beschützer des Heiligtums in Mittelgriechenland Fuß zu fassen. Mit dem nach einem Unterhändler benannten Philokrates-Frieden (346) zwischen Makedonien und Athen formalisierte der Makedone seine Stellung. Anders als die Hegemonie Spartas oder Thebens beruhte seine Überlegenheit nicht nur auf kontingenten Umständen, Philipp besaß vielmehr dank der Neuorganisation Makedoniens und des Ressourcengewinns im Norden eine stabile Grundlage für seine Machtbildung.

Fraglich ist, welche Absichten Philipp leiteten. Die literarischen Quellen, die gewöhnlich aus Athener Sicht geschrieben sind, unterstellen ihm, er habe von vornherein eine Vorherrschaft in Griechenland angestrebt; doch sprechen sachliche Überlegungen dafür, dass sein erstes Anliegen die Konsolidierung seiner Macht im Norden sein musste. Die aggressiven Reaktionen der Athener und natürlich auch sein gewachsenes Selbstbewusstsein zogen ihn weiter nach Süden.

In Athen stritten die Rhetoren, wie man sich gegenüber Philipp verhalten solle. Plädierten die einen für eine Kooperation mit dem Makedonen, so stritten andere dafür, sich ihm entgegenzustellen, allen voran Demosthenes, der in eindrucksvollen Reden den Geist der Athener Freiheit beschwor. Obwohl der Redner sich oft in die Tagespolitik verstrickte und dabei nicht immer eine glückliche Figur machte – auch Korruptionsvorwürfe hafteten ihm an –, las man seine Reden über Jahrhunderte, als Dokumente eines starken Freiheitswillens im Angesicht einer überlegenen Macht und als Aufruf, alles für das eigene Land zu geben, um die äußere Freiheit zu verteidigen.

Nach innen wusste Demosthenes sich schließlich durchzusetzen. Die Athener schmiedeten nach dem Philokrates-Frieden eine Koalition gegen Makedonien, die selbst den traditionellen Rivalen Theben einschloss. 338 traf man sich bei Chaironeia. Die Makedonen errangen einen klaren Sieg, bei dem sich Philipps Sohn Alexander durch eine kühne Aktion auszeichnete. Philipp reagierte gerade gegenüber Athen demonstrativ milde und band die Griechen mit Ausnahme Spartas in den sogenannten Korinthischen Bund ein, der unter Führung des makedonischen Königs innere Auseinandersetzungen verhindern und einen Krieg gegen Persien vorbereiten sollte. Philipp machte somit den Kampf gegen Persien, der seit den Perserkriegen großen Ruhm unter den Hellenen verhieß, zu seiner Sache und definierte sich damit umso deutlicher als Vorkämpfer der Griechen im Geiste des Panhellenismus. Als Philipp seine Pläne in die Tat umzusetzen begann, wurde er 336 offenbar aus privaten Gründen ermordet; sein Sohn Alexander (nachmals der Große) führte auf seine Art die Politik seines Vaters fort.

Es lag und liegt nahe, den Triumph Makedoniens als Zeichen eines Niedergangs der Polis zu deuten. Das aber würde zu einer falschen Gewichtung führen. Die Polis war ihrer Natur nach außenpolitisch schwach: Im Vergleich zu den großräumigen Reichen, die im Orient bestanden, geboten die griechischen Poleis nur über wenige Ressourcen, zumal die Rivalität der Poleis gerade keine Großmachtbildung zuließ. Einer günstigen Konstellation verdankte die Polis, verdankte namentlich die Stadt Athen ihre Blüte: Eben wegen seiner Ressourcenschwäche war Griechenland nicht attraktiv für Eroberer. Mit seinem Eingreifen in den Ionischen Aufstand hatte Athen ja erst die persischen Feinde auf sich gezogen. Da aber Persien angeschlagen war und die persischen Könige, deren Reich sich bis ins Innere Asiens erstreckte, noch ganz anderen Aufgaben gegenüberstanden, als die arme Landschaft mit ihrer widersetzlichen Bevölkerung zu kontrollieren, genossen die Griechen lange verhältnismäßig weite Handlungsspielräume, jedenfalls im Mutterland: Athens in den fünfziger Jahren des 5. Jahrhunderts unternommener Versuch, im damals von den Persern beanspruchten Ägypten einzugreifen, scheiterte kläglich; die Sizilische Expedition während des Peloponnesischen Krieges war ebenfalls ein desaströser Fehlschlag. Sobald Persien seine Ressourcen geschickt ausspielte oder Makedonien mit geballter Macht in Griechenland eingriff, hatten die Poleis keine Chance mehr.

Die Athener selbst gaben die Demokratie unter dem Eindruck der Niederlage gegen Makedonien nicht sofort auf. Mit Unterbrechungen bestand diese Organisationsform bis ins 3. Jahrhundert hinein fort, und auch in der folgenden Zeit empfanden die Athener, obwohl Teil größerer Machtkomplexe, sich als Bürger einer Stadt, auf die sie wegen ihrer Tradition stolz waren, vor allem wegen des Erfolgs gegen die Perser. Sie blieben so während der ganzen Antike die Vorkämpfer der griechischen Freiheit.

3. Nachdenken über Freiheit und Demokratie

Die Entwicklungen im Archaischen und Klassischen Griechenland hatten zu grundstürzenden Veränderungen geführt, mit der Demokratie war etwas ganz Neues entstanden, eine Ordnung, die allen männlichen Bürgern einer Polis annähernd gleiche politische Rechte verschaffen wollte. Diese Entwicklung war anders als moderne Verfassungsumstürze nicht durch politische Ideen oder Vorstellungen von einer künftigen Gesellschaftsordnung vorangetrieben worden, sondern durch kontingente Umstände. Doch regten die Entwicklungen intensive Reflexionen darüber an, wie überhaupt die Ordnung der Polis zu beschreiben und welche die richtige sei, und es bildeten sich in der Praxis, vor allem in Gestalt einzelner Regeln, Vorstellungen heraus, die für die Demokratie konstitutiv waren.

Eine Besonderheit der griechischen Geschichte, die namentlich in Athen und daher auch für die Demokratie wirksam wurde, war der emphatische Freiheitsbegriff. Das Bewusstsein der Freiheit verdichtete sich in der Tradition um die Kämpfe gegen Persien, mit denen die Griechen als Gemeinschaft ihre Freiheit bewahrt hatten. Doch es gab ältere Wurzeln, die mit der Dynamik der archaischen Zeit zu tun haben.

Der Wettstreit der Aristokraten spielte sich auch in einem intellektuellen Feld der Bewährung ab, der Geist des Wettkampfs förderte geistige Leistungen und Unabhängigkeit von Traditionen. Anders als in den Ländern des Alten Orients wurde das Wissen nicht von einer Priesterschaft kontrolliert, die sich nach eigenen Regeln organisierte. Vielmehr wurden viele Priesterschaften von denjenigen übernommen, die auch politische Ämter bekleideten. Die übrigen Priester bildeten keine machtvolle, geschlossen agierende Gemeinschaft.

Das Gefühl der Gefährdung von Freiheit war lebendig. Wurde eine Stadt erobert, so drohte den besiegten Männern der Tod, den Frauen und Kindern Sklaverei. Nur die Polisgemeinschaft konnte Freiheit und Leben schützen. Viele gewöhnliche Bürger sahen ihre Freiheit durch Schuldsklaverei bedroht; für die Aristokraten wurde Freiheit im Kampf gegen Tyrannen zum Ziel. In all diesen Fällen ging es allerdings um den doppelnegativen Begriff der Freiheit: Man war nicht unfrei.

Von Freiheit in diesem Sinne, als Abwesenheit von Knechtschaft, sprach man auch in anderen Kulturen der Mittelmeerwelt. Es wurde bereits erwähnt, dass es im Alten Orient schon seit Jahrtausenden Städte gab, auch solche, die eigene politische Einheiten bildeten; zumal zwischen den phönizischen Städten und den griechischen finden sich bemerkenswerte Ähnlichkeiten. Und dennoch ist aus keiner dieser Städte jenes emphatische Bekenntnis zur Freiheit bezeugt, das man aus Griechenland kennt, wenngleich sofort ein Vorbehalt zu machen ist: Es fehlen für diese Gegenden schlichtweg Quellen, die mit den literarischen Texten Griechenlands vergleichbar wären.

In Griechenland wurde der Freiheitsbegriff aber auch positiv gefüllt, als das Recht und die Fähigkeit, bestimmte politische Funktionen auszuüben. Vollständig wird sich die Frage, warum diese Entwicklung gerade in Griechenland eintrat, nicht beantworten lassen, einige Faktoren lassen sich immerhin benennen. Die Griechen interpretierten die Perserkriege als eine Erfahrung, bei der die innere Freiheit den Erfolg im Kampf um die äußere Freiheit ermöglichte, während die phönizischen Städte nur selten Unabhängigkeit von großen Reichen genossen und es nicht unternahmen, für ihre Freiheit machtvoll zu streiten. Einen Perser- (Assyrer- oder Babylonier-)Krieg wie in Griechenland hat es hier nicht gegeben. So scheint es mit der griechischen Freiheit doch eine besondere Bewandtnis zu haben.

Noch etwas anderes kommt hinzu: Eine mit politischen Ansprüchen verbundene Vorstellung von Freiheit gehörte ebenso wie die der Gleichheit zunächst in die Welt der Aristokratie, die gegen

Tyrannen ankämpfte. Aber gerade weil die griechische Aristokratie so prekär, so offen war, konnte die Ausweitung des Freiheitsbegriffs fast unmerklich vonstattengehen und die gesamte Bürgerschaft erfassen.

Die griechische Freiheit, so wesensverwandt sie dem modernen Betrachter anmutet, war an die spezifischen Verhältnisse der Polis gebunden. In ihr ging es um den Bürger, nicht um den Menschen. Daher konnte die Freiheit nie in dem Maße universalisiert werden, wie das in der Moderne geschah. Die Forderung nach Freiheit implizierte ferner zwar politische Gleichheit, setzte aber die soziale Gleichheit nicht voraus, obgleich man versuchte, den Reichen die Möglichkeiten zu beschneiden, ihren Besitz in politische Macht umzusetzen.

Die Inhalte der Freiheit lassen sich in Athen besonders gut greifen. Es ist die Teilhabe an der Politik in Volksversammlung, Amt und Gericht. Ein zentraler Wert war die *parrhesia*, die das Recht des Bürgers meinte, zu allen politischen Gegenständen seine Meinung sagen zu können. Man fühlte sich in der ganzen Lebensweise frei, wie es Thukydides den Politiker Perikles in seiner Rede für die Gefallenen aussprechen lässt: *Frei leben wir miteinander in der Polis und im gegenseitigen Geltenlassen des alltäglichen Treibens, ohne dem lieben Nachbarn zu grollen, wenn er einmal seiner Laune lebt, und ohne jenes Ärgernis zu nehmen, das zwar keine Strafe und doch kränkend anzusehen ist. Bei soviel Nachsicht im Umgang von Mensch zu Mensch erlauben wir uns doch in der Polis, schon aus Furcht, keine Rechtsverletzung, im Gehorsam gegen die jährlichen Amtsträger und gegen die Gesetze, vornehmlich die, welche zu Nutz und Frommen der Verfolgten bestehn und gegen die ungeschriebenen, die nach allgemeinem Urteil Schande bringen.*[16]

Beliebig war die Athener Freiheit also nicht. Wie schon der Sieg über die Perser auf den Gesetzesgehorsam zurückgeführt wurde, so war eben diese Tugend auch für den demokratischen Alltag von größter Bedeutung. Darüber hinaus verband das Prinzip der Freiheit sich für die Athener selbstverständlich mit der Pflicht, für die Stadt einzustehen, als Soldaten, in Leiturgien, bei öffentlichen Funktionen. Der Athener Mann war zwar frei, aber nicht um zu tun und zu lassen, was er wollte, sondern um unter strenger Selbstbeherrschung seine Aufgaben für die Stadt zu erfüllen. Diese wurden jedenfalls nach außen hin nicht als Lasten interpretiert, sondern als Ausdruck der Freiheit.

Eine Pflicht, die dem modernen Bürger, mag er auch murren, unvermeidlich erscheint, galt den Athenern als Ausdruck tyrannischer Herrschaft: die Zahlung direkter Steuern; nur durch außerordentliche Entscheidungen konnten etwa zu Beginn des Peloponnesischen Krieges direkte Vermögenssteuern erhoben werden, und dies nur jahrweise. Im 4. Jahrhundert allerdings geschah dies immer regelmäßiger, doch wurde es nie selbstverständlich.

In der Zeit und den Jahrhunderten danach gewann, ausgehend von der Philosophie, noch ein ganz anderes Konzept von Freiheit an Bedeutung: eine verinnerlichte Freiheit, die umso wertvoller wurde, je weniger die einzelnen Bürger in der Politik zu gestalten vermochten. Es ging nunmehr nicht so sehr darum, Rechte aktiv wahrzunehmen, als darum, unbewegt von äußeren Einflüssen seinen eigenen Zielen zu folgen, nicht im Sinne eines Hedonismus, sondern mit klaren Vorstellungen von dem, was richtig sei, und mit einer strengen Selbstkontrolle, die erst innere Standhaftigkeit gegen Unglücksfälle, aber auch gegen Ehrgeiz, gegen Emotionen und soziale Bindungen verlieh. Das konnte mit einem nach außen hin angepassten Lebensstil einhergehen, solange der Philosoph den Verlust all dessen, was zu diesem Lebensstil gehörte, ungerührt zu tragen bereit war. Diese Freiheit konnte, insbesondere in der Philosophie der Stoa, von der Vorstellung gelöst werden, dass sie nur für die Angehörigen einer Polis oder nur für die Griechen gelte; sie wurde menschheitlich gedacht.

Während es kaum Denker der politischen Freiheit gab, wurde die Freiheit im Sinne der Philosophie intensiv reflektiert. Welchen weiten Weg der Freiheitsbegriff beginnend bei der Vorstellung einer Freiheit, die durch Abwesenheit von Knechtschaft definiert war, über die Idee der aktiven politischen Partizipation und bis hin zur inneren Selbstbehauptung ging, zeigt das Werk Epiktets (ca. 50–125 n. Chr.), der in der römischen Kaiserzeit trotz unfreier Herkunft zum Philosophen der Freiheit wurde. Daran konnte die christliche Vorstellung von Freiheit anknüpfen, nach der man erst durch den Glauben wirklich frei werde und Parrhesie gewinne, gegenüber Gott im Gebet und gegenüber den Menschen, wenn es darum geht, für den Glauben einzutreten. So wirkten der klassische Freiheitsbegriff und seine Sprache über ganz unterschiedliche Traditionsstränge auf die Nachwelten ein.

Noch in einer weiteren Gesellschaftsordnung der Antike spielte die Freiheit eine große Rolle, in der Römischen Republik, die sich ihrer *libertas* rühmte (S. 114). Dort aber war der Freiheitsbegriff, bis er sich mit der Philosophie traf, viel enger mit einer aristokratischen Ordnung verbunden, die die Athener erweitert hatten.

Zurück zur klassischen Freiheit: Die Freiheit Athens wurde gelebt, aber kaum reflektiert. Andererseits lag es im Wesen der Demokratie, dass sie die Reflexion förderte, denn in den Räten und Volksversammlungen, in der Welt, in der sozialer Vorrang nicht in Macht umgesetzt werden sollte, bestand ein Zwang zur Diskussion. Daher lehrte man dort Rhetorik und dachte über Argumentationsweisen nach, so zum Beispiel darüber, ob man sich in einem Prozess, wenn Beweise fehlten, auf die psychologische Wahrscheinlichkeit berufen durfte.

Insofern könnte man vermuten, dass die Demokratie für Denker besonders attraktiv gewesen wäre. Doch nur wenige scheinen die Demokratie ausdrücklich befürwortet zu haben. Einem von diesen, Protagoras von Abdera, wird ein entsprechender Mythos zugeschrieben. Er sollte begründen, warum im Unterschied zu anderen Eigenschaften die für die Politik zentralen Tugenden – Gerechtigkeitssinn und wechselseitiger Respekt – allen Menschen innewohnen: Zeus habe sie, so lehrte Protagoras, an alle Menschen verteilt, weil diesen Wesen anders ein Überleben nicht möglich gewesen wäre. Hier wurde also der demokratische Geist der Kooperation philosophisch eingefordert und auf die Götter bezogen.

Doch andere kritisierten die Demokratie, wirkungsmächtig vor allem bei der Nachwelt. Schon früh kursierten in aristokratischen

Zirkeln Traktate, die sich über die demokratische Ordnung ereiferten, aber auch genau erkannten, wie schlüssig die Demokratie eingerichtet war. Wortgewaltigster und einflussreichster Kritiker der Demokratie war der Athener Platon (428/27–348/47), einer jener vornehmen Sokratesschüler. Er konnte seit ca. 387 ungestört in Athen eine Schule unterhalten, die als Kultverein für den Heros Akademos organisiert war und daher Akademie hieß, ein Wort, das bis heute für Stätten geistigen Lebens steht. Innerhalb der blühenden Demokratie seiner Zeit war er eine marginale Gestalt. Als Bouleut oder Amtsträger trat er, der sich gelegentlich als Politiker versucht hatte, offenbar nicht hervor. Er gehörte zu jenen, die sich der Apolitie ergaben, sich aus der Polis zurückzogen.

Umso drastischer geißelte er die Auswüchse der Demokratie, bei der die natürlichen Hierarchien etwa zwischen Eltern und Kindern nichts mehr galten und das Leben sich in Beliebigkeit einrichtete. Genau die Allkompetenz des Bürgers, die für die Demokratie so wichtig war, nahm Platon an verschiedenen Stellen aufs Korn. Er fragte, warum es für alle möglichen Tätigkeiten Spezialisten geben solle, nicht aber für Politik. Richtige Politik war für ihn eine Sache triftiger Erkenntnis, da es um das Gute für die Gesamtheit gehe; die Vorstellung eines Interessenausgleichs war ihm fremd. Allerdings hatten in seinen Augen die anderen Verfassungsformen, die neben der Demokratie bestanden, nämlich Monarchie und Oligarchie, ebenfalls ihre Schwächen und lösten Negativentwicklungen aus.

In seinem Dialog *Politeia* schilderte Platon etwas, was wie ein auf Dauer angelegter Staatsentwurf aussieht, wobei er eine kleine, gut 5000 Bürger umfassende Polis voraussetzt: Könige sollen speziell ausgewählte und ausgebildete Philosophen, Frauen wie Männer, sein, die die Tugend der Weisheit pflegen; darunter sollen Wächter, mit der Tugend der Tapferkeit versehen, die Stadt schützen; unter ihnen wieder stehen Handwerker und Bauern, denen Besonnenheit zugeschrieben wurde. Über allem soll die Gerechtigkeit stehen, und eben sie ist der Ausgangspunkt platonischen Denkens in der *Politeia*, das beim Individuum ansetzt, welches einen Ort der Verwirklichung von Gerechtigkeit braucht.

Es ist ganz unwahrscheinlich, dass Platon glaubte, man könne eine Polis, wie er sie beschrieb, in die Wirklichkeit umsetzen. Ihm ging es vielmehr um die Bedingung der Möglichkeit von Gerechtigkeit, die er in einem mythisch unterfütterten Bild beschrieb, nicht als Blaupause für eine Staatsgründung. Obgleich vieles an neuzeitliche Utopien erinnert und diese oft an Platon anknüpften, handelt es sich um etwas völlig anderes: Platons Ziel ist es, die Vollkommenheit des Ganzen zu erreichen, die sich mit den Interessen der Einzelnen deckt, das Ziel der Neuzeitler ging zumeist eher dahin, die Bedürfnisse des Einzelnen über den Staat zu befriedigen.

In einem späteren Werk, den *Nomoi* (Die Gesetze), vertritt Platon zwar die Auffassung, man könne einem Mann von wahrhaft königlichem Charakter die Polis überantworten, doch entwirft er ein kompliziertes Regelwerk, zahlreiche Einzelgesetze, um eine möglichst gute Polis einzurichten. Auch dieser Entwurf ist wohl nicht auf eine direkte Umsetzung angelegt, doch im ganzen Zugriff pragmatischer als die Ideen der *Politeia*.

Anders als sein Lehrer ging der aus dem im Machtbereich Makedoniens gelegenen Stageira stammende Metöke Aristoteles (384–322) an die Frage der politischen Ordnung heran. Er suchte nach einer empirischen Basis, indem er die Strukturen zahlreicher griechischer Poleis erfassen ließ. Detailliert beschrieb er auf dieser Grundlage, wie die drei Verfassungstypen – so die moderne Bezeichnung – Demokratie, Oligarchie und Monarchie, funktionierten, entstanden, sich hielten und zugrundegingen. Daneben entwarf er eine politische Ordnung, die er als optimal betrachtete und schlicht als *Politeia*, sozusagen die Verfassung schlechthin, bezeichnete. Hier sollten die guten Elemente der drei Verfassungstypen gemischt sein und so ein Ausgleich zwischen den verschiedenen Bestrebungen der Menschen nach Reichtum und nach Gleichheit geschaffen werden. Eine breite Schicht von Mittleren schien ihm hierfür eine geeignete Grundlage zu bilden.

Die Vorstellung der drei Verfassungstypen und das Ideal einer Mischung aus ihnen wurden in der Antike immer wieder beschworen. Der Historiker Polybios (ca. 200–120) versuchte die Größe

Roms zu erklären, indem er seine Ordnung als Mischverfassung beschrieb. Und auch nach dem Untergang der alten Welt wurde in diese Richtung weitergedacht; noch bei der Einrichtung der neuen Amerikanischen Republik beschwor man dieses Vorbild.

4. Rückblick

Die Polis war exklusiv, da nur die männlichen freien Bürger – also eine Minderheit der Bevölkerung – Partizipationsrechte hatte, doch zugleich inklusiv, da sie innerhalb der Bürgerschaft auf größtmögliche politische Gleichheit setzte. Es erscheint aus heutiger Sicht selbstverständlich, in der Athener Demokratie eine herausragende, bedeutungsvolle Entwicklung zu sehen. Wie nur selten wurde hier die breite Partizipation von Bürgern auf einer stabilen Grundlage ermöglicht. Es entstanden kulturelle Leistungen von einzigartiger Wirkungsmacht. Selbst in Hinblick auf die äußere Machtbildung, die man heute nicht mehr gerne als Bewertungsmaßstab heranzieht, war die Demokratie in Relation zu ihren Ressourcen bemerkenswert erfolgreich. Doch wurde schon erwähnt, dass die zeitgenössischen Kritiker der Demokratie weitaus größeren Ruhm genießen als ihre Anhänger. Platon machte die Demokratie verächtlich, Aristoteles wies auf ihre Schwächen hin, und in der Niederlage gegen Makedonien sah man lange ein weltgeschichtliches Urteil. Zu viel Freiheit konnte, so gesehen, gefährlich sein.

Was aber viele Generationen noch mehr beeindruckt hat, ist der Wille zur Freiheit, der sich in Athen artikulierte, einer Freiheit, die sich in der Abwehr äußerer Feinde bewährte, aber auch in der Ermöglichung von Teilhabe im Inneren, von politischer Partizipation. Es war keine Freiheit, die primär als Abwehr gegen staatliche Eingriffe verstanden wurde. Die Vorstellung von Menschenrechten war den Athenern fremd, in dem Urteil gegen Sokrates erblickte man keinen Anschlag auf die Meinungsfreiheit.

Die Freiheit der Athener ruhte auf der Unfreiheit der Sklaven wie der Beschränkung der Frauen, und solange die Freiheit nicht als menschheitliches Gut verstanden wurde, brauchte das die Demokraten nicht zu stören. Barbaren traute man die Freiheit zumeist ebenso wenig zu. Auch das vererbte sich an Europa, wo die eigene Freiheit fremden Völkern lange nicht zugebilligt wurde.

Der Gedanke, ein wahres, gutes Leben sei nur in Freiheit möglich, wurde in Europa immer wieder neu erwogen und fortgeschrieben. Die Trennung des Freiheitsgedankens von ethnizistischer Beschränkung, die in der Stoa angedacht, durch das Christentum verbreitet und während der Aufklärung vertieft wurde, schuf die Grundlagen für den modernen Freiheitsbegriff, der eine antike Semantik erbte, sie sich aber stets neu aneignete.

Auf einer höheren Abstraktionsebene kann man noch von einem weiteren wichtigen Erbe Athens sprechen, einer selbstkritischen Semantik, also der Fähigkeit, neben sich zu treten, das eigene Tun zu überdenken, nach eigenen Kriterien zu überprüfen und auch diese Kriterien wieder in Frage zu stellen. Das war eine der Grundlagen, aus denen die antike Demokratie erwuchs und die die moderne Demokratie möglich machten.

Eine selbstkritische Semantik haben die Griechen mit einem anderen Volk gemeinsam, das ebenfalls kein großes Reich aufbaute, das zwar keine Demokratie entwickelte, für dessen Geschichtsbild die Befreiung von fremder Herrschaft aber von wesentlicher Bedeutung war und dessen Texte bis heute gelesen werden. Ich meine die Juden. Vielleicht erklärt sich das Überleben dieser beiden Völker in ihren Schriften gerade daraus, dass sie Schwächen gewissermaßen antizipierten und Niederlagen verständlich machten. So überlebte das Gedankengut der kleinen Mächte aus der Antike länger als das der großen Reiche.

III. Reich

Einst sah Nebukadnezar, König von Babylon, einen Traum. Ein rätselhaftes Standbild erschien ihm, das Daniel als Prophet ihm zu beschreiben wusste: *Dieses Standbild war gewaltig und sein Glanz außerordentlich; es stand vor dir, und furchterregend war sein Anblick. Dieses Standbild – sein Kopf aus gediegenem Gold, seine Brust und seine Arme aus Silber, sein Bauch und seine Lenden aus Bronze, seine Schenkel aus Eisen, seine Füße teils aus Eisen und teils aus Ton. Das hast du geschaut; da löste sich ein Stein, nicht durch Menschenhand, und traf das Standbild, seine Füße aus Eisen und aus Ton, und zermalmte sie. Da waren das Eisen, der Ton, die Bronze, das Silber und das Gold auf einen Schlag zermalmt, und sie waren wie die Spreu auf den Tennen im Sommer, und der Wind trug sie fort, und es fand sich keine Spur mehr von ihnen. Der Stein aber, der das Standbild zerschlagen hatte, wurde zu einem gewaltigen Felsen und bedeckte die ganze Erde.*[1]

Keiner wusste dieses eindringliche Bild zu deuten, außer Daniel. Er erklärte, das Reich Nebukadnezars sei in dem Kopf aus Gold abgebildet, dann Folgten weitere vier Reiche, schließlich aber werde Folgendes geschehen: *Und in den Tagen jener Könige wird der Gott des Himmels ein Königreich erstehen lassen für immer, es wird nicht untergehen, und das Königtum wird keinem anderen Volk überlassen werden. Es wird alle diese Königreiche zermalmen und ihnen ein Ende bereiten, selbst aber wird es Bestand haben bis in alle Ewigkeit.*[2]

Diese Legende, die das im 2. Jahrhundert v. Chr. entstandene, zum Kanon des Alten Testaments gehörende Buch Daniel bewahrt hat, reflektiert eine Grunderfahrung der Völker des Vorderen Orients. Große Reiche entwickelten sich, schienen unermesslich stark zu werden und wurden rasch durch andere abgelöst. Hinter den vier Reichen stehen wahrscheinlich Babylonier, Meder, Perser und Makedonier, doch die Deutung war so offen, dass in späteren Jahrhunderten das Römische Reich als letztes Reich, damit als letztes Reich vor dem Ende der Welt galt. Und auch als der Glaube, dass ein Gott das Ende der Welt vorbestimmt habe, schwand, blieb die Vorstellung bestehen, dass große Reiche zur Ordnung der Welt gehörten und doch alle brüchig seien.

Zwei antike Reiche mit einem ganz unterschiedlichen Charakter kennt noch heute jeder: Rom als Inbegriff eines wohlgeordneten, dauerhaften Imperiums, das Reich Alexanders des Großen als kurzlebige Folge eines ungestümen Eroberungszugs. Während das jähe Ende des Alexanderreichs der überstürzten Ausweitung zu entsprechen schien, stellte das Ende des Römischen Reiches nachfolgende Generationen vor ein Rätsel. Aufstieg und Ende großer Reiche – um die soll es hier gehen – gehören zu den Erfahrungen, die Europa aus der Antike gewann und bei denen man sich gerne auf die Antike zurückbezog.

Der Begriff des Reiches ist indes unkonturiert und wird daher von manchen Wissenschaftlern gemieden. Hier soll eine bewusst offene Definition gegeben werden. Mit einem Reich meine ich eine Herrschaftsbildung, die in ihrer Größe deutlich über das hinausgeht, was die Zeitgenossen sonst an politischen Gebilden kannten. Stets streben Reiche Dauer an, oft verfolgen sie expansive Ziele, zumeist dulden sie als Weltreiche keinen gleichwertigen Konkurrenten neben sich. Derartige Reiche entstanden in verschiedenen Regionen der Erde. Für den Mittelmeerraum begannen solche Prozesse um 3000 v. Chr. in Ägypten und im Vorderen Orient. Die Erinnerung daran prägten die Vorstellungen, die Griechen, Römer und Juden und damit die Europäer von einem Reich hatten.

1. Seitenblick in den Alten Orient

Ägypten wirkte nach außen abgeschottet. Die Küste war nur an wenigen Stellen zugänglich. Undurchdringliche Wüsten säumten die lange Linie der Siedlungen am Nil. Der Zugang über die Sueshalbinsel ließ sich leicht abriegeln. Die Bevölkerung war in ethnischer Hinsicht relativ homogen. Daher hatte Ägypten nur selten mit fremden Eroberern zu tun und vermittelte seit dem ausgehenden 4. Jahrtausend, als der Tradition nach die beiden Teile, Ober- und Unterägypten, zusammengeführt wurden, den Eindruck ungebrochener Homogenität und Kontinuität: Eine Schrift, eine Sprache, eine Kultur, eine politische Ordnung herrschten scheinbar über Jahrtausende.

Wer näher hinsieht, wird jedoch tiefgreifender Wandlungen gewahr. Es gab sogenannte Zwischenzeiten, in denen das Reich auseinanderbrach, und wiederum Vereinigungskämpfe, es gab Phasen der Fremdherrschaft. Die Sprache wandelte sich und die Schrift erlebte Neuerungen, die Literatur öffnete sich immer neuen Fragen und der religiöse Kosmos erlebte die Ankunft neuer Götter oder die Aufwertung einzelner Gottheiten. Allerdings dominierte das Bewusstsein einer langen Tradition, Brüche überdeckte man gern.

Noch in der heute etablierten Chronologie Altes Reich, Erste Zwischenzeit, Mittleres Reich, Zweite Zwischenzeit und Neues Reich schlägt sich das Gefühl der Dauerhaftigkeit, der Überwindung der Unterbrechungen nieder. Ägypten stand für Kontinuität, für eine große, fortwirkende Vergangenheit, die man mit Stolz pflegte, für eine tiefe, die Jahrtausende überdauernde Weisheit. Auch als Ägypten im 1. Jahrtausend v. Chr. immer öfter fremden Eroberern zum Opfer fiel, bewahrte die Priesterschaft und bewahrten die zeitgenössischen Betrachter den Eindruck der Dauer, den die heiligen, in Stein gehauenen, von uraltem Wissen kündenden Zeichen, die Hieroglyphen, bestärkten, ebenso wie die Pyramiden, die Jahrtausende überdauerten.

Eine Reihe von Pharaonen betrieb eine aggressive Außenpolitik, so Thutmosis III. (1479–1425). Der Obelisk, mit dem er seine Siege in Asien verherrlichte, steht noch heute (Abb. S. 87). Unter Ramses II. (1279–1213) dehnte sich das Reich bis fast nach Kleinasien aus, er zeigte sich aber auch bereit, Frieden zu schließen. Nach verlustreichen Kämpfen handelte der Pharao mit dem Hethiterkönig Ḫattusili II. bzw. III. (ca. 1265–1240) 1259 den Frieden von Kadesch aus, der durch eine Eheschließung zwischen Ramses und einer hethitischen Königstochter befestigt werden und an die fünfzig Jahre Bestand haben sollte. Dieser Vertrag – eine Kopie steht im Hauptquartier der UNO in New York – ist der erste erhaltene Friedensschluss zwischen zwei Reichen und ist in der Tat etwas durchaus Ungewöhnliches, denn die Ägypter waren eigentlich nicht gewohnt, irgendein anderes Reich als gleichwertig anzuerkennen. Hier wurde einmal die Neigung großer Mächte, sich weiter auszudehnen, eingedämmt, ein zukunftsweisendes Vorgehen, aber kein zukunftsträchtiges.

Noch ein anderes Bild ägyptischer Herrscher fand Eingang in die abendländische Tradition: Das biblische Bild des mächtigen Pharao, der Joseph in seinen Dienst nahm und bis in höchste Ämter aufsteigen ließ, unter dessen gewaltsam herrschenden und Gottes Zeichen gegenüber verstockten Nachfolgern aber das Volk Israel unterdrückt wurde. Das große Reich als Helfer und als Gefahr für die Identität der religiösen Gemeinschaft – auch für diese beiden Vorstellungen stand das alte Ägypten.

Mesopotamien: Diese Landschaft ist zu den Nachbargebieten hin offen. Dorthin strömten unablässig Völker ganz unterschiedlicher Herkunft und Sprache. Rasch stiegen lokale Herrschaften und Reiche auf und versanken wieder. Sumerer, Akkader, Babylonier und Assyrer wechselten einander ab. Ganz verschiedene Sprachen wurden verwendet: das auf die frühe Zeit der Stadtkulturen zurückgehende Sumerische, das Akkadische mit seinem babylonischen und seinem assyrischen Dialekt, aber auch das Aramäische, das nicht die Sprache eines der Eroberervölker

Mit diesem Obelisk, den er dem Sonnengott Amun Re im oberägyptischen Karnak gestiftet hatte, gedachte der Pharao Thutmosis III. (1479–1425) seiner Erfolge in Asien. Später wurde das Kunstwerk in den Hippodrom von Konstantinopel verbracht.

war und sich dennoch ungefähr seit 1000 v. Chr. weit verbreitete.

Anders als in Ägypten bildeten sich in Mesopotamien frühzeitig Stadtherrschaften heraus, die zum Teil überregionale Bedeutung gewannen. Wie in Ägypten sind die Namen machtvoller Herrscher überliefert: Sargon I. von Akkad (2356–2300) gilt als Begründer des Akkadischen Reiches und damit des ersten bekannten Großreiches, das allerdings nur wenige Generationen Bestand hatte. Auch anderen Herrschern gelang die rasche Erweiterung ihres Herrschaftsgebietes, ebenso schnell folgte der Verfall.

Mit dem Namen Ḫammurapi von Babylon (1792–1750), der als Eroberer beispiellose Erfolge errang, verbindet sich ein Ruhmestitel ganz anderer Art, die Schaffung des *Codex Ḫammurapi* als eines grundlegenden Gesetzeswerks. Die Bezeichnung als Kodex kann in die Irre führen. Denn bei dem Text handelt es sich gerade nicht um eine Kodifikation im Sinne einer systematischen Zusammenstellung von Gesetzen, sondern um eine grob geordnete, vielfältige Sammlung von Einzelbestimmungen, die den König als von den Göttern eingesetzten Wahrer des Rechts zeigten. Sie begründeten nicht Recht, sondern hielten es bekannt. Der *Codex* markiert daher keinen Bruch in der Rechtspraxis. Ausdrücklich zitiert wird er in den zahlreich erhaltenen Rechtsgeschäften der Zeit anscheinend nicht. Ungewöhnlich war jedoch, dass der *Codex* anders als seine Vorgänger immer wieder, noch unter assyrischen Herrschern, abgeschrieben wurde, insofern in der mesopotamischen Welt kanonisch war. Die enge Verbindung von Reich und Recht, die sich im Römischen Reich manifestiert, scheint hier anzuklingen.

Inbegriff grausamer Herrschaft wurde das Assyrerreich, das, zum Teil bewusst auf die akkadische Tradition zurückgreifend, im 8. und 7. Jahrhundert den Höhepunkt seiner Macht erlebte. Die Quellen berichten ausführlich von Greueltaten; assyrische Herrscher hatten keine Scheu, sich ihrer Grausamkeiten gegen Unterworfene zu rühmen, etwa der Zerstörung von Gräbern. Massendeportationen waren ein beliebtes Herrschaftsmittel, da man wohl hoffte, durch einen Bevölkerungsaustausch Aufständen vorbeugen zu können. Die Menschen, die man so heranschaffte, ermöglichten zugleich erst die glanzvollen Bauwerke, die zur Signatur der Assyrerherrschaft gehören.

Doch sollte man, bevor man über die Assyrer vorschnell den Stab bricht, zweierlei bedenken. Grausame Herrschaft erlebten die Bewohner des Alten Orients allenthalben und zu allen Zeiten, wohl durchaus auch unter Ḫammurapi. Die weltgeschichtlich folgenschwerste Deportation fand ferner im neuen Babylonischen Reich statt, das im ausgehenden 7. Jahrhundert die Assyrer als Vormacht im Zweistromland ablöste: Nebukadnezar (605–562) deportierte zu Beginn des 6. Jahrhunderts große Teile der judäischen Elite nach Babylon, wo sich das konsequent monotheistische Judentum herausbilden sollte.

Nicht übersehen sollte man, dass auch im Assyrischen Reich eine komplexe Rechtsordnung galt – man kannte ja den *Codex Ḫammurapi*. Mit Selbstverständlichkeit erwarteten die Untertanen Gerechtigkeit vom Herrscher, eine Gerechtigkeit, die mit Bestrafungen einhergehen konnte. Es war keine Gerechtigkeit, die auf Gleichheit zielte, sondern eine, die sich an der Bedürftigkeit orientierte: Die Menschen sollten genug Nahrung haben und nicht der Willkür von Mächtigen ausgesetzt sein. Stärker als zuvor drängten die Assyrer auf eine einheitliche Reichsorganisation, so dass sie eine zuvor unbekannte Stabilität erreichten.

Bemerkenswert viel Wert legten assyrische Könige auf die Pflege der «klassischen» Kultur ihres Raums. Die Bibliothek des Assurbanipal (669–631) verwahrte unter anderem das Gilgamesch-Epos, das in der sumerischen Welt entstanden war und sich in den altorientalischen Kulturen weiterentwickelte.

Die Frage, warum die meisten vorderasiatischen Reiche so instabil waren, ist schwer zu beantworten und schon gar nicht generell, zumal die ereignisgeschichtlichen Zusammenhänge oft im Dunkeln liegen. Viel trugen ohne Zweifel die naturräumlichen Gegebenheiten bei, die Offenheit des Kerngebiets. Auch an die oft gewaltgeleitete, nicht auf Integration, sondern auf Unterdrückung, Deportation und Ausmerzung setzende Politik der meisten Herrscher ist zu erinnern, denn sie musste Hass heraufbeschwören.

In der Zeit des niedergehenden Neubabylonischen Reiches wuchs am Rande, im iranischen Hochland, die Macht der Meder, die eine iranische Sprache gebrauchten. Durch einen inneren Machtwechsel gewannen die Perser die Oberhand. Bezeichnend für deren Herrschaftsweise ist, dass die Erinnerung an die Meder gerade nicht verdrängt wurde: Der König der Perser war stets zugleich König der Meder. Als Kyros der Große (ca. 559–530) seine Macht bis in das Zweistromland ausdehnte, setzte er weiterhin nicht auf die Auslöschung des Bisherigen, sondern auf Integration. Der Eroberer Babylons ließ 539 die alten Kulte dort bestehen, übernahm die Rolle eines babylonischen Königs und erlaubte den Juden die Rückkehr in ihre Heimat, wo sie bald darauf den Tempel wieder errichten durften. Ähnlich verfuhr er in anderen Landschaften, nur selten trat er als Zerstörer auf. So galt Kyros über Jahrtausende selbst bei den Griechen als Inbegriff eines weisen Königs. Vieles dürfte gerade durch diese Tradition geschönt sein, doch was heute noch an Leistungen in Herrschaftsaufbau und Herrschaftsorganisation erkennbar ist, beeindruckt durchaus.

Seine Nachfolger taten es ihm nicht immer nach, so tötete Kambyses (530–522) den Apis-Stier und verletzte damit die religiösen Gefühle der Ägypter, 480 ließ Xerxes (486–465) Athen mit seinen Tempeln zerstören. Überwiegend blieb die persische Politik jedoch duldsam. Provinzstatthalter, die Satrapen, regierten relativ selbständig. Sie hatten Abgaben einzutreiben und die Grenzen zu verteidigen, sie sprachen Recht auch nach lokalem Brauch. Griechische oder phönizische Städte, die unter persische Herrschaft gerieten, konnten einen Großteil ihrer inneren Strukturen bewahren. Allen wurde die Anerkennung des persischen Königs abverlangt, doch ihre Kulte durften sie weiter pflegen.

Das Persische Reich dürfte den meisten Untertanen Jahrzehnte relativer Ruhe gebracht haben. Alexander der Große setzte dem ein Ende. Mit seinem Siegeszug lässt die Geschichtswissenschaft gewöhnlich eine neue, auch den Vorderen Orient betreffende Epoche der Griechischen Geschichte beginnen, den Hellenismus.

Die Herrscher Mesopotamiens stehen in der griechischen wie in der jüdischen Überlieferung sowohl für die Grausamkeit von Königen als auch für deren Milde. Nebukadnezar etwa wurde zum Sinnbild der Gewalt, Kyros zu dem der Duldsamkeit und Weisheit. Vergleichbare Traditionen über frühere Herrscher leben in der Landschaft selbst fort und wurden etwa noch im modernen Irak und Iran erneuert. Auffällig ist wieder, dass die kulturell wirkungsmächtigsten Entwicklungen dagegen gerade nicht im Zentrum der Macht erfolgten: Das jüdische Volk hatte sich in Großreichen zu behaupten, die klassische Kultur Griechenlands entstand am Rande des Perserreichs. Ein Mangel an Macht, vielleicht verbunden mit der Nähe zur Macht, förderte anscheinend die Kreativität, die sich in jener selbstkritischen Semantik niederschlug, von der am Ende des Kapitels zur Freiheit die Rede war.

2. Alexander der Große – Die Zerstörung des Perserreiches

Den Griechen war es in den Perserkriegen gelungen, die Ausdehnung der unmittelbaren persischen Herrschaft auf das Mutterland abzuwehren, dennoch ging ihre Welt später in großen Reichen auf. Mit Alexander dem Großen sollte ein König, der zuvor die Herrschaft im griechischen Mutterland errungen hatte, das Perserreich vernichten, manche würden sagen: übernehmen, ein Monarch, der sich auf griechische, vor allem panhellenische Traditionen berief und damit in die Fußtapfen seines Vaters Philipp II. (359–336) trat. Sein Erfolg war umso überraschender, als die Perser seit dem Peloponnesischen Krieg (431–404) ihre Macht gegenüber den zerstrittenen griechischen Poleis vermehrt hatten: Die ionischen Küstenstädte standen wieder unter ihrer Herrschaft. Dank dem bezeichnenderweise Königsfrieden genannten Vertrag aus dem Jahr 387/86 kontrollierten sie Griechenland, da er die Kleinteiligkeit der

Poliswelt festschrieb und Sparta zum Schiedsrichter darüber erhob.

Doch eines vermochte Persien nicht zu verhindern, vielleicht nicht einmal in seiner Bedeutung wahrzunehmen: Am Rande der griechischen Welt gewann das Makedonische Königreich an Macht, das unter Philipp II. die Hegemonie in Griechenland erlangte und diese mit dem Korinthischen Bund befestigte, der fast alle griechischen Poleis unter seiner Führung vereinte. Gerechtfertigt wurde dies mit der Absicht, das Perserreich anzugreifen. Tatsächlich brachte Philipp Truppen in Stellung.

Da wurde er aus persönlichen Gründen ermordet. Doch seine Pläne ruhten nur für kurze Zeit. Rasch und brutal verschaffte sein Sohn Alexander sich unter Illyrern, Thrakern und Griechen Respekt, um 334 den Feldzug gegen das Perserreich durch eine Überschreitung des Hellespont zu eröffnen – mit dem erklärten Ziel, die Zerstörung der griechischen Tempel durch die Perser knapp 200 Jahre zuvor zu rächen. Das wird nicht jeden Griechen umgetrieben haben. Überhaupt sollte man vorsichtig damit sein, hier von einem gemeingriechischen Feldzug zu sprechen. Manch ein griechischer Untertan hatte sich mit dem Großkönig gut arrangiert. Viele Griechen kämpften aus welchen Motiven auch immer auf Seiten der Perser. Doch Alexander legte Wert auf den panhellenischen Anspruch, brachte demonstrativ den gemeinsamen Göttern Opfer dar und rief, wo es ging, die Erinnerung an die Helden vor Troja wach. Sie hatten ja gleichfalls gegen eine Macht im Osten gekämpft.

Am Fluss Granikos schlug Alexander noch im Mai 334 ein Aufgebot persischer Satrapen. Mit einem kühnen Vorstoß an der Spitze der Kavallerie sicherte er seinen Leuten den Sieg. Fast wäre er gefallen: Dann hätte die Nachwelt sich kaum für ihn interessiert und allenfalls mit Verachtung von der Selbstüberschätzung des jungen Mannes gesprochen.

Durchschlagend war Alexanders Erfolg allerdings nicht. Die Perser pflegten ihre Heeresmacht nur langsam zu entfalten Dareios III. war wie Alexander erst zwei Jahre zuvor auf den Thron gekommen und hatte einstweilen Wichtigeres zu tun, als dem Herrscher einer Randmacht entgegenzutreten. So konnte Alexander entlang der Küste weiterziehen. Das zeigte Mut oder Unverstand (oder beides). Denn die Zahl seiner Truppen war gering, die Geldversorgung mangelhaft, die Logistik anfällig. In der Ägäis operierten zudem seit 333 persische Schiffe, die leicht jegliche Verbindung zur Heimat hätten kappen können. Möglicherweise plante Alexander nur einen begrenzten Vorstoß und wurde durch die Dynamik seiner Erfolge weitergerissen, vielleicht nährte er von vornherein hochfliegende Pläne für Eroberungen, die er konsequent verfolgte, ohne ihre Voraussetzungen genau zu reflektieren. Man weiß fast nichts über diesen Mann, der kaum Selbstzeugnisse hinterlassen hat.

Nahezu ohne Rückschläge stieß Alexander bis in die Nähe des Taurosgebirges vor, das Kleinasien von Syrien trennte. Davor, in der Kilikischen Ebene, kam es bei Issos 333 zur ersten großen Schlacht gegen Dareios. Wieder setzte Alexander sich mit einem überraschenden und riskanten Manöver durch – selbst die stärksten persischen Truppen, die griechischen Söldner, waren nicht in der Lage, ihm standzuhalten. Dareios floh und ließ nicht nur seinen Kriegsschatz, sondern auch Angehörige der Familie zurück. Das war ein bedeutender Sieg, zudem waren Alexanders finanzielle Probleme gelöst, und er bekam diplomatische Trümpfe in die Hand. Denn er zeigte sich klug genug, die Verwandten des Großkönigs nicht zu demütigen. Dareios rang sich sogar zu einem Friedensangebot durch, das Alexander die Hand einer persischen Königstochter versprach und die Herrschaft über Kleinasien bestätigt hätte. Der Makedone lehnte ab, die Truppen zogen weiter.

Tyros widersetzte sich und wurde zerstört, Ägypten fiel ihm kampflos zu. Wohlwissend, wie verhasst die Perser dort waren, demonstrierte Alexander seinen Respekt vor den religiösen Traditionen des Landes und fand Anerkennung als Pharao. In einem aufsehenerregenden Marsch zog er zur Oase Siwa, wo ihm, so hörten es jedenfalls seine Anhänger, ein ägyptischer Priester bestätigte, dass er Sohn des Zeus sei, den die Griechen mit dem höchsten ägyptischen Gott Amun gleichsetzten. Alexander war nicht der erste erfolgreiche Feldherr, den man als Gott verehrte, doch in seinem Fall musste es besonders einleuchten, denn gerade in dem wider alle Vernunft erzielten Erfolg des kleinen Heeres, in dem Überleben des waghalsigen Königs zeigte sich die Präsenz des Göttlichen.

Die Gebiete westlich des Euphrat waren in Alexanders Hand, das aber genügte ihm nicht. Er verließ Ägypten, stieß in das Zweistromland vor und errang bei Gaugamela im heutigen Irak seinen zweiten grandiosen Sieg über den Perserkönig. Auf dem Schlachtfeld riefen die Soldaten ihn zum König von Asien aus. Das Heer marschierte zur Residenz Persepolis, die in Flammen aufging. Ob absichtlich oder nicht, auf jeden Fall war jetzt ein Fanal gesetzt. Wie einst die griechischen Tempel in Flammen gestanden hatten, so brannte jetzt der Sitz der Großkönige. Der Rachefeldzug war beendet. Das aber genügte nicht. Alexander setzte ihn als Eroberungskrieg fort.

Dareios wurde auf der Flucht von einem Verwandten ermordet – und Alexander nahm Rache an dem Täter. Seinen alten Gegner hingegen bestattete er mit allen Ehren nach persischer Tradition. Das war eine großzügige Geste, vor allem aber ein klares Signal. Alexander trat als Nachfolger des persischen Königs auf.

Dabei beließ er es aber nicht. Alexander zog weiter, tief nach Asien hinein. Über Jahre hin war er damit beschäftigt, Völker zu besiegen, deren Namen kaum ein Grieche je gehört hatte. Schließlich erreichte er den Indus, in der damaligen Vorstellung nachgerade das Ende der Welt. Obgleich ihm auch dort der Sieg zufiel, zwangen seine Truppen die Umkehr herbei. Im Winter 325/24 beendete Alexander den Feldzug. Im persischen Kernland angelangt, ordnete er manches: Einige Satrapen wurden für Treulosigkeit bestraft, entscheidende Positionen neu besetzt, Privatarmeen aufgelöst, das königliche Heer mit iranischen Einheiten verstärkt; das griechische Mutterland trat wieder in den Blick des Königs, der die Rückkehr der Verbannten in ihre Städte verfügte, erneut eine großzügige Geste, von der er selbst am meisten profitierte. Denn es gab wohl kein wirkungsvolleres Mittel, um in den griechischen Städten Streit zu säen. Viele Pläne schmiedete der 32-Jährige. Doch am 10. Juni 323 starb er unerwartet zu Babylon, wohl an einer Krankheit.

Warum war dieser junge, unbeherrschte Mann so erfolgreich? Zuallererst muss man auf kontingente Umstände verweisen. Alexander hatte Fortüne, mehrfach entrann er mit knappster Not dem Tod. Man könnte salopp sagen: Alexander war ein guter Zocker. Doch das wäre zu einfach. Denn das Glück war nach antikem Verständnis nicht etwas Beliebiges, sondern Ausdruck der Fürsorge von Göttern. Vielleicht flößte gerade dies Alexander seine unbestreitbare Kühnheit ein und stärkte das Vertrauen seiner Soldaten, die er so lange mitzureißen wusste. Ihnen demonstrierte er gerne, wie er an ihren Strapazen teilnahm: Als etwa auf dem Wüstenzug durch Gedrosien ein Soldat aus dem dürstenden Heer ihm Wasser anbot, goss er es, so wird überliefert – und das ist zumindest gut erfunden –, in den Sand: Ihm sollte es nicht besser gehen als dem gewöhnlichen Soldaten.

Eine gewisse Weitsicht kann man darin erblicken, dass er nach dem Muster der Perserkönige fremde Herrscher und Herrschaftsformen einband. Ob in Kleinasien, in Ägypten, in Babylon oder im Perserreich insgesamt, überall zollte Alexander den traditionellen Formen herrscherlicher Repräsentation Respekt, viele Satrapen und Kleinkönige behielten ihre Ämter, den Eliten des Perserreichs wurden Truppen und administrative Aufgaben anvertraut. Ob er dies aus Personalmangel tat oder mit dem Willen, die verschiedenen Reichsvölker einzubinden, steht dahin. Eine konsequente Integrationspolitik hätte vielleicht, wäre Alexander länger an der Macht geblieben, die Möglichkeit eröffnet, seinem Reich Dauer zu verleihen.

Allerdings – eben der Ansatz einer Integration offenbarte Antinomien seiner Herrschaft. Die Makedonen selbst, die alte Garde Philipps, aber auch die Soldaten, die für ihn durch dick und dünn gegangen waren, sahen schon lange mit Unmut, wie Alexander sich immer mehr den Persern zuwandte: Selbst seine Gewandung nahm Züge des persischen Krönungsornats an, sein Verhalten gegenüber seinen Leuten schien sich zu wandeln. Hatten die Makedonenkönige sich wie Kameraden gegeben, so verlangte Alexander bereits

327 von allen die Proskynese, eine Demutsgeste vor dem Höhergestellten, die unter Persern üblich, unter Makedonen verpönt war. Der ohnehin grassierende Unmut unter den Makedonen schwoll an, und der Herrscher musste schließlich nachgeben und auf die Proskynese der Makedonen verzichten. Es blieb nicht bei diesem einen Streit zwischen Alexander und jenen, die eigentlich die Treuesten hätten sein müssen. Selbst die einfachen Soldaten ließen sich zu Empörungen hinreißen: Am Indus hatten sie ihren König ja zur Umkehr gezwungen, aber auch später zeigten sie ihren Unmut in einer Meuterei, so als sie 324 entlassen werden sollten. Beider Krisen wurde Alexander nicht zuletzt dank taktischen Zurückweichens Herr. Ob er in der Lage gewesen wäre, den Zwiespalt zwischen persischer und makedonischer Tradition auf Dauer zu überbrücken?

Alexander der Große ging rücksichtslos mit seinen Leuten um, wusste aber die Einzelnen an sich zu binden und damit eine Treue in ihnen zu wecken, die sie vieles ertragen ließ. Er hat allerdings ein großes, funktionierendes, den meisten Untertanen viele Spielräume bietendes Reich zerstört und nichts Neues hinterlassen, was Stabilität hätte gewinnen können. Als er starb, tobten in ganz verschiedenen Teilen des Reiches, von Kleinasien bis nach Baktrien, Aufstände. Das wenige, was wir wissen, spricht dagegen, dass Alexander an seinem Ende plante, mit langem Atem zu handeln, sein Reich zu stabilisieren und ihm feste Strukturen zu verleihen. Offenbar wollte er in ausgreifenden Kriegszügen bis hin nach Arabien seine Zuflucht suchen oder seinem Eroberungsdrang frönen. Soldaten kommandieren konnte er ja.

Alexanders brüchiger Erfolg als Eroberer beruhte auf den soliden Grundlagen, die sein Vater gelegt hatte. Sein Reich, wenn man es denn so nennen will, zerbarst wenige Jahre nach seinem Tod und wuchs nie wieder zusammen. Es gab anders als nach dem Ende Caesars keinen Augustus, der das zu ordnen verstand, was der rastlose Vorgänger hinterlassen hatte. Dennoch hat Alexander stets fasziniert. Der Wagemut seines Vorgehens, sei es in der Schlacht, sei es bei seinen Plänen, der Drang nach Neuem und sein Interesse an fremden Kulturen machen Alexander zu einer jener Figuren der Antike, die in vielen Welten eine Rolle spielen. In der persischen Tradition lebt er weiter, selbst im Koran scheint er aufzutauchen. Sein Name genießt weithin Ruhm, doch was sich mit dem Namen verbindet, ist ganz unterschiedlich: Sehen die einen in ihm einen persischen Königsspross, so begreifen ihn andere als einen Propheten Allahs, und für Äthiopien wurde er gar zu einem christlichen Herrscher *avant la lettre*.

In Europa lebte Alexander als Welteroberer und als großer Feldherr weiter. Langer Kriege bedurfte es, um militärische Wagstücke und verlustreiche Feldzüge in der Manier Alexanders zu diskreditieren – und obwohl keiner vor den Blutströmen, die ihm zuzurechnen sind, die Augen verschließen kann, fasziniert er viele bis heute und gilt weiter als ein Großer. Seine Chance, als Gestalter in die Geschichte einzugehen, wäre eine nachhaltige Integrationspolitik gegenüber den Persern gewesen, für die es Ansätze gab, doch er hatte nicht die Zeit, um sie zu entwickeln, und er hätte sie sich wohl auch nicht genommen. Es war diese Ruhelosigkeit, die er an seine Nachfolger weitergab.

3. Die ruhelosen Reiche: Der Hellenismus

Das Alexanderreich zerfiel rasch. Es gab keinen leiblichen Erben, dem man zutraute, die Herrschaft anzutreten, so dass verschiedene Männer aus dem Umkreis Alexanders um sie rangen. Einige versuchten die Einheit des Reiches zu wahren, die Klügeren sicherten sich alsbald ihre jeweiligen Herrschaftsbereiche. Morde und immer neu aufflammende Kriege, als Diadochenkriege (Kriege der Nachfolger) bezeichnet, waren die Folge. Dass sie ihrer Herrschaft Dauer verleihen wollten, signalisierten mehrere Potentaten im sogenannten Jahr der Könige (306–304), als sie in rascher Folge den Königstitel annahmen.

Zwei Schlachten in Kleinasien stehen für wichtige politische Einschnitte: 301 verlor Antigonos, der für die Einheit des Reiches (unter seiner Führung) stritt, bei Ipsos Schlacht und Leben, im Jahre 281 wurde Lysimachos, der im griechisch-klein-asiatischen Bereich eine machtvolle Stellung aufgebaut hatte, bei Kouroupedion von Seleukos I. besiegt und getötet. Damit bestanden noch drei größere Reiche: Das ägyptische der Ptolemäer, das der Seleukiden mit dem Zentrum zunächst im Zweistromland, später in Syrien, schließlich Makedonien und das griechische Mutterland, wo bald die Antigoniden die Herrschaft an sich rissen. Das Mächtesystem der drei Königreiche hätte vielleicht der Region Frieden bringen können, doch die Herrscher verstrickten sich fortwährend in Kriege, die den östlichen Mittelmeerraum in dauernde Unruhe versetzten. Dennoch erlebte er gerade in diesen Jahrhunderten eine bemerkenswerte kulturelle Blüte.

Schwierige Synthesen: Monarchie und Hellenisierung

Vielfalt ist das wichtigste Kennzeichen des Hellenismus. Griechen traten mit ganz unterschiedlichen Kulturen in Kontakt und daraus entstand eine bemerkenswerte Vielfalt von Herrschaftsgebilden. Einige gemeinsame Züge lassen sich herausstellen, die vor allem verständlich machen sollen, warum die hellenistischen Königtümer nie die Stabilität im Inneren und im Verhältnis zueinander erreichten, die man aus anderen Mächtesystemen kennt.

Herrschaft mit geringem bürokratischen Aufwand und gewaltiger Prachtentfaltung charakterisiert die hellenistischen Reiche, eine Herrschaft, die in einem hohen Maße auf persönlichen Bindungen beruhte, die als Freundschaft zum König oder als göttliche Verehrung kodiert wurden. Alles lief auf die Person des Königs zu, auch die Wirtschaft war weithin auf seine Bedürfnisse ausgerichtet, andere Institutionen blieben schwach. Um die Könige herum bildete sich eine Art von Hof, der aber nie die Komplexität eines frühneuzeitlichen Hofes erlangte. Es gab darin Aufgabenbereiche, Grade der Freundschaften, aber keine eigene Gesellschaft, überdies kaum eine feste, überpersönliche Bürokratie. Eine große Rolle spielten zumal in Ägypten, das hier auf ältere Traditionen zurückblicken konnte, die Königinnen, die als legitime Herrscherinnen die Legitimität an ihre Kinder weitergaben und am Hof Beziehungsnetze flechten konnten. So übten sie tatsächlich Macht aus – und eine noch größere wurde ihnen oft zugeschrieben. Kleopatra VII. (52–30), die als Gefährtin von Caesar und Antonius einen zweifelhaften Ruhm erntete, war somit als Herrscherin Ägyptens eine keineswegs so ungewöhnliche Erscheinung.

Die Könige strebten zumeist nicht danach, einheitliche Strukturen in ihren Reichen aufzubauen – eine Ausnahme bildete dabei wieder Ägypten, wo man vielfältige Anknüpfungspunkte an eine frühere Zeit nutzen konnte, in der bereits eine komplexe Verwaltung bestand. Aber schon außerägyptische Teile des Ptolemäerreichs waren auf andere Weise organisiert. Indirekte Herrschaft, die die traditionellen Machtgefüge kaum antastete und die lokalen Eliten oft in ihrer Position beließ, war das, was die Herrschaft hellenistischer Könige gewöhnlich kennzeichnete.

Die organisatorische Inhomogenität der Reiche entsprach der ethnischen, obgleich die Reiche sich in modernen historischen Atlanten wie einheitliche Flächen ausnehmen (vgl. Karte S. 110/11): Als Stämme organisierte Bergvölker, Tempelherrschaften, Kleinkönigtümer, Städte nach griechischem Muster, Städte mit anderen Prägungen, all das und noch mehr war vorhanden und fügte sich dem König auf je verschiedene, dem Herkommen und dem Herrscherwillen entsprechende Weise. Dies war ein zum Teil sehr lockerer Herrschaftsverband, oft eher ein Nebeneinander der unterschiedlichen sozialen Formationen als eine integrierte Gesellschaft.

Folglich nahmen die Herrscher, wie das schon die Perserkönige oder Alexander getan hatten, unterschiedliche Rollen ein. Ein Ptolemäer mochte den Griechen seines Herrschaftsbereiches als ein Kulturförderer entgegentreten, den Einheimischen hingegen als ägyptischer Pharao, die griechischen Seleukiden förderten zu Babylon in der Tradition der dortigen Könige den Kult des Marduk. Die einheimischen Traditionen wurden nirgends einfach verworfen, auch die Keilschrift verwendete man im Zweistromland weiter.

Die Stellung des Königs blieb prekär. Zwar war er grundsätzlich dynastisch legitimiert, doch fehlten klare Nachfolgeordnungen, etwa im Sinne eines Vorrechts des Erstgeborenen, so dass die Legitimität eines Herrschers rasch in Frage gestellt werden konnte. Jeder Herrscher musste sich bewähren, ein neuer Alexander sein, und das hieß: militärische Erfolge erringen. Das byzantinische Lexikon der Suda (10. Jh.), das älteres Material versammelt, drückt dies folgendermaßen aus: *Es ist weder die Abstammung noch eine Rechtsgrundlage, die Männern die Monarchie überträgt, sondern sie geht an diejenigen, die fähig sind, ein Heer zu befehlen und einen Staat klug zu lenken, wie es für Philipp und Alexanders Nachfolger zutrifft. Denn Alexanders natürlicher Sohn hatte keinen Vorteil von der Verwandtschaft wegen seiner seelischen Schwäche.*[3] Die Könige verstanden sich zudem nicht als Herrscher über bestimmte Gebiete, sondern erhoben einen prinzipiell universalen Anspruch und konnten so jedes Ausgreifen leicht begründen: Was im Krieg erworben war, durfte man als speererworbenes Land für sich beanspruchen.

Das erklärt, warum diese Männer so oft in Kriege zogen: Sie mussten beweisen, dass sie ihres Amtes würdig waren. Natürlich gab es Versuche, die Stellung nachhaltiger abzusichern, über die Benennung bestimmter Söhne als präsumtive Nachfolger oder den Ausbau des Herrscherkultes. Durch einen überbordenden Konsum, der ihren Reichtum belegte, versuchten manche Könige ihre Stärke zu belegen. Die Untertanen erwarteten zudem, durchaus auch in einer altorientalischen Tradition, dass der König Gerechtigkeit durchsetze und reiche Gaben für die Unterstützung der Untertanen spende. In der modernen Forschung ist dafür das Wort «Euergetismus», Wohltätertum, eingeführt. Das alles war teuer, stets mussten die Könige deswegen darauf achten, ihre Ressourcen zu erneuern.

Die Wohltaten der Herrscher begründeten ihre göttliche Verehrung. Dafür bedurfte es keines Zwanges, da die Anrede eines mächtigen Helfers als Gott nach griechischem Verständnis nahelag. Aus Sicht der Betroffenen war es oft gar nicht entscheidend, die Göttlichkeit des Herrschers zu definieren, da der Unterschied zwischen Gott und Mensch nicht so radikal gedacht wurde wie in der christlich-jüdischen Welt. Bezeichnenderweise sagte man gerne, man bringe den Königen *isotheoi timai* dar, gottgleiche Ehren, und hoffte so noch weitere Wohltaten von dem Herrscher zu erlangen, der seinerseits ebenfalls auf göttliche Unterstützung angewiesen war.

Die Rivalität zwischen den Königen, die zu den auffälligsten Kennzeichen des Hellenismus gehört, trug zur geistigen Blüte des Hellenismus bei. Denn die Herrscher wollten sich als Förderer griechischer Kultur erweisen, nicht nur in ihrem eigenen Reich, sondern auch anderswo, etwa im machtlosen, aber traditionsreichen Athen oder in den panhellenischen Heiligtümern. Die geistige Vielfalt ist nur in Teilen greifbar, weil wesentliche Werke der Literatur und der bildenden Kunst verloren sind. Gar nicht mehr sichtbar sind die großen Feste, in denen die Herrscher sich bei Musik und Dichtung auf kunstvoll konstruierten Aufbauten und Wagen dem Volk in all ihrem Prunk zeigten.

Die vielfältigen Maßnahmen zur kulturellen Förderung, die von den hellenistischen Königen ausgingen, haben zu dem Missverständnis geführt, man habe, im Sinne einer neuzeitlichen Nationalisierungspolitik, die griechische Kultur unterstützt und auf eine Homogenisierung der Bevölkerung gezielt. Der Begriff der Hellenisierung, der sich in der Fachwissenschaft etabliert hat, scheint dies zu suggerieren, doch hat sich inzwischen eine andere Auffassung entwickelt: Man unterstellt keine Intention mehr, eine bestimmte Kultur auszubreiten, schon gar nicht den Willen, mit Zwangsmaßnahmen Untertanen anderer Prägung zu knebeln. Am Vorrang des griechisch-makedonischen Elements bestand in den hellenistischen Königreichen dennoch kein Zweifel.

Was weithin fehlte, war eine Integrationspolitik, wie sie sich bei Alexander in Ansätzen möglicherweise greifen lässt. Eine bewusste Heranziehung der einheimischen Eliten für öffentliche Aufgaben gab es nicht. Sie wäre zumindest in den Augen von Griechen und Makedonen auf eine inakzeptable Gleichstellung mit den Einheimischen hinausgelaufen. Die Könige mussten aber vor denjenigen bestehen können, die von der griechischen Kultur geprägt waren, und wer in ihrer Umgebung hochkommen wollte, tat in der Regel gut daran, seine Nähe zur griechischen Kultur zu erweisen. Selbst Könige iranischer Herkunft, wie die von Kappadokien, das tief in Kleinasien lag, stellten ihre Verbundenheit mit der griechischen Kultur zur Schau. Wenn man daher dem Hellenismus multikulturelle Züge zuschreibt, wie es heutzutage gerne geschieht, so muss man beachten, dass es eine klar definierte «Leitkultur» gab, nämlich die griechische. Doch die Aneignung der griechischen Kultur erfolgte in höchst unterschiedlicher, die Traditionen der Landschaften berücksichtigender Weise, so dass die hellenistische Welt keineswegs uniform wirkte.

Obgleich die Herrscher keine gezielte Hellenisierungspolitik betrieben, förderte ihr Handeln das Griechische. Denn die Sprache der Verwaltung war weithin das Griechische, Städtegründungen erfolgten nach griechischem Muster. Hinzu kam die Ansiedlung von Militärs: Im Seleukidenreich nahmen derartige Siedlungen polisähnliche Strukturen an. Das Ziel solcher Gründungen war die Sicherung der Herrschaft, indem einerseits die Soldaten versorgt, andererseits überall Untertanen angesiedelt wurden, die auf den König eingeschworen waren. Im städtearmen Ägypten beobachtet man zahlreiche Militärsiedler, sogenannte Kleruchen, die sich aus ähnlichen Gründen in bereits bestehenden Dörfern niederließen. Da die griechische Sprache die Kommandosprache der hellenistischen Heere war, trugen die Soldaten die griechische Sprache in ihre neue Heimat und beförderten damit den Prozess der Hellenisierung.

Vor allem aber die Städte waren ein wichtiger Motor der Hellenisierung. Städtegründungen hatte bereits Philipp II. vorgenommen, Alexander hinterließ zahlreiche «Alexandrias», und etliche andere hellenistische Könige, bedeutende wie unbedeutende, verewigten auf diese Weise ihren Namen. Diverse Motive konnten zu Städtegründungen führen: die Notwendigkeit, Soldaten anzusiedeln und ein Gebiet zu kontrollieren, Handelsinteressen, administrative Erfordernisse, das Streben nach königlicher Selbstdarstellung und noch vieles mehr. Jeder Fall liegt anders.

Eine lebendige Stadtkultur gehört zur hellenistischen Welt genauso wie die weiträumigen Monarchien. Die Zahl der Städte stieg sprunghaft an, und der Raum wurde immer stärker von Griechischem durchdrungen, beginnend bei der Verkehrssprache, die in Städten eben griechisch war, bis hin zur Organisationsform der Polis. Wer am Polisleben teilhaben wollte, musste des Griechischen mächtig sein, und da in der Antike Stadt und Land rechtlich nicht so scharf getrennt waren wie im Mittelalter, hatte dies Auswirkungen über die Stadtgrenzen hinaus.

Eine Neugründung, Alexandria bei Ägypten, sollte zum Inbegriff der hellenistischen Welt werden: Hier strömten Menschen unterschiedlichster Herkunft zusammen, hier residierten die ptolemäischen Könige und entfalteten eine Pracht, die man heute nur erahnen kann. Mit dem Leuchtturm zu Pharos schufen sie ein Bauwerk, das den Betrachtern als ein Weltwunder erschien. Größten Ruhm erhielt die Stadt aber durch ihre Bibliothek, in der die kulturelle Überlieferung Griechenlands gesammelt, geordnet und weitergeführt wurde. Ohne die gelehrten Dichter aus Alexandria wäre noch mehr von dem untergegangen, was die klassische Kultur Griechenlands ausmacht, und was erhalten ist, verdankt sich vorwiegend dem – möglicherweise einseitigen – Qualitätsurteil dieser Gelehrten. Wenngleich die Bibliothek durch eine militärische Aktion Caesars schweren Schaden litt und wohl in der Spätantike oder unter frühen islamischen Herrschern unterging, war ihr Ruhm von Dauer – noch das moderne Ägypten knüpft daran mit der neuen Bibliothek in Alexandria an.

Die übliche politische Organisationsform der hellenistischen Poleis war nach außen hin die Demokratie. Alexander hatte die gewöhnlich perserfreundlichen Oligarchien der ionischen Städte gerne durch demokratische Regime ersetzt, die sich äußerlich oft an die attische Demokratie anlehnten; doch je nach den kulturellen und sozialen Voraussetzungen vor Ort entwickelte sich die Praxis der Demokratie höchst unterschiedlich. In vielen Poleis formierte sich eine lokale Elite, die die wichtigsten Ämter bekleidete und die Geschäfte der Stadt unter sich ausmachte. Was allerdings die äußere Macht anging, so konnten die hellenistischen Poleis – obgleich zum Beispiel Rhodos zeitweise eine bedeutende Stellung einnahm – den

Vergleich mit dem klassischen Athen nicht bestehen. Wer in einer Stadt politischen Einfluss ausübte, musste keineswegs überregionales Gewicht besitzen. Die entscheidenden Dinge geschahen an den Höfen und in der Umgebung der Monarchen. Für die Städte bedeutete eine eigenständige Außenpolitik ein unabsehbares Risiko.

Wenig verwunderlich ist es daher, wenn viele Bürger nicht mehr im politischen Engagement Ruhm suchten, sondern in geistigen Aufgaben, wenn mit dem Epikureertum eine Philosophie entstand, die nicht – wie es oft missverstanden wird – einem reinen Hedonismus, einer Hingabe an den schieren Genuss huldigte. Wohl aber empfahl sie einen Rückzug aus den Wirren des Alltags, zumindest aber sollte der Denker eine Haltung entwickeln, bei der er diese nicht an sich herankommen ließ. Andere philosophische Schulen wie die der Stoa hoben die Verantwortung für die Gemeinschaft hervor, unterstrichen aber ebenfalls, dass man nicht da Erfüllung suchen solle, wo man auf die Anerkennung anderer Menschen schielte. Die innere Unabhängigkeit war jetzt der Kern der Freiheit, nicht mehr die politische Partizipation (s. a. S. 77).

Einen wichtigen Kristallisationspunkt der griechischen Polis bildete das Gymnasium. Dies war ursprünglich eine Einrichtung, an der man sich athletisch betätigte, wie in Griechenland üblich, weitgehend nackt (*gymnós*). Doch in der hellenistischen Zeit wurde das Gymnasium vornehmlich ein Ort, an dem junge Leute, darunter auch Nicht-Griechen, mit den Traditionen der griechischen Kultur vertraut gemacht wurden. So war es ein kulturelles Zentrum in der Polis. In Ägypten machten «die vom Gymnasium» eine eigene, deutlich erkennbare Schicht aus, die sich von der einheimischen Bevölkerung absetzte. Hier war der Mittelpunkt des Polislebens, nicht auf der Agorá.

Die Städte waren darauf angewiesen, sich mit den Königen zu arrangieren, und fanden dabei ganz unterschiedliche Modi. Athen mit seiner großen Tradition konnte ganz anders agieren als eine königliche Gründung. Teils gehörten die Poleis zum Herrschaftsverband eines Reiches und hatten Steuern zu zahlen, teils standen sie in einer Vertragsbeziehung, teils brachten die Städte ihre Anerkennung eines Herrschers durch die Einrichtung eines Kultes zum Ausdruck, teils waren die Kontakte ungeregelt. Mit völkerrechtlichen Begriffen lässt sich das nicht fassen, aber wie immer die Dinge kodiert waren: Eine eigene äußere Politik konnten Städte allenfalls dann verfolgen, wenn sie das riskante Spiel wagten, stärkere Mächte gegeneinander auszuspielen.

Die griechisch-makedonischen Eliten der hellenistischen Reiche öffneten sich, anders als es Alexander angestrebt zu haben scheint, nicht gezielt den einheimischen Eliten. Viele von deren Angehörigen strebten jedoch ihrerseits danach, sich die griechische Kultur anzueignen. Oft führten lokale Rivalitäten dazu, dass die einen sich der griechischen Kultur annäherten, während die anderen stärker an den einheimischen Traditionen festhielten. Ein – wirkungsmächtiges – Beispiel ist besonders gut bezeugt:

Die Juden, die ihre Identität in der Babylonischen Gefangenschaft herausgebildet und unter den Persern bewahrt hatten, ließen sich immer mehr von der griechischen Lebensform faszinieren. Jüdische Texte in griechischer Sprache entstanden, vor allem aber öffneten sich Angehörige der Elite von Jerusalem immer mehr und offenbar aus eigenem Antrieb hellenistischen Bräuchen. So erwirkte man beim Seleukiden Antiochos IV. Epiphanes (175–164) die Erlaubnis, Jerusalem in eine griechische Polis mit einem Gymnasium umzuwandeln. Das widersprach dem, was den meisten Juden heilig war; schon die Nacktheit der Athleten löste Abscheu aus. Alsbald entstand, durch weitere Provokationen geschürt, eine Gegenbewegung. Die Unruhen boten Antiochos Gelegenheit zum Eingreifen. Er belagerte und eroberte Jerusalem. Bewusst frevelte er 168/67 gegen jüdische Traditionen, indem er den Tempel beraubte und in ein Heiligtum des Zeus umwandelte, die Schätze an sich riss und einen griechischen Kult einrichtete. Zentrale jüdische Bräuche vor allem im Opferwesen suchte er zu unterbinden.

Auf dem Lande formierte sich der Widerstand unter Führung der Priesterfamilie der Makkabäer, denen 165 die Rückeroberung Jerusalems und die Neuweihe des Tempels gelang, an die das Chanukka-Fest bis heute erinnert. Die Juden errangen ihre Unabhängigkeit, und die Makkabäer wurden Könige. Hier schien einmal die einheimische Kultur über die griechische triumphiert zu haben. Doch die neue Dynastie, üblicherweise als Hasmonäer bezeichnet, näherte sich ihrerseits hellenistischen Bräuchen so weit an, dass ihre Herrschaft von vielen Juden gar nicht mehr als jüdisches Königtum erlebt wurde. Die Verbindung von Königsamt und Würde eines Hohen Priesters stieß ebenfalls auf Kritik, zumal die Hasmonäer nicht einer priesterlichen Familie entstammten, wie es Traditionalisten forderten. Die Hasmonäer wurden so Opfer der eigenen Politik, und Judäa ähnelte immer stärker einem hellenistischen Königtum.

Nicht nur in Judäa fochten Aufständische für ihre heimischen Traditionen. In Ägypten rebellierte die selbstbewusste Priesterschaft, die auf eine weitaus ältere Tradition zurückblicken konnte als die Griechen; von 206 bis 186 war Oberägypten faktisch selbständig. Eindrucksvoll artikuliert sich die Unzufriedenheit der einheimischen Bevölkerung in einem spät überlieferten, aber wohl auf die Ptolemäerzeit zurückgehenden Text, der aus dem Ägyptischen ins Griechische übersetzt wurde. Es sind Prophezeiungen, die ein Töpfer äußert, den man seiner Ware im Ofen beraubt und dem König vorgeführt hatte: *Und dann wird der Gute Daimon die bewohnte Stadt verlassen und nach Memphis einziehen, und verlassen wird sie sein, die Stadt der Fremden, die man gründen wird. Dies wird am Ende der Übel geschehen, wenn ein Blätterfall fremder Männer in Ägypten einsetzen wird. Die Stadt der Gürtelträger* (Alexandria) *wird menschenleer sein, so wie mein Ofen durch die Übergriffe, die sie gegen Ägypten begangen haben. Die Kultbilder, die man dorthin verbracht hatte, werden zurückkehren nach Ägypten.*[4]

In anderen Landschaften der hellenistischen Welt rekurrierten die Herrschenden auf lokale Traditionen. Dies geschah bei den Parthern, die unter den Arsakiden die persische Macht erneuerten, aber auch im kleinen Königreich Osrhoëne, wo das Syrische, ein aramäischer Dialekt, in Gebrauch blieb. Der Hellenismus war so zwar die historische Epoche, in der die griechische Sprache und Kultur sich am weitesten ausbreiteten – bis nach Indien ist der Einfluss spürbar –, es ist aber zugleich eine Zeit, während der manche einheimische Völkerschaften eigene Traditionen aufgriffen und sich aus dem, was sie über die Vergangenheit wussten, nachgerade eigene Traditionen schufen.

Viele Prozesse, die sich in der hellenistischen Zeit abspielten, erinnern an die Gegenwart, an das Zeitalter der Globalisierung: Dem Griechischen erscheint das Englische vergleichbar, mit dem sich die Eliten verschiedener Staaten und Landschaften problemlos verständigen können. Der kulturelle wie der wirtschaftliche Austausch sind intensiv. Die Städte werden einander immer ähnlicher. Doch nur auf den ersten Blick kennzeichnet Vereinheitlichung diese Epochen – bei näherem Zusehen erblickt man Vielfalt, Erneuerung des Lokalen und eine ungeheure Widerstandskraft, im Hellenismus wie in der Moderne, wo in Indien, in der arabischen Welt und anderswo vielfältige Formen der Retraditionalisierung zu beobachten sind, wie man sie ähnlich im Hellenismus wiederfindet. Es ist nicht unbedingt das Alte, was man entdeckt, aber das, was man als das Alte und das Eigene begreift.

Die Reiche: Kampf um die Vorherrschaft

Ein ganz wesentlicher Unterschied zwischen Hellenismus und Moderne liegt darin, dass die antike Epoche durch ein äußerst instabiles, multipolares Mächtesystem gekennzeichnet war. Da die Könige, wie gezeigt, sich stets bewähren, vor allem militärisch hervortun mussten, konnte sich in der hellenistischen Welt keine stabile, auf Bewahrung des Friedens und Einhegung von Kriegen abzielende Ordnung entwickeln. Es gab die drei (unterschiedlich mächtigen) Großreiche, daneben zahlreiche kleinere Königtümer wie Kommagene tief in Kleinasien oder das Pergamenerreich in dessen Westen. Daneben konnten Städte in Griechenland, Kleinkönige im Vorderen Orient oder regionale Herrschaftsgebilde mehr oder weniger unabhängig agieren. Wie bewegt die Lage war, zeigte sich im 3. Jahrhundert am Einbruch von Kelten, von den Griechen Galater genannt, in die Mittelmeerwelt. Sie verheerten weite Teile

Griechenlands und stießen sogar bis Kleinasien vor, ließen sich aber auch als Söldner von hellenistischen Königen in Dienst nehmen. Gleichwohl gewannen sie ein solches Eigengewicht, dass sie im Inneren Kleinasiens angesiedelt wurden, eben in Galatien, wo sie einen ganz neuen Machtfaktor bildeten und ein Ethnos, das lange traditionsstiftend blieb.

In Griechenland entstanden auf früheren Grundlagen dauerhafte Bünde zwischen Städten, vor allem in Ätolien und in der Achaia, Landschaften, die zuvor ohne größere Bedeutung gewesen waren. Dort bildeten sich sogar Formen der repräsentativen Herrschaft heraus, in dem Sinne, dass in gemeinsamen Räten einzelne Städte über ihre Vertreter miteinander verhandelten. Sie vermochten, so organisiert, durchaus den Makedonen Paroli zu bieten. Man stößt hier somit auf eine durchaus erfolgreiche Frühform des «Föderalismus», die indes ohne größere Wirkung blieb.

Geprägt wurden die Konflikte der hellenistischen Welt von den großen Drei, unter denen die makedonischen Antigoniden am stärksten damit beschäftigt waren, ihr Kernland zu sichern. Die verlässlichste Machtbasis besaß das Reich der Ptolemäer. Mit Ägypten geboten sie über ein reiches, gut organisiertes Kernland, doch dank der Kontrolle weiter Teile der Levanteküste dominierten sie zunächst im östlichen Mittelmeer, mit Stützpunkten in der Ägäis und im Süden Kleinasiens.

Syrien-Palästina war der Raum, der zwischen Ägypten und dem Seleukidenreich umkämpft war. Mehrere Kriege wurden während des 3. Jahrhunderts um diese Region geführt, bis um 200 das Seleukidenreich mit Antiochos III. dem Großen (223–187) die Sache für sich entschied. Ihm gelang es überhaupt weitgehend, sein großes Reich zu stabilisieren; sogar das Wagnis weit ausgreifender Feldzüge ging er ein. So konnte er Kleinasien zu großen Teilen unter seine Kontrolle bringen. Ein neues Alexanderreich schien heraufzuziehen. Doch es kam ganz anders, denn die Lage an der Peripherie hatte sich gewandelt.

Die Gebiete am Indus, auch Baktrien, das ungefähr dem heutigen Afghanistan entspricht, hatten sich schon zu Beginn der Seleukidenzeit aus dem Reich gelöst. Dort regierte für längere Zeit ein griechischsprachiges Königtum und entstand eine gräko-indische Kultur, deren Sprache selbst ein Herrscher wie der buddhistische König Indiens Aschoka (ca. 269/68–233/32) verwendete. Die buddhistische Tradition überliefert auf Pali die Fragen des Königs Milinda, gewöhnlich mit dem baktrischen König Menander (Mitte 2. Jahrhundert) identifiziert. Sie richten sich an einen buddhistischen Mönch, der den Herrscher zu überzeugen weiß. So bestand für kurze Zeit eine Brücke, die den direkten Austausch zwischen griechischer und indischer Kultur ermöglichte.

In Iran hatten seit der Mitte des 3. Jahrhunderts die Parther immer größere Macht gewonnen und sich zunehmend aus dem seleukidischen Reich gelöst. Sie expandierten nach Osten, aber auch nach Westen, bald zählten sie zu den gefährlichsten Rivalen der Seleukiden, die sie zunehmend Richtung Westen abdrängten.

Ein noch stärkerer Gegner war da schon im Westen erwachsen: Rom. Die italische Stadt hatte schon in Griechenland Stärke gezeigt und wollte Antiochos III. Einhalt gebieten. Der Krieg brach 192 aus, 190 traf man sich beim kleinasiatischen Magnesia zur entscheidenden Schlacht. Antiochos stand dem römischen Consul L. Scipio gegenüber. Einem Alexander gleich durchstieß der König an der Spitze seiner Kavallerie die feindlichen Reihen, doch bot er damit eine offene Flanke, und die römischen Fußtruppen wichen nicht, nicht einmal, als die Elefanten herandröhnten. Die Tiere wurden zurückgetrieben und brachen in die seleukidischen Reihen ein, die sich zur Flucht wandten. Die ausgeklügelte hellenistische Kriegsmaschinerie hatte sich Roms Organisation und Disziplin unterlegen gezeigt.

188 musste Antiochos seine Niederlage eingestehen und auf die Herrschaft über die Gebiete westlich des Tauros verzichten. 187 kam er beim Versuch, einen Tempel zu plündern, ums Leben – der elende Tod eines Mannes, der angetreten war, ein neuer Alexander zu werden. Seither war Rom in der Lage, die Politik im östlichen Mittelmeerraum zu bestimmen, übte aber kaum direkte Herrschaft aus, so dass die Könige sich noch weiter zerfleischten und uner-

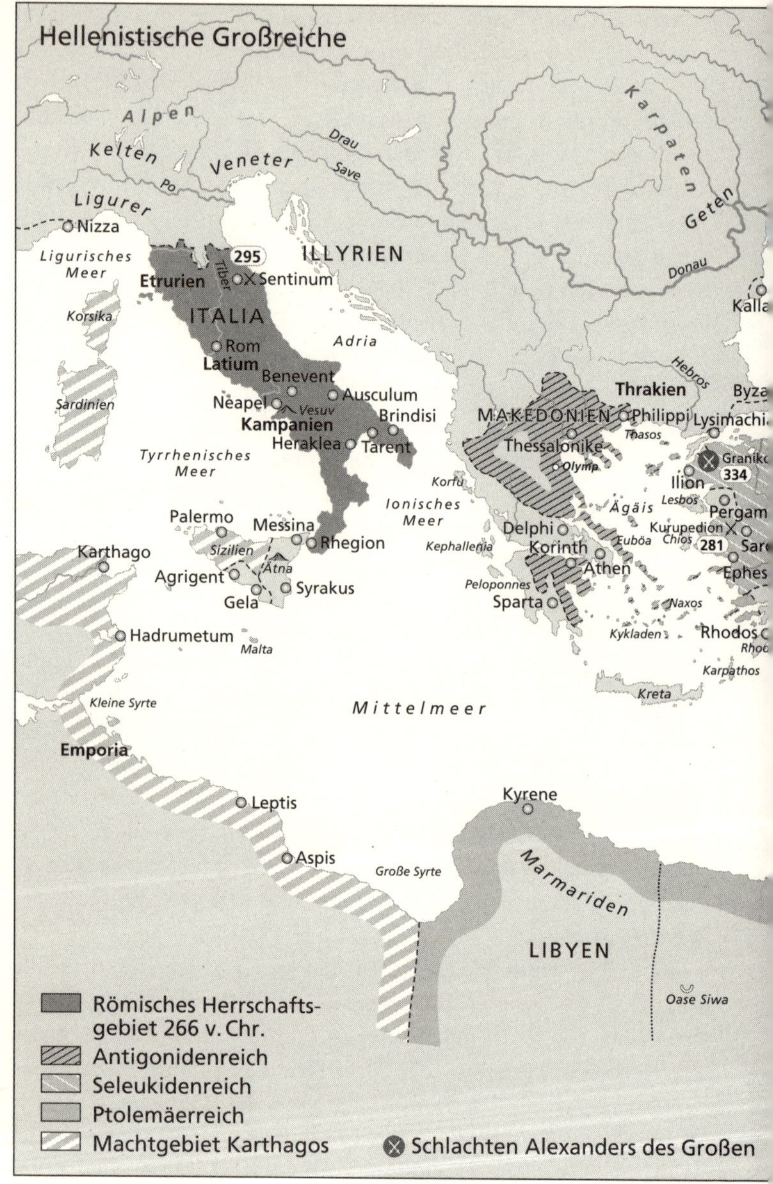
Hellenistische Großreiche
Alpen
Kelten
Veneter
Drau
Save
Po
Ligurer
Karpaten
Geten
Donau
Nizza
Ligurisches Meer
295
ILLYRIEN
Etrurien
Tiber
Sentinum
ITALIA
Korsika
Kalla
Rom
Latium
Adria
Benevent
Sardinien
Ausculum
Neapel
Vesuv
Kampanien
Brindisi
Heraklea
Tarent
Thrakien
Hebros
MAKEDONIEN
Philippi
Lysimachi
Thasos
Thessalonike
Olymp
Granikc
334
Ilion
Tyrrhenisches Meer
Korfu
Ionisches Meer
Lesbos
Ägäis
Pergam
Palermo
Messina
Delphi
Kurupedion
Chios
281
Karthago
Sizilien
Rhegion
Kephallenia
Korinth
Euböa
Agrigent
Ätna
Athen
Ephes
Gela
Syrakus
Peloponnes
Sparta
Naxos
Hadrumetum
Malta
Kykladen
Rhodos
Karpathos
Kreta
Kleine Syrte
Mittelmeer
Emporia
Leptis
Kyrene
Aspis
Große Syrte
Marmariden
LIBYEN
Oase Siwa
Römisches Herrschaftsgebiet 266 v. Chr.
Antigonidenreich
Seleukidenreich
Ptolemäerreich
Machtgebiet Karthagos
Schlachten Alexanders des Großen

Tanais
BOSPORANISCHES REICH
Pantikapäon
Theodosia
Chersonesos
Kaspisches Meer
Kaukasus
Schwarzes Meer
Sinope
Trapezunt
Kotyora
Amisos
Kerasus
PONTOS
Komana
ARMENIEN
Thospitis L.
ATROPATENE
Matianus L.
Ankyra
Halys
Mazaka
KAPPADOKIEN
Mygdonien
Gaugamela
331
Samosata
Arbela
MEDIEN
Ekbatana
(Hamadan)
333
Issos
Kilikien
MESOPOTAMIEN
Taurus
Seleukeia
Antiochia
Euphrat
Tigris
Apamea
Palmyra
Dura-Europos
Salamis
Zypern
SYRIEN
Seleukia
Susa
Syrische Wüste
Babylon
Sidon
Damaskus
Tyros
Panion (?)
Ptolemais
(Akko)
ELYMAIS
Jerusalem
Gaza
Totes Meer
Raphia
Petra
Memphis
Arsinoë
Sinai
Nabatäer
ARABIEN
Nilus
Östliche Wüste
Teima
Ptolemaïs
Leukos-Limen
Koptos
Rotes Meer
0 100 200 300 km

messliches Leid in die blühenden Landschaften trugen. Warum gerade jene Stadt aus dem westlichen Mittelitalien? Und warum verzichtete diese erfolgreiche Macht so lange darauf, den wohlhabenden Osten direkt zu beherrschen?

4. Reichsbildung wider Willen: Die Römische Republik

Gebildete Römer der Kaiserzeit erinnerten sich in ihren luxuriösen Villen gerne daran, wie klein und ärmlich Rom einst gewesen war. Sie konnten darüber in ihrem Vergil nachlesen. Der Dichter (70–19 v. Chr.) besang in seinem schon früh als klassisch angesehenen Epos *Aeneis* die Irrfahrten, die Aeneas aus dem zerstörten Troja nach Latium führten, wo er sich festsetzte, damit seine Nachkommen Rom gründen konnten. In einer ungewöhnlich idyllischen Szene schildert Vergil, wie sein Held den Ort des späteren Rom aufsucht und vom dortigen, aus dem griechischen Arkadien stammenden König Euander zu dessen Sitz geleitet wird. Dieser liegt auf dem Palatin oberhalb des *Forum Romanum*, auf dem Hügel, wo zur Zeit Vergils der Princeps Augustus lebte. Bereits kurze Ausschnitte vermögen einen Eindruck von der Atmosphäre zu geben, die der Dichter evoziert: *Weiter führt Euander dann zum Felsen Tarpejas, zum Kapitol hin, golden jetzt, einst wuchernd umstarrt vom Strauchwerk des Waldes. ... «Hier diesen Wald», so sprach Euander, «den Hügel mit laubigem Gipfel – welcher Gott, ist nicht gewiß – bewohnt ein Gott, ihn selber, Jupiter, glauben die Arkader hier zu sehen ...» Unter solchen Gesprächen nun kamen sie näher dem Haus des armen Euander und sahn überall nur brüllende Herden, wo jetzt Roms Forum prangt und die Pracht der Karinen* (ein wohlhabendes Stadtviertel Roms). *Vor seinem Haus aber sprach der Fürst: «Diese Schwelle betrat als Sieger einst Herakles, die Burg hier hat ihn empfangen. Wage es, Gast, zu verschmähen die Pracht und mache auch du dich würdig des Gottes und nahe nicht schroff dem Reiche der Armut!» Also führte er unter den Giebel des niedrigen*

Hauses nun den Riesen Aeneas und ließ ihn lagern, gestreckt auf Blätterstreu und dem Fell darüber einer lybischen Bärin.[5] Eines zeigen diese Verse mit aller Klarheit: Den Römern blieb die einstige Schwäche lange bewusst. Für selbstverständlich nahmen sie ihre Macht nicht. Man ist aus späterer Sicht eher erstaunt, wie ausgeprägt das römische Gefährdungsgefühl jederzeit war. Zugleich wird hier sichtbar, welche Bedeutung die religiöse Tradition Roms hatte. Der Ort Roms war geheiligt durch die Anwesenheit Jupiters und anderer Gottheiten.

Tatsächlich sprach wenig dafür, dass aus der kleinen Siedlung am Tiber, am Rande des etruskischen Herrschaftsbereichs, eine weltbeherrschende Macht werden würde. Man weiß wenig über die geschichtliche Entwicklung der ersten Jahrhunderte Roms, da die literarische Überlieferung fragwürdig ist und die archäologischen Quellen zwar die Bedeutung griechischer und etruskischer Einflüsse beweisen, aber auf der Ebene der Ereignisgeschichte kaum weiterhelfen. 753 als Gründungsdatum ist natürlich ein Konstrukt, aber die Siedlung auf dem Gebiet Roms war alt, vielleicht uralt, im 6. Jahrhundert scheint sie, das belegen Grabungen, sogar eine erste Blüte erlebt zu haben. Dies ist in der römischen Tradition die Zeit der Könige, über die man kaum Verlässliches weiß. Kein Zweifel aber besteht daran, dass die Königsherrschaft schließlich von Aristokraten gestürzt wurde, obgleich die traditionelle Jahresangabe 510 möglicherweise eine späte Analogiebildung zur Vertreibung der Tyrannen aus Athen ist.

Herausbildung einer Republik

Der griechische Historiker Polybios (ca. 200–120), der, aus einer Familie von Politikern stammend, 167 als Geisel nach Rom kam, bewunderte den Aufstieg Roms. Die Grundlage sah er in einer politischen Ordnung, die das Ideal einer Mischverfassung aus monarchischen, aristokratischen und demokratischen Elementen verkörpere. Hier ist gewiss Vieles beschönigt, vor allem gilt: Wie die Athener Demokratie, so ist die politische Ordnung Roms historisch gewachsen und nicht geschlossen konzipiert.

Dass die Römer ihr Königtum zu Fall brachten, haben sie mit vielen Griechen gemein. Ungewöhnlich ist, dass die Erfahrung des Königtums die Römer für Jahrhunderte traumatisierte. Inbegriff der Republik, die nach dem Sturz der Könige entstand, und Gegenbegriff zur monarchischen Herrschaft war die *libertas*, die Freiheit, die ebenso wenig wie bei den Athenern als menschheitlich gedacht wurde, sondern als Inbegriff der Stellung eines Bürgers galt, der gegen Willkür Schutz genoss. Insbesondere die Aristokraten beharrten auf ihrer Freiheit, die nicht zuletzt darin bestand, dass niemand aus ihrem Kreise sich über die anderen erheben solle.

Republik und Demokratie wurden in der Neuzeit immer wieder in eins gesetzt, zumal Freiheit und Gleichheit für Rom, so mag es scheinen, genauso wichtig waren wie für die griechische Demokratie. In der Römischen Republik jedoch blieben diese Begriffe anders als in Athen unlösbar mit einer aristokratischen Ordnung verbunden. Zwar bestanden gemeinsame Rechte für alle Bürger, vor allem Schutzrechte, die durchaus mit Freiheit zu tun hatten. Sie waren indes mit einer deutlichen und gewollten Ungleichheit in der Möglichkeit der politischen Teilhabe verbunden. Das stört den Betrachter, wenn er den Maßstab einer modernen Demokratie anlegt. Doch viele ältere Generationen waren stärker von der Römischen Republik als von der Athener Demokratie fasziniert, weil in diesem Falle eine Ordnung ohne Monarch zugleich im Kriege überlegen war. Sie musste als Vorbild jeglicher Republik erscheinen, solange man in Eroberungen ein Ziel staatlicher Politik sah.

So geschlossen, wie es ihre Historiographen gerne behaupteten, handelten die Römer allerdings selten und keinesfalls von Beginn an. Anfangs teilte sich die Gesellschaft in den alten Adel der Patrizier und die Plebejer, die zunächst in persönlicher Abhängigkeit zu Aristokraten standen, doch immer näher zusammenrückten und zunehmend aufbegehrten. Über Jahrzehnte zogen sich die Konflikte, die sogenannten Ständekämpfe, hin, die sich in einer noch kleinräumigen Gemeinschaft abspielten, doch für die spätere große Macht traditionsstiftend werden sollten.

Um Rechtswillkür vorzubeugen, wurden schriftliche Gesetze erlassen, die in einer späteren Überlieferung zu einem Zwölf-Tafel-Gesetz zusammengeführt wurden, aus Sicht der Römer die Basis ihres Rechts. Nach und nach bauten die Plebejer ihre Rechte aus. Ein wichtiges Signal waren die gemeinhin auf 367/66 datierten Licinisch-Sextischen Gesetze, zu deren wichtigsten Bestimmungen es gehörte, dass auch Plebejer den Consulat, nunmehr das höchste Amt, bekleiden konnten.

Vor diesem Hintergrund entwickelte sich eine als Nobilität bezeichnete neue Führungsschicht, deren Kern die Gruppe der gewesenen Consuln und ihrer Nachkommen ausmachte. Zugleich entstand in vielen Schritten eine politische Ordnung, die eine hohe Stabilität besaß oder zumindest diesen Eindruck erweckt. Was man über die Verfahrensformen, die ich gleich zu beschreiben versuchen werde, weiß, war durchaus nicht immer gesetzlich geregelt und muss oft aus der Praxis erschlossen werden, die natürlich ihrerseits wandelbar war. Ein wichtiges Konzept der Republik war der *mos maiorum*, der Brauch der Ahnen, der vor allem über *exempla*, über historische, als vorbildlich betrachtete Beispiele, vermittelt wurde. Man kann somit eigentlich gar keine Verfassung der Römischen Republik beschreiben, gleichsam ein ungeschriebenes Grundgesetz herausdestillieren. Das hier Zusammengefasste soll nicht mehr sein als eine Annäherung an das, was sich im 2. Jahrhundert v. Chr. herausbildete, wobei es gewissermaßen den Idealtypus einer sich stets wandelnden, durchaus nicht immer reibungslos arbeitenden politischen Ordnung darstellt.

Die Ständekämpfe hatten auch darauf aufmerksam gemacht, dass man das Volk angemessen zu behandeln hatte. Dieses war nicht in einer Volksversammlung allein organisiert: Vielmehr bestanden verschiedene Typen von Volksversammlungen (*comitia*) mit je eigenen Zuständigkeiten nebeneinander. Die Verfahrensformen differierten im Einzelnen, hatten aber eines gemeinsam, was sie von der Athener Volksversammlung unterschied: Nicht jeder Einzelne übte sein Stimmrecht unmittelbar aus, sondern man stimmte innerhalb eines Stimmkörpers ab. Jeder Stimmkörper zählte nur mit einer Stimme und entsprechend wurden die Mehrheiten festgestellt.

Welche Auswirkungen das haben konnte, zeigen insbesondere die *comitia centuriata*. Hier hießen die Stimmkörper, nach denen die Römer votierten, Zenturien. Deren Zahl betrug schließlich 193. Da die einzelnen Zenturien auf der Grundlage von Besitz zusammengestellt wurden, benötigten die Reichen eine weitaus geringere Zahl von Männern, um eine zu bilden, als die Armen. So konnte der Kreis der Wohlhabenden sich, sofern er geschlossen auftrat, leicht durchsetzen. Gerade in diesen Komitien aber wurden die höchsten Ämter vergeben und die schwerwiegendsten Beschlüsse – etwa über Krieg und Frieden – gefasst.

Scheinen in diesem Verfahren die Höchsten bevorzugt, so wurde auf der anderen Seite im Jahre 287 den Beschlüssen der Versammlung der Plebejer, die im Prinzip nach dem Wohnort der Angehörigen, nach *tribus*, zusammengesetzt war, Gesetzeskraft in gesamtrömischen Angelegenheiten zugestanden, obwohl ihr die Patrizier gerade nicht angehörten. Bald wurden die meisten Gesetze auf diesen Zusammenkünften beschlossen – doch das bedeutete keineswegs, dass diese Volksversammlung im Zentrum der politischen Ordnung stand.

Denn noch ein zweiter Unterschied zur Athener Volksversammlung ist wichtig. Die römischen Volksversammlungen besaßen kein Recht, Gesetze zu gestalten. Magistrate beriefen die Versammlungen ein, leiteten sie und stellten die Anträge, der gewöhnliche Bürger durfte lediglich abstimmen. Faktisch wurden die Sitzungen der Volksversammlung im Senat vorbereitet, zeitweise schien eine Abweichung zwischen den jeweiligen Voten undenkbar.

Gleichwohl besaß, was in den Volksversammlungen geschah, Bedeutung. Den Senatoren war es offenbar wichtig, für ihre Beschlüsse Akzeptanz zu gewinnen. Unmutsäußerungen des Volkes wurden ernst genommen, nicht nur, wenn sie während der Komitien laut wurden, sondern auch, wenn dies bei öffentlichen Spielen geschah. Denn diese dienten den Aristokraten zur Selbstdarstellung im Sinne des Euergetismus, wie ihn hellenistische Herrscher pflegten.

Wie das Volk auf einzelne Spiele und auf das Auftreten bestimmter Aristokraten reagierte, war ein vielbeachtetes Signal. Bezeichnend ist die Sitzordnung im Theater: Seit dem 2. Jahrhundert hatten die Senatoren ihre Plätze an der Stelle, wo im griechischen Theater die Orchestra war, für alle sichtbar, die soziale Ordnung einschärfend. Umso wichtiger war, was sich dort auch im Publikum abspielte.

Dass das Volk sich lange mit seinen beschränkten Einflussmöglichkeiten zufriedengab und man die Komitien nicht zu fürchten brauchte, war einer weiteren für Rom zentralen Institution zu danken, der Klientel. Römische Bürger standen gewöhnlich in einer individuellen Beziehung zu Höherrangigen. Die einen waren Klienten, die anderen Patrone, wobei der jeweilige Patron seinerseits der Klient eines noch höher Gestellten sein konnte. Die Klienten sahen sich zur Gefolgschaft verpflichtet: Bei Abstimmungen liehen sie ihrem Patron die Stimme, frühmorgens suchten sie ihn auf und begleiteten ihn in die Öffentlichkeit. So trugen sie ganz wörtlich zu seinem Ansehen bei, zum Sozialprestige. Der Patron war umgekehrt verpflichtet, seinen Klienten in Notlagen zu helfen, ihnen Geschenke zu machen oder vor Gericht Beistand zu leisten. Der Einzelne brauchte sich, sofern er in ein Klientelverhältnis eingebunden war, den überlegenen Herren nicht ausgeliefert zu fühlen, weil er stets die Möglichkeit hatte, sich an einen Höhergestellten zu wenden.

Die Klientel band auch die vormaligen Sklaven ein: Während die Athener Freigelassenen nur die Möglichkeit hatten, dauerhaft in der Stadt zu leben, und allenfalls in Ausnahmefällen das Bürgerrecht erlangten, wurden die römischen Freigelassenen regelmäßig volle Bürger, allerdings in einem Klientelverhältnis gegenüber dem Freilasser. Sie trugen seinen Geschlechtsnamen und hatten sich ihm gegenüber loyal zu zeigen. Im Patronagesystem schlug sich die auf persönlichen Bindungen beruhende hierarchische Struktur der römischen Gesellschaft nieder und verfestigte sich. Sie stand in einem klaren Kontrast zum Grundsatz demokratischer Gleichheit in Athen und brachte zugleich eine intensive Kommunikation zwischen den Ständen mit sich, die das wechselseitige Verpflichtungsgefühl verstärkte.

In einer Zeit, da der Gedanke der Volkssouveränität keineswegs selbstverständlich war, bedeutete die Mitwirkung in der Volksversammlung, der Schutz durch Volkstribune, von denen noch die Rede sein wird, und durch Patrone schon viel, nur selten brachen nach dem Ende der Ständekämpfe Unruhen aus. Erleichtert, ja möglich wurde dies alles dadurch, dass mit den Eroberungen viele Ressourcen nach Rom strömten, durch welche die elementarste Not der städtischen Bevölkerung gelindert werden konnte. Alle hatten so das Gefühl, vom Ausgreifen römischer Macht zu profitieren. Seit 167 wurde angesichts von Beute, Kriegsentschädigungen und Abgaben der Unterworfenen das *tributum* der römischen Bürger, eine Steuerumlage, die jedes Jahr neu erhoben werden konnte, nicht mehr eingezogen. Dennoch gelang es im ausgehenden 2. Jahrhundert immer weniger, die Bedürfnisse der breiten Bevölkerung zu befriedigen – doch dazu später.

Im Zentrum der römischen Ordnung stand die Aristokratie, die in einer eigenartigen Spannung aus Wettbewerb und Konsensbedürfnis agierte. Sie wirkte im Senat zusammen. Dort saßen ehemalige Magistrate, berieten gemeinsam und fassten Beschlüsse, die weder die aktiven Magistrate noch das Volk formell banden, die aber höchste Autorität besaßen. Von diesen abweichende Gesetze der Volksversammlung erschienen zeitweise undenkbar. Man brauchte gute Gründe und eine starke Stellung, um davon abzuweichen, denn man lief Gefahr, sich so zu isolieren.

Die Magistrate – die Rede von Beamten ist aus vielen Gründen missverständlich, unter anderem weil die Ämter nur für ein Jahr (Annuität) besetzt wurden und nicht Teil einer Bürokratie waren – wurden durch Wahl in verschiedenen Komitien besetzt. Neben der Annuität, die dadurch vervollkommnet wurde, dass man nicht zwei Jahre nacheinander dasselbe Amt bekleiden durfte, wurde die Kollegialität zu einem wichtigen Prinzip. So nutzte auch der Inhaber des höchsten Amtes seine überlegene Stellung nicht aus, da er stets das Ende der Amtszeit vor Augen hatte und auf seinen – gleichrangigen – Kollegen Rücksicht nehmen musste, der gegebenenfalls interzedieren, einschreiten, konnte. Selbst wenn in Notzeiten auf der Grundlage restriktiver Regeln Diktatoren eingesetzt wurden, hegte man ihre Macht – so währte das Amt beispielsweise nur ein halbes Jahr – konsequent ein.

Die Zugehörigkeit zur Aristokratie ergab sich grundsätzlich aus der Herkunft, allerdings war die Aristokratie formell nicht ständisch abgeschlossen, denn um die Magistraturen, über die man Zugang zum Senat erhalten konnte, durfte sich jeder Bürger bewerben, und niemand wurde in den Senat hineingeboren. Aufgrund des Vermögens, über das man als Senatorensohn gebot, war man zunächst lediglich Ritter (*eques* vom lateinischen *equus* für Pferd). Der Titel hat nur den Namen mit den mittelalterlichen Rittern gemein, in Rom brachte er etwa ein bevorzugtes Stimmrecht in den Zenturiatskomitien und gewisse militärische Funktionen in der Reiterei mit sich, blieb aber zunächst ohne politische Bedeutung.

Der Senatorensohn musste sich um ein Amt bewerben, wollte er den Status seines Vaters erreichen. Die verschiedenen Magistraturen ordneten sich im Laufe der Republik zu einem *cursus honorum*, einer «Ehrenbahn», die es erlaubte, Erfahrung zu akkumulieren und immer größere Verantwortung zu übernehmen, zugleich verhinderte sie Karrieresprünge, damit einen übergroßen Machtgewinn des Einzelnen weitgehend. Obschon man seine Magistratur nach einem Jahr abgeben musste, konnte man, sobald eine gewisse Stufe – in der späten Republik die Quästur – erreicht war, in den Senat eintreten; und je höher das bekleidete Amt war, umso mehr Ansehen gewann man in diesem Gremium, so dass der Aufstieg sich in doppelter Weise lohnte.

Gegen Ende der Republik hatte sich eine klare Ämterhierarchie herausgebildet: Am Anfang stand die Quästur, die sich mit Zuständigkeiten in der Finanzverwaltung, oft im Dienste einer höheren Magistratur, verband. Es folgte die Ädilität, der die Verantwortung für das Marktgeschehen und die Versorgung der Bevölkerung oblag, die zugleich die Chance bot, Spiele zu geben und damit Popularität zu gewinnen. Als Prätor besaß man vor allem

Verantwortlichkeiten im Gerichtswesen, der Consulat schließlich krönte die Karriere. Man bekleidete das höchste Amt und ging in die Geschichte ein, da die Jahre nach Consuln datiert wurden. Durch ihre Feldzüge okkupiert, waren die hohen Magistrate zwangsläufig oft von Rom abwesend. Die ursprünglich militärische, dann das Militärische einschließende, höhere Amtsgewalt von Prätoren und Consuln bezeichnete man als *imperium*, erst später wurde dieses Wort zu der Bezeichnung eines Gebietes, über das jemand herrschte.

Doch die Ordnung der Magistraturen war in steter Bewegung: Als die Zahl der Feldzüge stieg und ihre Dauer sich verlängerte, schien die bisherige Form des Oberkommandos nicht zuträglich – dies machte es unabweisbar, die Aufgaben hoher Amtsträger auf mehr Schultern zu verteilen. So wuchs die Zahl der Prätoren zunächst bis auf sechs, während man die der Consuln offenbar nicht erhöhen wollte. Zudem schuf man schon seit dem 4. Jahrhundert Möglichkeiten der Verlängerung einer Amtsgewalt außerhalb Roms; die sogenannten Proprätoren und Proconsuln nahmen zumeist Statthalterposten wahr. Damit wurde das Prinzip der Annuität verwässert, bezeichnenderweise waren es derartige Ämter, die später denjenigen eine Machtbasis boten, die die Republik sprengen sollten.

Angesehene Politiker konnten nach dem Consulat noch Zensor werden und damit die Verantwortung für das normengerechte Verhalten der Römer und die Kontrolle der Senatoren- und Ritterlisten übernehmen. Dieses Amt wich selbst von den sonstigen Regeln ab: Es wurde nur alle fünf Jahre vergeben und währte bis zu anderthalb Jahre. Neben den übrigen Ämtern stand der Volkstribunat, der auf die Zeit der Ständekämpfe zurückgeführt wurde. Der Volkstribun (die genauere Übersetzung des lateinischen *tribunus plebis* wäre Plebstribun) war sakrosankt, das heißt durch einen heiligen Eid der Plebs vor Übergriffen von Amtsträgern geschützt, wie es umgekehrt zu seinen vornehmsten Aufgaben gehörte, den einfachen Bürger vor Willkür zu schützen und so seine Freiheit zu bewahren. Der Volkstribun konnte die Volksversammlung und den Senat einberufen, vor allem aber bei Senatsbeschlüssen sein sprichwörtliches *Veto* (lateinisch: ich verbiete) einlegen. Seine Stellung war mithin machtvoll, wurde allerdings schon dadurch eingeschränkt, dass die zehn Tribunen alle gegeneinander interzedieren durften. Ferner war der Tribunat eine Stufe des *cursus honorum*. Ein ehrgeiziger Volkstribun wird, seine Karriere im Blick, vor allzu schwerwiegenden Provokationen gegenüber dem Senat zurückgeschreckt sein.

Einen langen, sich nach oben hin ständig verengenden Weg beschritt somit der junge Römer: zwanzig Männer begannen als Quästoren, nur zwei konnten Consuln werden, dazwischen dünnte das Feld immer weiter aus. Das alles verschärfte gewiss den Druck, erhöhte die Einsatzbereitschaft des Einzelnen und band ihn stärker ein, so dass Ehrgeiz und Anpassungsfähigkeit gleichermaßen gefördert wurden. Doch nicht jeder Römer wollte sich dem Wettbewerb stellen: Viele blieben ihr Leben lang Ritter, sicher auch manche Abkömmlinge von Senatorenfamilien, die nicht nach Ruhm strebten und deswegen heute unbekannt sind.

Auch wenn niemand aufgrund seiner Herkunft ein Anrecht auf die Bekleidung einer Magistratur besaß, hatten bestimmte große Geschlechter einen Vorrang, da ihr Ruhm auf die Nachkommen abfärbte: Die Masken der großen Ahnen standen, für alle Besucher sichtbar, im Haus und wurden bei Leichenzügen durch die Stadt getragen, Grab- und Ehreninschriften kündeten vom Ruhm der Vorfahren. Der Sprössling der angesehensten Familien hatte als Träger eines bedeutenden Namens für seine Karriere eine günstige Ausgangsposition, musste sich aber bewähren und stand unter dem Druck, sich der Leistungen seiner Ahnen als würdig zu erweisen, was sicherlich den unbändigen Ehrgeiz vieler junger Römer förderte. Im 2. Jahrhundert erreichten, wie angedeutet, fast ausschließlich Angehörige der Nobilität das höchste Amt, den Consulat. Für diejenigen, die aus anderen Familien kamen, bürgerte sich ein bezeichnender Begriff ein, *homo novus*, neuer Mann – im Sinne von Aufsteiger –, so als wären die Sprösslinge der Nobilität nicht ebenfalls neu.

Der Ehrgeiz der jungen Römer begründete die Dynamik der Römischen Republik und war zugleich eine Gefahr für den Zusammenhalt der Aristokratie, der auf einer gewissen inneren Gleichheit beruhte. Man akzeptierte eine Hierarchie, die den Ämtern entsprach, aber man konnte große Einzelne nur schwer ertragen. Wer übermäßige militärische Erfolge sammelte, wer zu reich wurde, wer eine erdrückende Popularität genoss, konnte sich dazu verführen lassen, eine eigenständige Politik zu betreiben und die Abstimmung mit den anderen Aristokraten zu versäumen. Leicht geriet man in den Verdacht, sich zum König aufwerfen und damit jene Staatsform wiederbeleben zu wollen, die in der Republik perhorresziert wurde.

Darauf reagierten die Senatoren höchst sensibel, wie das Schicksal des älteren Scipio Africanus zeigt. Er, Nachfahre nicht unbedingt erfolgreicher, aber doch angesehener Feldherren früherer Kriege, hatte während des 2. Römisch-Karthagischen Krieges in Spanien seine Truppen siegreich geführt und wurde 205, ohne vorher ein reguläres Amt bekleidet zu haben, zum Consul gewählt, womit man sich über den schon vorhandenen Grundgedanken eines *cursus honorum* hinwegsetzte – und konnte im Jahr 202 Hannibal bei Zama schlagen. Man akklamierte ihn als Africanus, machte ihn 199 zum Zensor und 194 noch einmal zum Consul. Danach begleitete er, die graue Eminenz, seinen Bruder auf einem Feldzug gegen Antiochos III.: Der Glanz dieser Karriere überstrahlte alles. Doch plötzlich gab es Probleme, deren Hintergründe nicht mehr klar zu fassen sind. So heißt es, die Brüder, deren Lebensstil manchem unkonventionell vorkam, seien mit öffentlichen Geldern unsachgemäß umgegangen, indem sie etwa den Soldaten den Sold verdoppelt hätten – was natürlich bedeutet hätte, dass die Scipionen versucht hätten, die Soldaten durch ihre Großzügigkeit an sich zu binden.

Africanus überraschte, so berichtet ein Teil der Überlieferung, seine Gegner, denn er forderte das Volk auf, zum Kapitol zu ziehen, um mit ihm den Jahrestag des Siegs über Hannibal zu feiern. Indem er demonstrativ an seinen herausragenden Erfolg erinnerte, wusste er einen Prozess gegen sich zu verhindern, dennoch zog er sich aus der aktiven Politik zurück. So strittig die Einzelheiten sind, das Resultat dieser Geschehnisse ist unverkennbar: Einer der angesehensten Feldherren und Politiker – beides gehörte im damaligen Rom zusammen – war verdrängt. Keiner sollte sich, so groß er sich aufgrund seiner Erfolge dünken mochte, über die anderen Senatoren hinwegsetzen.

Die römischen Senatoren vermitteln nach außen oft den Eindruck, als hätten sie vollkommen konsensuell gehandelt. Das ist sicherlich nicht falsch, doch dieser Konsens war prekär; stets achtete man darauf, dass ja kein Aristokrat ausschere, und am Ende war die Republik damit überfordert, die großen Einzelnen zu integrieren. Aber davor war es ihr über Jahrhunderte gelungen, was umso bemerkenswerter ist, als sie gleichzeitig ihre äußeren Strukturen völlig veränderte und von einer Regionalmacht zur Beherrscherin der Welt aufstieg.

Aristokratischer Wettbewerb und römische Expansion

Rom lag am äußersten Rand der hellenistischen Welt und sollte schließlich alle hellenistischen Großreiche unterwerfen. Im Rückblick erscheint die Herausbildung des römischen Imperiums wie durch einen genialen Plan geleitet. Zunächst erwirbt die Stadt Rom die Herrschaft über die nähere Umgebung, sodann über Italien, drängt als nächstes die Vormacht des Westens, Karthago, an den Rand, um dann im Osten eines der großen Reiche des Hellenismus nach dem anderen auszuschalten: erst die Antigoniden, danach die Seleukiden und schließlich die Ptolemäer in Ägypten. Nebenher unterwirft es den Westen, mit dem Höhepunkt der Eroberung Galliens durch Caesar. Und als dies vollendet ist, kommt das römische Kaisertum, um alles zu ordnen. Doch die Geschichte ist, so ahnt man es gleich, weit brüchiger, weit weniger zielgerichtet.

Eine zielgerichtete Politik der Expansion, die von den Interessen der gesamten Republik ausging, betrieben die Römer keineswegs. Das entscheidende Movens für die Expansion war nicht das kollektiv verfolgte Ziel, ein Imperium zu schaffen, sondern einerseits ein leicht reizbares Gefühl der Bedrohung, das rasch Gründe für militärische Interventionen lieferte, vor allem aber der Wettbewerb der Aristokraten, von dem schon die Rede war. Militärisch begabte, ehrgeizige Adlige hatten ein Interesse daran, ihren Ruhm, ihr Ansehen bei der Bevölkerung und ihr Vermögen zu mehren, indem sie in den Krieg zogen. Bei den übrigen Senatoren erregten die Feldzüge der jeweiligen Rivalen gerade deswegen Neid, und oft stemmten sie sich dagegen.

Für eine militärische Zurückhaltung sprachen logistische Erwägungen, vor allem wenn man die begrenzten Ressourcen der römischen Bürgerschaft bedachte. Denn das römische Heer war zunächst ein Milizheer, im Wesentlichen aus Bauern bestehend, die keine spezielle militärische Ausbildung besaßen und stets an ihre Höfe zu denken hatten. Schließlich sollte das nicht mehr gehen.

Doch zunächst nutzten die Römer die Möglichkeiten, die ihre Lage an der Peripherie der hellenistischen Welt bot. In Italien siedelte eine Vielzahl unterschiedlicher Völker: in Oberitalien Kelten, weiter südlich Etrusker, in anderen Regionen verschiedene italische Stämme, deren Sprachen und Traditionen durchaus mit jenen der Römer verwandt waren. An den Küsten des Südens hatten die Griechen in der Zeit der Apoikienbewegung zahlreiche Städte gegründet, von denen einige zu großer Blüte gelangt waren (vgl. Karte S. 134/35). Mit dieser Vielfalt mussten die Römer sich auseinandersetzen, am Ende sollte tatsächlich ein rechtlich einigermaßen vereinheitlichtes Italien stehen. Viele Kontakte zu anderen Bewohnern Italiens waren friedlich, zumal von Verbindungen zu Griechen profitierten die Römer. Selbst die Bestimmungen des Zwölf-Tafel-Gesetzes, die später als Ausdruck urrömischen Denkens galten, scheinen griechisch beeinflusst zu sein.

Die Anfänge der frühen Expansion liegen im Dunkeln. Manche Ereignisse spielten in der Erinnerung der Römer eine besonders große Rolle, so die lange Belagerung und Zerstörung der wenige Kilometer von Rom entfernten Stadt Veji, der wichtigsten Rivalin Roms in der näheren Umgebung. Der römische Sieg wird auf das Jahr 396 datiert. Die Römer blieben sich bewusst, dass ihr Aufstieg nicht ohne Rückschläge erfolgt war. Sie berichteten, wie ihre Stadt im Jahre 387 von Galliern nach der Niederlage an der Allia erobert und gedemütigt worden sei. Der 18. Juli blieb als schwarzer Tag (*dies ater*) jahrhundertelang in der römischen Erinnerung haften, als Symbol der Gefährdung.

Doch die Römer erholten sich. Im Latinerkrieg 340 bis 338 wurden sie Herren der Städte in ihrer Region, Latium. Der Friedensvertrag, der den Latinerbund begründete, offenbart ein bemerkenswertes Geschick: Die besiegten Städte wurden anders als Veji nicht zerstört, sondern schlossen zweiseitige Bündnisverträge mit Rom, die Roms überlegene Stellung sicherten. Denn untereinander durften die latinischen Städte sich nicht verbünden, ein Prinzip, das später mit der Formel *divide et impera* («teile und herrsche») zusammengefasst wurde. Überdies wurden die Latiner als *socii*, Bundesgenossen, zur Heerfolge verpflichtet, so dass die Römer ihre begrenzten menschlichen Ressourcen massiv ausweiten konnten. Sie waren zu einer wichtigen Macht in Italien geworden. Gerade das aber rief die weiter südlich lebenden Samniten auf den Plan, doch sie wurden in zermürbenden Kriegen ebenfalls niedergerungen. Auch in diesen Auseinandersetzungen erlitten die Römer demütigende Niederlagen und konnten sich am Ende doch durchsetzen.

Der Sieg über die Samniten generierte einen neuen Konflikt. Streitigkeiten zwischen Tarent und anderen griechischen Städten gaben Rom, nunmehr eine führende Macht Süditaliens, den Anlass, gegen Tarent zu intervenieren. Dies rief seinerseits den westgriechischen König Pyrrhos zu Hilfe, der im Westen den Ruhm suchte, den Alexander der Große im Osten erlangt hatte, und mit einem großen Heer anrückte. Rom begegnete erstmals unmittelbar einem hellenistischen Potentaten.

In mehreren Schlachten standen sich das hochprofessionelle, mit den modernsten Geräten, aber auch den furchterregenden Elefanten gerüstete hellenistische Heer und die römischen Bürgersoldaten gegenüber. Auf der einen Seite führte der seit den Diadochenkriegen als Kommandeur erfahrene Pyrrhos die Truppen, auf der anderen die für ein Jahr gewählten römischen Consuln. Eigentlich konnte am Ausgang der Schlachten kein Zweifel bestehen. Tatsächlich siegte Pyrrhos 280/79 mehrfach, doch es waren eben Pyrrhussiege, bei denen die Verluste des Königs so schwer wogen, dass er am Ende resignieren musste und nach Sizilien auswich. Als er 275 wieder zurückkehrte, schlugen die Römer ihn bei Beneventum, und er verließ Italien. Es folgten langwierige Auseinandersetzungen zwischen Rom auf der einen Seite und Tarent samt seinen Alliierten auf der anderen. Erst 272 war Tarent besiegt und Rom die Vormacht von Italien südlich des Po. Die politischen Einheiten wurden ganz überwiegend, wenngleich unter je verschiedenen Voraussetzungen, als Verbündete in das römische Herrschaftssystem eingebunden. Doch auch dieser Sieg generierte einen neuen Konflikt, mit einem Rivalen ganz anderen Kalibers: Karthago.

Herausforderungen im Westen: Karthago und die Iberer

Karthago war eine Gründung der phönizischen Stadt Tyros auf dem Gebiet des heutigen Tunesiens. Die Stadt, deren politische Strukturen einen Aristoteles an griechische Poleis erinnerten, besaß eine ertragreiche, von den Römern bewunderte Landwirtschaft, aber auch ausgeprägte Handelsinteressen, so dass sie als bedeutende Seemacht Stützpunkte an vielen Küsten unterhielt. Mit Rom war sie spätestens im 4. Jahrhundert in – freundliche – Verbindung getreten; Interessengegensätze bestanden damals nicht.

Als aber Rom seine Macht bis an die Südküste Italiens erweiterte, gelangte das wohlhabende Sizilien in seinen Horizont, an dessen Westküste sich Karthago festgesetzt hatte. Innersizilische Streitigkeiten provozierten 264 die Intervention römischer Consuln, die wohl ohne Zustimmung, vielleicht sogar gegen den Willen des Senats handelten. Ungeplant begann der 1. Römisch-Karthagische Krieg, der in wechselnder Intensität mehr als zwanzig Jahre dauern und zum größten Teil auf Sizilien ausgetragen werden sollte. Anfangs erschien Karthago überlegen, weil es nicht nur zu Lande, sondern auch zur See stark war, doch die Römer bauten die Schiffe ihrer Feinde nach, entwickelten eine eigene Seekriegstechnik und siegten schließlich 241 in der Schlacht bei den Ägatischen Inseln –

mit einer Flotte, die Aristokraten aus eigenen Mitteln finanziert hatten. Dies bestätigt, dass man sich die frühe Römische Republik nicht zu gefestigt vorstellen darf, der einzelne Vornehme hatte bedeutende Handlungsspielräume. Hätte die Aristokratie indes diesen Konflikt nicht durchgestanden, wäre Rom beim Status einer Regionalmacht geblieben.

Rom erwarb Sizilien, seine erste Provinz. *Provincia* war eigentlich der Amtsbezirk eines römischen Magistrats, nunmehr wurde der Begriff auch territorial verstanden. Bald sicherte Rom sich überdies die Herrschaft über Sardinien und Korsika, auch Oberitalien wurde dichter kontrolliert.

Doch in Karthago sann man auf Rache. Dort tat sich die Familie der Barkiden hervor, zumal auf der Iberischen Halbinsel, deren Ressourcen für Karthago nach dem Verlust der Inseln lebenswichtig schienen. Rom mischte sich hier ein und suchte nach Partnern, darunter Sagunt. An dem Streit darüber, ob die Karthager die Küstenstadt hätten erobern dürfen, eskalierte der Konflikt zum Krieg. Der Barkide Hannibal wagte etwas gänzlich Unerwartetes: Er marschierte mit einem großen Heer, ja mit Elefanten, durch das südliche Frankreich und über die unwegsamen Alpen nach Oberitalien. Zwar überlebte nur ein Elefant, aber ein großes feindliches Heer stand jetzt da, wo es kein Römer erwartet hätte. Überlegene Siege bestätigten das strategische Geschick Hannibals. Nach der Schlacht von Cannae 216 waren die Reihen der römischen Armee, der Mannschaften wie der Offiziere, gelichtet, zahlreiche Bundesgenossen fielen ab. Daran erinnerte man sich noch nach Jahrhunderten.

Die Römer griffen zu ungewöhnlichen Mitteln: Neue Götterkulte wurden etabliert, angesichts des Zusammenbruchs des Geldsystems das neue Nominal des Denar eingeführt, erfolgverheißende Militärs – unter ihnen der später gestürzte Scipio Africanus – konnten beschleunigt Karriere machen. Das sollte man nicht als Panikreaktion deuten. Denn die Römer behielten die Nerven, indem sie weiter auf Nebenkriegsschauplätzen agierten, nicht zuletzt, um Hannibal den Nachschub abzuschneiden: Auf Sizilien wurde 212 das zwei Jahre vorher abgefallene Syrakus zurückerobert. Truppen, die nach Spanien entsandt worden waren, blieben dort und kämpften erfolgreich.

Ferner kalkulierte man kühl ein, dass Hannibal nicht in der Lage sein würde, eine Belagerung Roms durchzuhalten, die eine umfassende Logistik und schweres Kriegsgerät erfordert hätte. Ein Scheinangriff, bei dem der Spruch *Hannibal ad* (nicht *ante*) *portas* (Hannibal bei den Toren) gefallen sein soll, konnte daran nichts ändern. So musste Hannibal ohne ein rechtes Ziel weiter durch Italien ziehen, während die Römer sich regenerierten, in Spanien Erfolge sammelten, ein karthagisches Entsatzheer schlugen und schließlich sogar nach Africa übersetzten.

Hannibal blieb nichts anderes übrig, als in seine Heimat zurückzukehren. In der Schlacht von Zama (202) gewann Scipio den Sieg. Karthago musste einen Friedensvertrag akzeptieren, der es auf den Status einer Regionalmacht beschränkte, die stets von den mit Rom verbündeten, benachbarten Numidern bedrängt werden konnte. Die endgültige Niederwerfung und Zerstörung Karthagos 149 bis 146 im 3. Römisch-Karthagischen Krieg vollendete den Triumph. Africa wurde Provinz. Caesar und Augustus sorgten, nach einem vergeblichen Anlauf des Gaius Gracchus, für eine Neugründung Karthagos, das bald wieder aufblühte, als eine römische Stadt.

Für die römische Erinnerung war der 2. Römisch-Karthagische Krieg von größter Bedeutung: Die Römer hatten am Rande des Untergangs gestanden und am Ende doch gewonnen. Der Zusammenhalt im Zeichen der Traditionen der Vorfahren hatte sich bewährt – obwohl während des Krieges so vieles geändert worden war.

Und wieder generierte der Sieg neue Konflikte, denn die Iberische Halbinsel war für die Römer nach der Vertreibung der Karthager und der Einrichtung zweier Provinzen im Jahre 197 keineswegs gesichert. Von den Kämpfen dort weiß man wenig. Die Römer hatten es mit zahlreichen einheimischen Völkerschaften zu tun, überwiegend Keltiberern, die schwer zu fassen waren, da sie eine Guerillataktik verfolgten. In diesem asymmetrischen Krieg gelang es den Römern nicht, ihre militärische Überlegenheit in einer offenen Feldschlacht auszuspielen. Obwohl die Keltiberer keineswegs geschlossen agierten und manche Einheimische auf Seiten der Römer fochten, zogen sich die Iberischen Kriege über Jahrzehnte verlustreich und sieglos hin. Das römische Heer erlitt durch die Scharmützel und Hinterhalte einen großen Aderlass, der auch nicht dadurch kompensiert wurde, dass den Soldaten reiche Beute zufiel. Immer wieder schmeichelten die Römer sich, einen endgültigen Sieg errungen zu haben – 178 zum Beispiel wurde von Tiberius Gracchus ein Triumph über die Keltiberer gefeiert –, doch erwies sich das ebenso oft als Täuschung.

Seit 153 flammten die Kämpfe mit neuer Intensität auf; ein gewisser Viriathus führte die Feinde Roms. Nur durch einen heimtückischen Mord konnte man ihn ausschalten. Zum Symbol der Auseinandersetzungen wurde das nordspanische Numantia, da es den Römern trotz mehrerer Versuche nicht gelang, die Stadt zu erobern. 137 zwangen die Verteidiger den römischen Consul C. Hostilius Mancinus mit seinem Quästor, dem jüngeren Tiberius Gracchus, zu einer demütigenden Kapitulation. Doch der Senat in Rom akzeptierte sie nicht und beschloss sogar, den Consul an die Feinde auszuliefern, um sich so der Verpflichtungen zu entledigen (was wiederum die Numantiner nicht annahmen). Erst 133 konnte ein weiterer Scipio das Bollwerk iberischen Widerstands niederzwingen, indem er es aushungerte. Damit war die Iberische Halbinsel noch immer nicht gänzlich beruhigt, aber sie band weitaus weniger Kräfte als zuvor. Dieser Sieg konfrontierte die Römer nicht mehr mit einem neuen Gegner, denn der Atlantik, das Ende der damaligen Welt, war erreicht.

Eine Region blieb unberechenbar, das waren die Landschaften nördlich der Alpen. Von hier stießen immer wieder neue Stämme vor, unter denen die Kimbern und Teutonen den Römern am schwersten zusetzten. 113 schlugen sie zum ersten Mal ein römisches Heer, weitere Siege folgten; erst nach zwölf Jahren konnten die Römer sich in zwei Schlachten der Jahre 102 und 101 durchsetzen. Mit der zweiten wurden die Kimbern aufgehalten, die bis nach Oberitalien vorgedrungen waren. Obwohl diese Stämme vermutlich gar keinen Krieg gegen die Römer beabsichtigt hatten, sondern nach neuen Siedlungsgebieten suchten, verstärkte ihr Kommen die Virulenz des Bedrohungsgefühls, das die allem Anschein nach so erfolgreichen Römer umtrieb.

Herausforderungen im Osten: Die hellenistischen Großreiche

Auch im Osten generierte der römische Sieg über Karthago einen neuen Konflikt, denn Philipp V. von Makedonien (221–179) hatte sich mit Hannibal verbündet. Obgleich das Bündnis wirkungslos geblieben war, hatten die Römer es durchaus zur Kenntnis genommen, und die Feinde Philipps in Griechenland freuten sich über einen potentiellen Partner. Anders als auf der Iberischen Halbinsel, wo die Gegner sich von den Römern kaum fassen ließen, wo allenfalls Scharmützel ausgetragen wurden, deren Erfolge rasch verpufften, hatte man es im Osten mit Reichen zu tun, so dass offene Feldschlachten mit eindeutigen Siegern und Verlierern geschlagen wurden, Kriegsbeginn und -ende klar anzugeben sind. Wenige Schlüsseldaten verdeutlichen, wie rasch und scheinbar unaufhaltsam Rom, obgleich im Westen gebunden und oft genug durch innere Auseinandersetzungen belastet, sich hier durchzusetzen vermochte.

Gegen Makedonien zog Rom seit dem Ende des 2. Römisch-Karthagischen Krieges mehrfach zu Felde, bis es 168/7 das Makedonische Reich in mehrere Teilgebiete zerschlug. Es konnte dabei stets auf die Unterstützung von (einigen) Griechen bauen und ließ 196 an den gemeingriechischen Spielen der Isthmien sogar die Freiheit der hellenischen Städte und Regionen erklären, die unter makedonischer Herrschaft gestanden hatten. Das klang großzügig und war vorteilhaft, denn diese Freiheit war die Freiheit der einzelnen Poleis, nicht aber die Freiheit einer geeinten Nation im neuzeitlichen Sinne. Rom selbst verzichtete anders als auf der Iberischen Halbinsel zunächst auf die Gründung von Provinzen, vielmehr suchte es sich je nach Lage unterschiedliche Bündnispartner, die es angesichts der Zerstrittenheit der Griechen zumeist auch fand, oft unter den kleinen und mittleren hellenistischen Mächten, die Helfer in ihren Auseinandersetzungen mit den Großmächten benötigten.

Doch die Gegner Roms riefen Antiochos III. (223–187) zu Hilfe, dessen Ausgreifen die Römer schon länger misstrauisch beobachtet hatten. Ein Krieg brach aus, der Seleukide erlitt 190 die Niederlage von Magnesia, in deren Folge er 188 auf die Gebiete jenseits des Tauros verzichten musste. Auch in Kleinasien begnügte Rom sich zunächst damit, Verbündeten die Macht zu übertragen, unter denen die Könige von Pergamon eine herausragende Rolle spielten.

Ägypten schien zunächst kaum betroffen, doch wurde es jetzt von Antiochos IV. (175–164) angegriffen – dem Gegner der Makkabäer. In einem 171 bis 168 währenden Krieg besiegte er die Ptolemäer und stieß bis nach Ägypten vor, wo er in Eleusis bei Alexandria sein Lager aufschlug. Dort spielte sich laut Polybios nach dem Eintreffen einer römischen Gesandtschaft eine beispiellose Szene ab: *Antiochos begrüßte C. Popilius, den römischen Feldherrn, schon von weitem durch lauten Zuruf und streckte ihm die Hand entgegen. Popilius aber reichte ihm die Schreibtafel, die er bereit hielt und auf der der Senatsbeschluß geschrieben stand, und hieß ihn zuerst das Schriftstück lesen – wie es mir scheint, weil er ihm den Gruß der Freundschaft nicht eher zu entbieten wünschte, als er sich von der Gesinnung des Anderen überzeugt hatte, ob er Freund oder Feind sei. Als der König gelesen hatte, erklärte er, seinen Freunden das Schreiben mitteilen und sich mit ihnen über die neue Lage beraten zu wollen. Darauf tat Popilius etwas, was man nicht anders als hart und zutiefst demütigend bezeichnen kann: Er zog mit einem Weinrebenstab, der ihm gerade zur Hand war, einen Kreis um Antiochos und hieß ihn in diesem Kreis seine Antwort auf den Senatsbeschluß erteilen. Der König, obwohl befremdet über dieses Ansinnen und die Anmaßung des römischen Gesandten, zögerte doch nur kurze Zeit und erwiderte dann, er werde alles tun, was die Römer von ihm verlangten. Jetzt ergriff Popilius seine Hand, und er und seine Mitgesandten begrüßten Antiochos aufs herzlichste. In dem Schreiben hatte gestanden, er solle sofort seinen Feldzug gegen Ptolemaios ab-*

brechen und den Krieg beenden. Infolgedessen führte er innerhalb der ihm gesetzten Frist sein Heer nach Syrien zurück, mit Ingrimm und Widerstreben, jedoch für jetzt der Not gehorchend.[6]

Ein römischer Gesandter hatte den mächtigsten hellenistischen König seiner Zeit erniedrigt. Die Römer mussten nun mit keinem starken Widerstand im Osten mehr rechnen, doch gab es immer wieder gefährliche Unruhen und Streitigkeiten, bei denen man Roms Intervention erbat, auch die Piraterie wuchs sich zu einem schwereren Problem aus. Das System der Schwächung von Gegnern und des Bündnisses mit mittleren Mächten funktionierte nicht auf Dauer. 149 brachen Kämpfe in Makedonien und Griechenland aus. 146, im selben Jahr, da Karthago zerstört wurde, machten die Römer Korinth dem Erdboden gleich und Griechenland zur Provinz. Wenige Jahre später vererbte der König des westkleinasiatischen Reiches von Pergamon sein Herrschaftsgebiet den Römern, die es seit 133 als Provinz einrichteten.

Rom hatte so eine der wohlhabendsten Landschaften der Alten Welt gewonnen, aber der Besitz war schwer zu sichern. Ein Sklavenaufstand band römische Kräfte, an vielen Orten wuchs der Unmut über die oft rücksichtslosen römischen Herrschaftsmethoden. Da trat Mithradates VI. (120–63) auf den Plan, ein König der nordkleinasiatischen Landschaft Pontus, dem es mit Geschick gelang, seine regionale Machtstellung auszubauen. Als er gewahr wurde, wie sehr die Römer durch innere Konflikte geschwächt waren, trieb er die Bewohner Kleinasiens zu einem Aufstand, dessen Fanal im Jahr 88 die sogenannte Vesper von Ephesos war, bei der Tausende Italiker hingemetzelt wurden – ein Indiz für den Hass, den die Römer auf sich gezogen hatten. Die römische Herrschaft im Osten schien zusammenzubrechen. Bis nach Griechenland stieß Mithradates vor; nur unter äußerstem Einsatz konnte er in drei Kriegen niedergerungen werden.

Der Krieg hatte die Unhaltbarkeit der Zustände in den Provinzen auch den Ignorantesten unter den Römern drastisch demonstriert. Der ehemalige Consul und angesehene Militär Pompeius führte im Auftrag des Senats eine leidlich durchdachte Neuordnung des Ostens durch. In Kleinasien wurden teils Provinzen eingerichtet, teils romtreue Könige installiert. Dem Seleukidenreich versetzte Pompeius 64/3 den Todesstoß, indem er die letzten Thronprätendenten ausschaltete und die Provinz *Syria* einrichtete. Einmal mehr generierte ein Erfolg jedoch einen neuen Gegner. Denn das Seleukidenreich war nicht zuletzt durch das Partherreich entscheidend geschwächt worden. Parther und Römer standen sich fortan an Euphrat und Tigris gegenüber und sollten sich wechselseitig für Jahrhunderte in Atem halten. Im Jahre 30 schließlich wurde Ägypten von Octavian im Zuge eines Bürgerkrieges besetzt und damit als letztes hellenistisches Großreich aufgelöst.

Die Römer hatten ein Gebiet erobert, das die Dimensionen eines Reiches hatte, aber sie fühlten sich kaum bemüßigt, es über das Notwendigste hinaus zu sichern. Die Gebiete wurden militärisch niedergehalten, viele römische Statthalter und Ritter gebärdeten sich als Ausbeuter, die ihre eigene finanzielle Situation auf Kosten der Provinzen zu sanieren suchten. Dass dies nicht so weitergehen durfte, war auch vielen Angehörigen der römischen Eliten klar. Schon im 2. Jahrhundert wurden Gerichtshöfe eingerichtet, an denen Provinziale ihre Statthalter verklagen konnten, die sogenannten Repetundengerichte, doch diese gerieten bald zwischen die Mühlsteine der römischen Politik, wie noch zu erläutern sein wird. Den Maßnahmen des Pompeius folgte eine gewisse Beruhigung, doch erst der Prinzipat brachte den Provinzen stabilere Verhältnisse.

Folgerichtigkeit besaß die römische Expansion nur scheinbar. Es waren Einzelereignisse, besondere Umstände, oft individuelle Dispositionen, die expansive Aktionen einleiteten. Rom strebte nicht danach, sich möglichst viele neue Gebiete einzuverleiben – im Gegenteil, zumal den Osten versuchte man mit Hilfe (stets deutlich schwächerer) Verbündeter zu ordnen. Die Dynamik der Expansion wurde allerdings dadurch vorangetrieben, dass manch ehrgeiziger Feldherr unter den Römern nur zu gerne bereit war, sich in Konflikte zwischen anderen Mächten involvieren zu lassen, um daraus selbst Profit zu schlagen – und dann konnten ihn die anderen

Römische Expansion in der Zeit der «hohen» Republik
Rhein
Donau
Tauris
Loire
Atlantischer Ozean
Gallier
Alpen
Raeter
Aquileia
Mailand
222/191
177
177
Genua
Bologna
Luna
Pisa
Rhône
121
Narbo Martius
177
Marseille
Pyrenäen
Numantia
Ebro
154/139
Emporiae
Tarragona
Hispania citerior
Lusitani
Tajo
181
Saguntum
Korsika
238/227
Sardinien
Balearen
Perugia
Ancona
Rom
Neapel
Hispalis
Cádiz
Málaga
Hispania ulterior
Nova Carthago
Mittelmeer
Hippo Regius
Utica
Palermo
Sicilia
Syrakus
241/227
Cirta
Karthago
NUMIDIEN
146
Thapsus
MAURETANIEN
Capsa
0 100 200 300 km

Karpaten
Daker
Geten
Donau
Thraker
Schwarzes Meer
Sinope
Trapezunt
PONTUS
ARMENIEN
Heraklea
Kabira
BITHYNIEN
Tigranokerta
Byzantion
Nikomedeia
GALATER
Tigris
Macedonia
148
Thessalonike
KAPADOKIEN
Nisibis
Samosata
Pydna
Pergamon
Edessa
PHRYGIEN
Ikonion
Magnesia
Taurus
SELEUKIDEN-
REICH
Smyrna
Euböa
Ephesos
ASIA
Tarsus
Antiochia
Athen
Kibyra
Side
Dura
Korinth
Milet
PISIDIEN
Palmyra
Achaia
146
Sparta
Zypern
Damaskus
Sidon
Kreta
Jerusalem
HASMONÄER-
REICH
Römisches Herrschaftsgebiet seit 268
Erwerbungen Roms bis 201 v. Chr.
Erwerbungen Roms bis 121 v. Chr.
Herrschaftseinheiten unter römischem Einfluss

Römer nicht im Stich lassen. Die reichsorganisatorische Konzeptionslosigkeit der Römischen Republik brachte durch die wiederholten Kriege, durch die Brutalität der Kriegführung, durch die Einsetzung ungeeigneter Lokalkönige und die Ausbeutung vieler Provinzen unendliches Leid über die Bevölkerung. Und auch die innere Organisation Roms wurde dadurch erschüttert, denn die beutereichen Feldzüge, die Soldat und Feldherr zusammenschweißten, verhalfen den einzelnen Kommandeuren zu einer Macht, die nachgerade dazu einlud, sie gegen die anderen Senatoren zu richten. Es ist oft beobachtet worden: An ihrem Erfolg hatte die Römische Republik schwer, zu schwer zu tragen.

Die kolossalen Individuen und die großen Probleme

Die Erweiterung des römischen Herrschaftsgebietes durch militärische Siege oder durch die Einrichtung einer Provinz gab regelmäßig Anlass zu prächtigen Triumphen. Die Römer konnten sich als Herren der Welt fühlen, ihre Stadt gewann an Glanz: Es entwickelte sich eine immer reichere literarische Kultur, das Theaterwesen blühte auf und verfeinerte sich, die Bauten wurden kunstvoller, Rom und seine Umgebung ähnelte immer mehr der hellenistischen Welt – auch wenn es noch lange nicht deren Glanz erreichen sollte. In der augusteischen Zeit evoziert der Dichter Horaz diesen Prozess: *Graecia capta ferum victorem cepit et artes intulit agresti Latio* (*Das gefangene Griechenland fing den wilden Sieger und brachte die Künste in das ländliche Latium*).[7] Dies ist eine gewiss einseitige Perspektive, denn den Römern wurde nicht etwas übergestülpt, es fand vielmehr eine allmähliche Anverwandlung statt. Bezeichnenderweise übernahmen die Römer die literarischen Genera der Griechen, verzichteten aber nicht auf ihre eigene Sprache, sondern eigneten sich die griechische Kultur auf eine Weise an, die nicht einfach als epigonal verstanden werden kann.

Doch auch das konnte als Überfremdung gesehen werden, und die Expansion brachte noch andere Schwierigkeiten mit sich. Zum einen überforderte die Verwaltung solch ausgedehnter Regionen die Kräfte Roms, das seine städtischen Strukturen kaum an die neuen Erfordernisse angepasst hatte, zum anderen konnte ein erfolgreicher Feldzug einzelne Aristokraten übermächtig werden lassen. Die Angst vor den großen Einzelnen war nur zu berechtigt. Denn immer wieder traten Persönlichkeiten auf, die in der Lage waren, die Spielräume zu nutzen. Sie standen nicht für gesellschaftliche Interessen oder bestimmte Programme, sondern nutzten Gelegenheiten, um ihr Fortkommen und damit das ihrer Anhänger zu fördern: Die expandierende Römische Republik verlor an Integrationskraft.

Die Machterweiterung des Reiches entsprach somit nicht zwingend den Interessen der Gesamtheit. Für all jene, die nicht unmittelbar von den militärischen Erfolgen profitierten, war es wichtiger, den inneren Zusammenhalt und die äußere Gleichheit der Aristokratie zu wahren als noch eine Provinz hinzuzugewinnen. Es konnte durchaus im Interesse des Reiches liegen, wenn ein Kommandeur als Promagistrat mehrere Jahre an der Spitze seiner Truppen stand, da er so Erfahrungen zu sammeln und seinen Krieg konsequent durchzufechten vermochte, doch gerade das stärkte die Macht des Einzelnen, was die Interessen der Aristokratie wieder bedrohte.

Der innere Zusammenhalt der Aristokratie wurde auch deswegen gefährdet, weil im intensivierten Kontakt mit der hellenistischen Kultur neue Werte und Praktiken in das Leben der römischen Eliten eindrangen. Man sah, wie der individuelle Ruhm hellenistischer Könige zelebriert wurde, man hörte Philosophen, die sich anmaßten, alle Traditionen in Frage zu stellen, man erlebte Kulte, die ganz anders waren als die vertrauten. Der Habitus der Angehörigen der Eliten wandelte sich. So zeigte Scipio sich auf Sizilien in griechischer Kleidung und erregte großes Misstrauen.

In solchen Prozessen erblickten viele Römer später einen Sittenverfall, der die einstige Werteordnung zerstört habe. Dabei wurde vorausgesetzt, dass es überhaupt je eine stabile, urrömische Ordnung, einen gesicherten *mos maiorum*, gegeben habe. Doch das konnte nur im Rückblick so erscheinen. Schon früh hatten die Römer sich mit den nahen Griechen auseinandergesetzt, stets wurde über die Werte neu verhandelt. Seit jeher hatte die Integration der Aristokratie sich als schwierig erwiesen, doch sie wurde noch deutlich schwerer, als die Möglichkeiten der Individuen, aus dem Konsens auszubrechen, größer wurden.

Solange es gelang, das schwierige Verhältnis zwischen dem Ehrgeiz des Individuums und dem Gleichheitsbedürfnis der Senatorenschaft einigermaßen auszutarieren und den gewöhnlichen Bürgern den Eindruck zu vermitteln, auch sie hätten etwas von der Ausdehnung des Reiches, wahrte Rom seinen inneren Zusammenhalt. Dennoch schwelten Konflikte, die im letzten Drittel des 2. Jahrhunderts heftiger wurden, sich wechselseitig verstärkten und rasche Lösungen ausschlossen: Die schwerwiegendsten Folgen hatten die Krise der Eliten und die Krise der Agrarverhältnisse, die zugleich eine der militärischen Rekrutierung war. Große Wirkung entfalteten zudem die Krisen der Bundesgenossen, der Sklaverei und der Provinzen. Alles an dem großen Reich schien zu einer Last geworden zu sein.

An Lösungsversuchen mangelte es nicht. Die Gracchen sind in der historischen Tradition der Inbegriff gescheiterter Reformbestrebungen gewesen. Vage Angaben weisen auf Vorgänger hin, aber ohne Zweifel bedeutete das Wirken der beiden aus vornehmster Familie stammenden Volkstribunen der Jahre 133 (Tiberius) und 123/22 (Gaius) einen tiefen Einschnitt. Ihr Vater, jener Tiberius Gracchus, der über die Keltiberer triumphiert hatte, war in seinem ganzen Lebenslauf Inbegriff eines *nobilis*. Die Söhne nun stellten sich gegen die Mehrheit der Nobilität. Hämische Standesgenossen konnten indes nicht ohne Grund darauf hinweisen, dass Tiberius Gracchus keine andere Chance blieb, hohe Ämter zu erlangen, wie es der Tradition seiner Ahnen entsprach. Denn bei Numantia hatte er für den schmählichen Frieden plädiert und damit seinen Ruf verspielt.

Ob der Ehrgeiz, der viele junge *nobiles* anstachelte, ihn dazu brachte oder tatsächlich die Anschauung vom Niedergang des römischen Bauerntums – auf jeden Fall ging Tiberius Gracchus ein zentrales Problem an: Zahlreiche Bauern hatten ihre Höfe aufgegeben und waren nach Rom gegangen, damit fielen sie aus dem Milizsystem heraus, da sie nicht mehr über die Grundlagen für eine Ausrüstung verfügten, die die römischen Soldaten selbst zu stellen hatten. Viele Faktoren hatten zu den Missständen beigetragen, nicht zuletzt die lange Dauer der in weiter Ferne geführten Kriege, die die kontinuierliche Bewirtschaftung des eigenen Landes verhinderte.

Dabei hätte gerade Landbesitz eigentlich nicht zum Problem werden dürfen, hatten die Römer doch den Besiegten Land abgenommen, das als *ager publicus* der Gemeinschaft zur Verfügung hätte stehen sollen. Faktisch aber war ein Großteil des Landes von jenen Grundbesitzern okkupiert worden, die sich eine großräumige Landwirtschaft leisten konnten. Hier sah Gracchus einen Ansatzpunkt, indem er auf eine (wohl historische) Bestimmung zurückgriff, die Höchstgrenzen für den Besitz an *ager publicus* festlegte. Sie suchte er zu erneuern, um dann Land an die vormaligen Bauern zu verteilen.

Dass dies nicht einfach werden würde, war abzusehen. Ein anderer Volkstribun interzedierte, was sein gutes Recht war, doch Tiberius Gracchus setzte sich darüber hinweg, verging sich mithin eklatant an der Tradition, was der Gegenseite gute Gründe für ein gewaltsames Eingreifen lieferte. Der Gracche wurde umgebracht, ein erster Beleg für die bisher ungekannte Gewaltbereitschaft der späten Römischen Republik. Seine Maßnahmen erklärte man jedoch keineswegs in Bausch und Bogen für nichtig, sondern ließ sie allmählich einschlafen.

Dies alles wäre eine Episode in der unruhigen Geschichte der Römischen Republik geblieben, hätte nicht sein Bruder Gaius Gracchus 123 Tiberius' Initiative wiederaufgegriffen, allerdings eingebettet in einem umfassenderen Maßnahmenkatalog, der belegt, wie genau Gaius die Spannungen in der römischen Gesellschaft beobachtet hatte. Nur einige der vielfältigen Vorschläge, die ihm zugeschrieben werden, seien hier genannt:

Gaius Gracchus setzte auf die Spannungen zwischen Rittern und Senatoren, die insbesondere in den Provinzen aufkamen. Viele Ritter pachteten als *publicani* die Steuereinnahmen einer Provinz und trieben diese bisweilen so unnachsichtig (und rechtswidrig) ein, dass senatorische Statthalter intervenierten. Gracchus gab den Rittern ein Gegenmittel an die Hand, indem er sie zu den Gerichtshöfen heranzog, die auch für die Provinzialverwaltung zuständig waren. Im Extremfall wurden so gerade jene senatorischen Statthalter, die sich für die Provinzialen eingesetzt hatten, vor diesen Gerichtshöfen verurteilt, die den Provinzialen eine Zuflucht hätten bieten sollen. So verschärfte Gaius Gracchus die Krise in den Provinzen.

Die städtische *plebs* bediente Gaius, indem er ein Gesetz über eine günstige Getreideversorgung erließ, auch die Soldaten stellte er besser. Er wollte vor allem im Geiste seines Bruders neue Möglichkeiten schaffen, Höfe zu gründen, war allerdings genötigt, auf Gebiete außerhalb Italiens zurückzugreifen, was wiederum bei den potentiellen Siedlern Unmut auslöste, den seine Gegner schürten. Gaius wurde in die Enge getrieben: Wie sein Bruder brach er mit dem *mos maiorum*. Er ließ sich für ein zweites Jahr zum Volkstribun wählen. Doch seine Gegner hatten einen Rivalen aufgestellt, M. Livius Drusus, der eine «Konkurrenzdemagogie» entfaltete, die Forderungen des Gracchus noch einmal «toppte» und ihm so manche Anhänger entfremdete. Als Gaius zur Gründung einer neuen Kolonie in Africa weilte, gewannen seine Gegner an Boden. Bei seiner Rückkehr hatten sie die Oberhand, Gracchus wurde nicht ein drittes Mal gewählt, der Streit um ein Gesetz eskalierte und Gaius kam 121 wie schon sein Bruder gewaltsam zu Tode.

Damit war ein lästiger Mann beseitigt und kein Problem gelöst. Neue Initiativen wurden eingeleitet, neue Ausbrüche von Gewalt fanden statt, immer öfter exponierten sich Volkstribunen, die sich durch die Gracchen ihrer Möglichkeiten bewusst geworden waren. Man spricht jetzt von Popularen, die die Versammlungen des Volkes (*populus*) nutzten, um ihre Bestrebungen durchzusetzen, und von Optimaten, die auf eine Zusammenarbeit mit dem Senat setzten, in dem nach eigener Auffassung die *optimi*, die Besten, zusammenkamen. Das ist aber nicht im Sinne von Parteien zu verstehen, sondern in dem von Politikstilen, die man oft aus taktischen Gründen wählte. Ein und derselbe Politiker konnte im Laufe seiner Karriere sowohl die populare als auch die optimatische Karte spielen.

Das Militärproblem löste im ausgehenden 2. Jahrhundert ein *homo novus* radikal, der mehrfache Consul Marius, der sich während schwieriger Kriege in Africa bewährt hatte und endlich die Römer zum Sieg über die Teutonen und Kimbern führen sollte. Das Milizsystem wurde aufgegeben, die Besitzlosen, die *proletarii*, in die Armee integriert, einheitlich ausgestattet und trainiert, so dass die Effizienz der Armee wahrscheinlich sogar stieg. Entscheidend aus der Perspektive der Soldaten, die ja kein Land mehr besaßen, war die Frage, wie sie nach dem Ende der Militärzeit versorgt werden würden. Auch hier folgte man der Idealvorstellung der Ansiedlung auf einem Hof, denn sie wurde den neuen Soldaten zugesichert. So wie die römischen Strukturen nun einmal waren, konnte man sich auf den Senat wenig verlassen, so dass der jeweilige Feldherr sich um die Veteranenversorgung zu kümmern hatte. Das war nicht nur eine Last, sondern bedeutete auch einen Machtgewinn, da die Bindung der Soldaten an ihre Anführer eine noch verlässlichere Grundlage erhielt, die im Eigeninteresse der Soldaten bestand. Marius hatte somit die Militärkrise gelöst und gleichzeitig die Integrationskrise der Aristokratie verstärkt. Die herausragenden Persönlichkeiten waren seither oft zugleich große Feldherren.

Eine weitere krisenhafte Entwicklung, die römische Politiker immer wieder angesprochen, aber nie bewältigt hatten, spitzte sich jetzt zu: Italien wurde, wie erwähnt, von Rom nicht nach einer einheitlichen juristischen Form verwaltet, sondern in einem System abgestufter Rechte, die an bestimmte Städte und andere politische Einheiten gebunden waren. Das wichtigste Mittel der Differenzierung bildete der Zugang zum römischen Bürgerrecht. Dies war etwas anderes als die Staatsangehörigkeit in der Moderne, denn es ging primär um die Zugehörigkeit zu einer Rechtsgemeinschaft, die politische Rechte implizierte, aber auch im Privatrecht Vorteile bot, bei Eheschließungen, bei Verträgen und Prozessen.

In Italien lagen Siedlungen römischer Bürger, Kolonien, die, an strategisch wichtigen Plätzen eingerichtet, das Land weiter schützen sollten. Es gab Städte mit vollem römischen Bürgerrecht, solche mit geminderten Rechten, die zum Teil aktiviert werden konnten, wenn die Bürger nach Rom kamen, solche, die ihren Eliten den Erwerb des Bürgerrechts ermöglichten, und solche, die ganz nach ihren überkommenen Regeln lebten. Bei wieder anderen italischen Bundesgenossen bestanden spezifische Organisationsformen.

Gemeinsam war diesen *socii*, dass sie an der Seite römischer Soldaten in die Kriege zogen, mit ihnen alle Strapazen durchstanden und doch nicht so davon profitierten wie die Römer selbst. Gemeinsam war ihnen auch, dass sie von außen gemeinsam als Italiker oder gar Römer wahrgenommen wurden, ohne die gleiche Unterstützung seitens römischer Magistrate zu erfahren wie römische Bürger. Gemeinsam war ihnen nicht zuletzt, dass die römischen Kriegsbeschlüsse und viele Gesetze sie betrafen, sie aber darauf keinen Einfluss nehmen konnten. So mussten nach den gracchischen Agrargesetzen auch wohlhabende Italiker Teile des *ager publicus* aufgeben, die sie besetzt hatten.

Die Verdrossenheit unter den Italikern wuchs, gerade weil es seit der Zeit der Gracchen Versuche gab, ihre Sache zu unterstützen, diese aber stets scheiterten. Als 91 erneut ein Reformversuch misslang, schlossen sich zahlreiche Bundesgenossen zusammen, gründeten einen italischen Bundesstaat und kämpften im sogenannten Bundesgenossenkrieg gegen Rom. Doch ihre Interessen erwiesen sich als ebenso ungleich wie ihre ethnische Herkunft: Waren die einen durch ihre italische Identität motiviert, so strebten andere nach nichts anderem als dem römischen Bürgerrecht. Die Römer nutzten diese Differenzen kühl, indem sie denjenigen, die aufzugeben bereit waren, das Bürgerrecht anboten. So hatten sie sich bis 89 weitgehend durchgesetzt; die letzten Kämpfe flauten rasch ab. Italien wurde bis 87 neu geordnet, auf kollektive Bestrafung verzichtet. Seither war Italien ein einheitliches Bürgergebiet.

Das Verhältnis zu den *socii* mochte bereinigt sein, doch die Republik blieb in Unruhe. Eine Rivalität zwischen dem alternden Marius und seinem vormaligen Untergebenen, dem Patrizier Sulla (138–78), der inzwischen durch glänzende Erfolge Statur gewonnen hatte, eskalierte. Der Jüngere scheute sich nicht, seine Soldaten, die für einen Feldzug gegen Mithradates bestimmt waren, gegen Rom zu führen, um seine Gegner auszuschalten. Erst nach dieser unerhörten Tat zog er mit ihnen gegen den pontischen Herrscher, musste sich aber bei der Rückkehr erneut seiner Feinde erwehren. Nach dem Sieg im Bürgerkrieg ließ er sich zum Diktator erheben und übte das Amt mehrere Jahre (82/1–79) aus, ein weiterer Verstoß gegen den *mos maiorum*. Brutal vernichtete er durch öffentliche Ächtung, sogenannte Proskriptionen, die, die sich ihm entgegenstellten, zugleich erwirkte er eine breit angelegte, durchdachte Neuordnung der politischen Institutionen, die den Senat stärken und die Volkstribune schwächen sollte. Nicht alles blieb lange erhalten. Aber die Festigung des *cursus honorum*, wie sie Sulla traf, erwies sich als tragfähig, ferner das Prinzip, dass Magistrate ihre eigentliche Amtszeit in der Stadt verbringen und danach regelmäßig als Promagistrate Aufgaben, vor allem natürlich militärischer Art, außerhalb Roms wahrnehmen sollten.

Was Sulla bisher getan hatte, war bemerkenswert genug, staunenswert war das Ende seiner Herrschaft. Freiwillig verzichtete er auf seine Machtfülle. Die Republik konnte wieder zu arbeiten beginnen und tat dies so schlecht als wie zuvor: In den Jahren 73 bis 71 hielt der Sklavenaufstand des Spartacus die Römer in Atem. Sklaverei war in Rom genauso wie in Griechenland eine Selbstverständlichkeit, und auch die Römer erlegten den Sklaven ganz unterschiedliche Aufgaben auf, als Ammen, als Hauslehrer, als Gladiatoren, als Handwerker, als Feldarbeiter. War man in der Nähe des Herrn, erging es einem im Allgemeinen relativ gut, man konnte mit der Freilassung und damit dem römischen Bürgerrecht rechnen, doch da, wo viele Sklaven zusammengepfercht wurden, etwa auf den Landgütern, waren die Bedingungen unerträglich, zumal für die Kriegsgefangenen, die sich an ein ganz anderes Leben erinnerten.

Mehrfach schon waren Unruhen unter den Sklaven ausgebrochen, Spartacus gelang es, eine große Zahl Leidensgenossen zusammenzuführen und zusammenzuhalten. Er und seine Leute setzten keineswegs auf eine Abschaffung der Sklaverei, sondern erstrebten ihre eigene Freiheit. Aufgrund ihrer Masse, ihres militärischen Könnens – manche Aufständische hatten sogar eine Ausbildung als Gladiator –, nicht zuletzt aufgrund des Unvermögens römischer Kommandeure erwies ihre Niederwerfung sich als schwierig. Erst Pompeius (106–48) sollte sie gelingen.

Er war der entscheidende Mann der nächsten Jahre. Im Krieg bewährt, innenpolitisch unerfahren, als Organisator des Ostens reich an Ruhm, als Verhandlungspartner mit dem Senat arm an Geschick, war er trotz seiner Erfolge und seiner Macht nicht entschlossen genug, um gegen diejenigen vorzugehen, die ihm in Rom Knüppel zwischen die Beine warfen. Nachdem er aber wiederholt von Senatoren düpiert worden war, entschied er sich, auf den reichen Crassus (115–53) und den ehrgeizigen Caesar (100–44) zu setzen. Sie gründeten ein informelles Triumvirat, das ihre Interessen bediente. Pompeius wollte seine Truppen versorgt sehen und wieder an Ansehen gewinnen, was im Wesentlichen gelang. Crassus, dessen Reichtum legendär war, strebte nach militärischem Ruhm. Er unternahm auf den Spuren Alexanders des Großen einen Feldzug gegen die Parther, der 53 mit der Niederlage bei Carrhae jäh endete. Sein abgeschlagenes Haupt wurde am parthischen Hofe herumgezeigt.

Caesar profitierte am stärksten vom Dreierbündnis. Er wurde 59 Consul. Im Anschluss daran bewies er als Promagistrat im Gallischen Krieg über viele Jahre hinweg seine Skrupellosigkeit wie seine militärischen Fähigkeiten und vermochte ein erfahrenes Heer an sich zu binden. Offen war, wie er nach Rom zurückkehren könne: Während seines Consulats hatte er sich mehrfach über alle Regeln hinweggesetzt, seinen Gegnern war es aber versagt geblieben, gegen ihn Klage zu führen, da er als Promagistrat in Gallien weiterhin Immunität genoss. Doch man wusste: Sobald er den Rubikon, den Grenzfluss Italiens, überschritt, musste er auf sein Kommando verzichten, war wieder Privatmann, und man konnte ihn belangen. Caesar wiederum forderte, dass er sich in Abwesenheit um den Consulat des Jahres 48 bewerben könne, um so einen direkten Übergang von einem Amt ins andere zu erreichen. Das aber wurde ihm verweigert. Die Situation schien seinen Gegnern unter Kontrolle, zumal Pompeius, der den Machtzuwachs seines einstigen Verbündeten argwöhnisch beobachtete, sich auf ihre Seite schlug.

Caesar handelte riskant. Wollte er Ehre und Macht wahren, musste er in den Bürgerkrieg ziehen, und das tat er an der Spitze seines bewährten Heeres. Nicht alle seiner Leute folgten ihm, aber genug, um ihm in mehrjährigen Kämpfen den Sieg zu sichern. Pompeius, zur Flucht gezwungen, wurde in Ägypten ermordet. Unversehens war Caesar Alleinherrscher Roms. Er baute etwas auf, was auf eine monarchische Ordnung hinauszulaufen schien. Für immer längere Zeit ließ er sich zum Diktator ernennen, anscheinend in der Hoffnung, so seine Macht zu stabilisieren; göttliche Ehren hoben ihn weiter aus der Umgebung heraus. Wie Alexander schmiedete er an seinem Ende Kriegspläne – sie richteten sich gegen die Parther – und kam nicht mehr dazu, sie auszuführen. Doch anders als Alexander starb er keines natürlichen Todes, sondern, an den Iden des März 44, unter den Dolchstößen einer Gruppe von Senatoren, die ihre Tat als Wiederherstellung der Freiheit feierten.

Zu denen, die diese Tat bejubelten, gehörte Marcus Tullius Cicero (106–43), eine der umtriebigsten Gestalten der späten Römischen Republik. Der *homo novus* schlug 63 als Consul die Verschwörung eines Catilina nieder, allerdings mit fragwürdigen Mitteln, so dass er 58 in Verbannung gehen musste. Schon im Jahr darauf nach Rom zurückgekehrt, strebte er wieder nach Einfluss, ohne je eine Schlüsselgestalt zu werden. Doch war er störend genug, dass Marcus Antonius ihn 43, nach der Ermordung Caesars, umbringen ließ.

Zahlreiche Reden Ciceros lebten fort. Im Jahr 70 begründete er seinen Ruhm, indem er den sizilischen Proprätor Verres wegen Ausbeutung seiner Provinz anklagte, von deren Zuständen er ein grelles Bild zeichnete. Verres, wiewohl von führenden Politikern gefördert, unterlag. Als Antonius sich nach Caesars Tod zum Herrn Roms aufzuschwingen suchte, hielt Cicero in der Tradition des

Demosthenes *Philippische Reden*, die noch einmal den Freiheitswillen der Senatoren grandios und wirkungsmächtig aussprachen. Seine Sprachkunst sollte überhaupt für das Lateinische stilbildend werden.

Derselbe Mann berichtete in seinen Briefen kleinlich und hämisch, aber geistvoll und treffsicher, über Intrigen des römischen Alltags. Zugleich schrieb er, weite Bereiche der griechischen Philosophie erfassend und weiterdenkend, Traktate zu philosophischen, rhetorischen und politischen Fragen. Wie Platon hinterließ er zwei große, eng miteinander zusammenhängende, indes leider nur als Torsi greifbare Schriften zum politischen Denken: *De re publica*, die mit der *Politeia* korrespondiert, und *De legibus*, die den *Nomoi* entspricht. In beiden Schriften betont er sein Bestreben, an das Alte anzuschließen, und denkt doch Neues: In *De re publica* greift er die aristotelische Idee der Mischverfassung auf, als deren vollendetes Beispiel er die politische Ordnung Roms ansieht, wie sie sich historisch entwickelt hat. Zugleich aber betont er, dass auch eine solche Ordnung eines *rector rei publicae,* eines überragenden Staatsmannes, bedürfe, der in Krisenzeiten sogar als Diktator wirken müsse. Obschon die Römer die Autorität einzelner Politiker etwa in Gestalt des *princeps senatus*, des anerkannt führenden Senators, akzeptierten, war Ciceros Vorstellung erstaunlich und machte letztlich deutlich, dass die aristokratische Gleichheit fragwürdig geworden war, selbst in den Augen eines Mannes, der sich wie nur wenige mit der senatorischen Tradition identifizierte.

In der Schrift *De legibus* (Über die Gesetze) diskutiert er die Begründung angemessener Gesetze, die er aus der Natur und zugleich der Geschichte Roms ableitet. Er formuliert religiöse und politische Gesetze, die nachgerade die Gestalt eines Kodex annehmen. Obwohl Cicero fortwährend auf Altes rekurriert und die Bestimmungen in einer archaisierenden Sprache formuliert, liegt in diesem bewusst gestaltenden Vorgehen etwas Neues.

So wichtig Cicero diese theoretischen Überlegungen waren, sah er doch anders als Platon den Kern seiner Aufgabe in der politischen Aktivität. Insofern blieb er ein typischer Republikaner und diagnostizierte doch gegen seinen Willen die Endlichkeit der Republik.

Und er sollte Recht behalten: Nicht die Republik kehrte nach Caesars Tod zurück, sondern der Bürgerkrieg. Anhänger Caesars, Marcus Antonius und Octavian an ihrer Spitze, schlossen sich zusammen, überwanden in wenigen Jahren die Caesarmörder – und bekriegten sich alsbald gegenseitig. Die Schlacht von Actium im Jahr 31 brachte die Entscheidung für Octavian, den Neffen und testamentarischen Erben Caesars, der unter dem Namen Augustus in die Geschichte eingehen sollte. Unzählige Menschen waren gefallen oder ermordet, viele Provinzen und weite Teile Italiens lagen verwüstet, bis ein Herrscher die Macht in seiner Hand vereinte. Roms Ordnung war an der Größe des Reiches gescheitert. Die Aristokratie hatte nicht genügend Integrationskraft aufzubringen vermocht.

5. Pax Romana

Die *Pax Romana*, der römische Frieden der Kaiserzeit seit Augustus, erwuchs nicht aus dem gemeinsamen Friedenswillen mehrerer Völker oder Staaten. Vielmehr ergab er sich aus dem römischen, auf Ruhe abzielenden Herrschaftsstreben und blieb dadurch geprägt. Es war ein Friede, der immer wieder gewaltsam erneuert und stets nach römischen Konditionen gestaltet wurde, der allerdings zugleich auf einer ganz ungewöhnlichen Integrationsleistung beruhte, die im Folgenden umrissen werden soll. Er basierte zudem auf einer stabilen monetären Ordnung und einem verlässlichen Rechtssystem. Damit brachte er eine Prosperität, wie es sie in diesem Raum nie zuvor gegeben hatte und kaum einmal mehr geben sollte.

Reichsgeschichte und Kaisergeschichte

Dass Männer Geschichte machen, glaubt man schon lange nicht mehr. Die moderne Forschung richtet ihren Blick auf Strukturen, die das Handeln des Einzelnen erst ermöglichen. Dabei lassen sich solche identifizieren, in denen bestimmte Menschen weite Handlungsspielräume genießen; das sind namentlich monarchische Ordnungen wie der römische Prinzipat, die Kaiserzeit der ersten Jahrhunderte nach der Zeitenwende. Die antiken Quellen, deren Autoren sich vor allem für Personen interessieren, illustrieren dies, denn sie berichten ausgiebig von den individuellen Eigenheiten der Principes, zumal wenn sie absonderlich waren, sei es die «Verrücktheit» Caligulas oder das «Schauspielertum» Neros. Darin spiegelt sich ganz überwiegend die Sicht von Senatoren wider, in deren Augen die Kaiser, je nachdem wie sie mit dem Senat umsprangen, gute oder schlechte Herrscher waren. Man gewinnt bei der Lektüre dieser Texte das Gefühl, das Römische Reich wäre einem fortwährenden Wechselbad aus Grausamkeit und Milde ausgesetzt gewesen.

Ganz anders der Eindruck, der sich aus juristischen Texten, aus Inschriften und aus Papyri ergibt, die Einzelmaßnahmen festhalten. Es entsteht das Bild einer relativ kontinuierlichen, sachorientierten Entwicklung der Administration, die nicht durch die Regierungswechsel zwischen den Kaisern unterbrochen wurde. Einer personalen Diskontinuität steht so eine organisatorische Kontinuität gegenüber. Beides soll in den Blick genommen werden, dabei zunächst von einzelnen Kaisern erzählt werden.

Eine Vorbemerkung ist unverzichtbar: Intensiv diskutiert wird in der Forschung, wie das politische Handeln der römischen Kaiser im Allgemeinen zu beurteilen sei. Die moderne Erwartung wäre, dass die Kaiser angesichts ihrer eben erwähnten großen Handlungsspielräume als Gestalter tätig geworden wären, doch das lässt sich nur in wenigen Bereichen beobachten, vor allem gegenüber dem Militär. Ansonsten scheinen die Kaiser in einem hohen Maße auf Anfragen und Herausforderungen reagiert zu haben, man spricht daher von einem reaktiven Kaisertum. Zahlreiche Gesandtschaften trafen beim Kaiser ein, unzählige Bittschreiben gingen seiner Kanzlei zu. Der Kaiser antwortete darauf, setzte auf diese Weise Recht und entwickelte die Verwaltung fort. Dabei musste man Widersprüchlichkeiten in Kauf nehmen, doch die Grundgedanken, Privilegien und Standesunterschiede zu bewahren, aber auch Fürsorge für die Schwächeren zu zeigen, kamen immer wieder zur Geltung, so dass im kaiserlichen Handeln durchaus programmatische Züge erkennbar sind.

Unter Augustus wurde das Reich organisiert, eine Beruhigung und Konsolidierung setzte ein, die so eindrucksvoll war, dass man bei der vergleichenden Analyse von Reichen heute von der «augusteischen Schwelle» (M. W. Doyle) spricht, um den Übergang von der expansiven Phase zur Konsolidierung zu erfassen, in der das Reich auch der Peripherie erkennbaren Nutzen brachte. Die Erneuerung des Römischen Reiches war verbunden mit einer ausdrücklichen Berufung auf die Tradition der Republik:

Octavian, als Sieger über Antonius und Ägypten nach Rom zurückgekehrt, gebärdete sich gerade nicht als hellenistischer Monarch, sondern ließ die heimische Bevölkerung seine Macht nicht spüren. Er legte 27 v. Chr. sogar seine militärischen und politischen Sonderfunktionen aus der Zeit des Bürgerkriegs in die Hände des Senats zurück und erhielt im Gegenzug den Titel *Augustus*, der Erhabene, der ihn mit einer religiösen Aura umgab und über alle anderen politischen Akteure weit hinaushob. Zugleich ging er an eine umfassende Neuordnung, die offenbar seine Herrschaft absichern und republikanische Traditionen im Spiel halten sollte.

Augustus wies es weit von sich, den Königstitel, überhaupt ein bestimmtes Amt auf Dauer anzunehmen. Nach mehr oder weniger gelungenen Experimenten, seine Stellung durch einzelne Ämter oder Ämterkombinationen zu formalisieren, ergab sich eine Position, die in einer Akkumulation von Einzelkompetenzen bestand. Ein Hauptelement war der militärische Oberbefehl, der sich mit einer Kontrolle aller Statthalter verband, in der Forschung allgemein als *imperium proconsulare maius* (größeres Imperium eines Prokonsuls) bezeichnet. Hinzu kam die *tribunicia potestas*, die Amtsgewalt eines Volkstribuns. Aus ihr ergab sich das Recht, Volksversammlung und Senat einzuberufen sowie Gesetze einzubringen und andere Maßnahmen durch das Veto zu unterbinden. Diese und die ergänzenden Kompetenzen wurden aber weiter nicht als ein Amt aufgefasst, sondern als eine Verbindung einzelner Teile.

Augustus selbst brachte seine Stellung in seinem vielerorts öffentlich aufgestellten Tatenbericht, den er in hohem Alter verfasste, prägnant zum Ausdruck: *Ich überragte alle übrigen an Autorität* (auctoritas), *an Amtsgewalt aber besaß ich nicht mehr als die anderen, die auch ich im Amt als Kollegen hatte.*[8] Die Position des Kaisers wurde nicht als die eines allmächtigen Herrn inszeniert, sondern als eines Ersten unter Gleichen, eines *princeps*. Den Kern seiner dann doch überlegenen Stellung brachte das Wort *auctoritas* zum Ausdruck, das die allgemeine Anerkennung seines Gewichts implizierte. Viele Auszeichnungen und Symbole – etwa der ihm 2 v. Chr. verliehene Titel eines *pater patriae*, Vater des Vaterlandes – unterstützten die *auctoritas* des Augustus, zugleich demonstrierte er durch eine Gesetzgebung, die er als Erneuerung der Tradition zelebrierte, seine Orientierung an den großen Vorbildern der Republik. Eheliche Treue, die Zeugung von Kindern sollten gefördert werden. Doch gerade indem er das, was *mos maiorum* gewesen war, gesetzlich herbeizuführen suchte, verstieß er gegen den Geist des Herkommens, der eben nicht auf gesetzlichem Zwang beruhte, sondern auf der Selbstverständlichkeit bestimmter Werte in einer geschlossenen Führungsschicht. Die Antinomien des römischen Kaisertums, das sich auf die Republik zurückbezog, zeigten sich schon unter Augustus deutlich, doch gelang es ihm in seiner ungewöhnlich langen Regierungszeit – mehr als 40 Jahre –, seine Macht und das Reich zu stabilisieren.

Mit dem Tod des Augustus 14 n. Chr. beginnt eine Reihe von mehr oder minder geeigneten Kaisern aus seinem Hause, der julisch-claudischen Dynastie. Nachfolger des Augustus wurde Tiberius (14–37). Dass es gelang, die Stellung des Princeps an eine andere Person weiterzugeben, zeigt, wie gefestigt die monarchische Ordnung inzwischen war, dies umso mehr, als Tiberius sich schwertat, die neue Rolle zu akzeptieren. Möglicherweise wollte er dem Senat mehr Befugnisse einräumen, doch galt eine solche Absicht fünfzig Jahre nach dem Ende der Republik offenbar als unglaubhaft. Aufstände, die kurz nach seinem Regierungsantritt losbrachen, schlug er mit aller Härte nieder. Die größten Schwierigkeiten hatte er bezeichnenderweise nicht mit dem Senat, sondern mit Angehörigen des kaiserlichen Hauses. Nachdem Germanicus, den viele lieber auf dem Thron gesehen hätten, 19 n. Chr. gestorben war, schaltete Tiberius auch seine Witwe aus, wobei er sich der Hilfe Sejans bediente, des ritterlichen Kommandeurs der Prätorianer, der Garnison Roms. Ihn stürzte Tiberius einige Jahre später, als dieser die letzten Angehörigen der julisch-claudischen Dynastie zu beseitigen drohte. Es ging in diesem Konflikt nicht mehr um das Kaisertum als solches, sondern nur noch darum, wer die Fäden in der Hand halten sollte.

Eine ganz neue Inszenierung der Macht wählte Caligula (37–41), der seine allseitige Überlegenheit ausspielte, indem er den Senat bewusst provozierte. Er soll sogar ein Pferd reich beschenkt und für den Consulat designiert haben. Die Zeitgenossen deuteten Handlungen wie diese als Wahnsinnstaten; Caligula wurde ermordet. Kurzzeitig scheint man erwogen zu haben, die Republik zu erneuern, doch die Prätorianer schufen rasch Fakten und setzten Claudius (41–54) als neuen Herrscher ein, einen Mann, der allgemein als untauglich galt und wohl selbst wenig Lust auf die Herrscherrolle hatte. Viele Arbeiten erledigten seine persönlichen Vertrauten, Freigelassene, und sie taten das wohl durchaus kompetent. Claudius wurde schließlich vergiftet, wie es heißt, von seiner Gattin Agrippina, die alles daran gesetzt habe, ihrem leiblichen Sohn, Claudius' Stiefsohn, die Herrschaft zu verschaffen.

Das war Nero (54–68). Mit 16 Jahren an der Macht, scheint er sich zunächst auf bewährte Kräfte gestützt zu haben. Die ersten Jahre seiner Herrschaft galten als besonders gute Jahre des Reiches, doch sein Regiment gewann immer stärker einen persönlichen Charakter. Auch er strebte nach der Demonstration allseitiger Überlegenheit. Das sollte auch in seinem Künstlertum, seinem Sängertum sichtbar werden, welches bereits den Spott der Zeitgenossen erregte, da er sich als Kaiser auf den Wettbewerb mit anderen Sängern einließ. Auch er schien auf Dauer nicht tragbar und wurde ermordet. Mit ihm endete seine Dynastie, und es brach ein Bürgerkrieg aus, der sogar die Grenzen des Reiches gefährdete, da die dort stationierten Truppen sich jetzt nach innen wandten.

Mit der julisch-claudischen Dynastie hatte ein Geschlecht das Römische Reich regiert, das auf eine große republikanische Tradition zurückblicken konnte. Wie viele Aristokraten zuvor suchten die Herrscher Möglichkeiten individueller Profilierung und waren bereit, sich über bestehende Regeln hinwegzusetzen. Im Mittelpunkt der historischen Betrachtung steht oft das Versagen der einzelnen Herrscher, ihre Egomanie oder Unfähigkeit. Wenn das Reich trotzdem leidlich stabil war und wirtschaftlich prosperierte, so zeigt dies, dass die Ordnung sich weiter gefestigt hatte – auch der Bürgerkrieg stellte nicht die Monarchie in Frage. Es ging allein darum, wer Kaiser werden sollte.

Die Vorstellungen von der kaiserlichen Rolle festigten sich. Als mit dem Flavier Vespasian (69–79) jemand an die Macht kam, der nicht von seinem Vorgänger designiert war, konnten ihm die Aufgaben statt durch einzelne Akte kraft eines umfassenden Gesetzes übertragen werden – doch war die Stellung des Princeps weiterhin kein mit einem eigenen Titel versehenes Amt, sondern blieb eine Verbindung von Einzelkompetenzen.

Das größte Denkmal der Flavischen Dynastie ist das Kolosseum, das steinerne Amphitheater in Rom, und was für eines! Der Bau hatte eine komplexe Semantik: An der Stelle des neronischen Palastes errichtet, machte er sichtbar, dass der Unhold überwunden und sein Besitz dem Volk übereignet war; er stand auch für den Euergetismus der Flavier, die sich zudem als fähig erwiesen, ein so großes Bauprojekt durchzuführen. In den dort stattfindenden Gladiatorenkämpfen, die dem modernen Betrachter so abscheulich vorkommen, spiegelte sich für Zeitgenossen die Sieghaftigkeit des römischen Kaisers.

Die Flavische Dynastie war von kurzer Dauer: Nachdem Titus (79–81) in den Spuren seines Vaters gewandelt war, inszenierte Domitian (81–96), der jüngere Sohn, die überlegene Rolle des Herrschers. Er ließ sich, was Augustus noch abgelehnt hatte, als Herr

Das Kolosseum war das größte römische Amphitheater. Es genügte höchsten ästhetischen und technischen Anspüchen, so dass es eine reibungslose Abhaltung der Spiele ermöglichte. Finanziert wurde es unter anderem aus der Beute des Jüdischen Krieges.

und Gott anreden und fiel wie jene Vorgänger, deren Anmaßung zu groß geworden war, einem Attentat zum Opfer.

Nach einem kurzen Zwischenspiel konnte wieder ein bewährter Militär sich durchsetzen, Trajan (98–117), der erste Princeps, der aus einer Provinz stammte. Seine im Innern ruhige und nach außen erfolgreiche Regierung wurde in der Antike zum Inbegriff eines vorbildlichen Herrschertums. Er war ein großzügiger Euerget, ein erfolgreicher Feldherr und behandelte die Senatoren gut, solange sie nicht aufmuckten, und das taten sie immer seltener.

Es begann eine Phase, die in der Forschung als Adoptivkaisertum bezeichnet wird, da keine leiblichen Erben die Thronfolge antraten. Das war jedoch nicht Ausdruck eines Willens, den Besten zu küren, sondern eine Folge des Mangels an leiblichen Söhnen. Immerhin kamen so einige Kaiser an die Macht, die mit ruhiger Hand regierten. Oft wird auch von einem humanitären Kaisertum gesprochen.

Tatsächlich finden sich in der Gesetzgebung menschenfreundliche Züge, etwa in Hinblick auf den Umgang mit Sklaven, die weniger der Willkür ihrer Herren ausgeliefert waren, aber in schwierigen Situationen – etwa bei der Bestrafung von Aufständischen – zeigte Rom seine grausame Fratze.

Hadrian (117–138) versuchte durch weite Reisen allenthalben Präsenz zu zeigen. Seine Baupolitik, seine Förderung griechischer Traditionen, ja sein Bartwuchs demonstrierten eine Nähe zur griechischen Kultur, die anders als in früheren Zeiten weithin nicht mehr als Verrat an römischen Traditionen verstanden wurde. Im Senat, der den Herrschaftsantritt Hadrians missbilligt hatte, hielt sich indes ein gewisses Misstrauen, obwohl der Kaiser sich nur wenige Übergriffe leistete. Das Auffälligste an der Herrschaft seines wenig mobilen Nachfolgers Antoninus Pius (138–161) ist, dass unter ihm wenig passierte. Das wirkt vielleicht langweilig, war aber für den gewöhnlichen Untertanen vermutlich das Angenehmste und ist vielleicht insofern wirklich das Beste, was man über einen Kaiser sagen kann.

Marc Aurel (161–180) ist eine bemerkenswerte Erscheinung unter den Kaisern. Denn von ihm liegt ein Selbstzeugnis vor, eine auf Griechisch verfasste Schrift an sich selbst, in der er scharf beobachtend und fast resignierend seine eigene Rolle mit strengem Pflichtgefühl reflektiert. Dies hat ihm den Titel eines Philosophen auf dem Thron eingetragen – und tatsächlich scheint er sich mit ungewöhnlichem Ernst bemüht zu haben, den Bedürfnissen seiner Untertanen gerecht zu werden, ohne sich allerdings vom Hergebrachten zu entfernen; die Härten der Gesellschaft wurden nicht abgemildert. Gerade seine Zeit musste im Übrigen manchem als Vorbotin von Schlimmerem erscheinen. Denn fremde Völker überschritten an verschiedenen Stellen die Reichsgrenzen, und im Inneren wütete eine verheerende Seuche. Mit Commodus (180–192) kam wieder ein leiblicher Sohn auf den Thron, und er versagte prompt, jedenfalls gegenüber dem Senat. Wie über 100 Jahre zuvor Nero schien er bestrebt, seine allseitige Überlegenheit unter Beweis zu stellen, und wollte sich sogar in der Arena als Kämpfer präsentieren; wie auch sonst bei ungeliebten Kaisern reagierten seine Gegner mit seiner Ermordung.

Es folgte ein mehrjähriger Bürgerkrieg, den Septimius Severus (193–211) gewann, erneut ein bewährter General. Er begründete eine Dynastie, die sich trotz innerer Streitigkeiten, die in einem Brudermord von Caracalla an Geta 211 gipfelten, bis 235 halten konnte – unterbrochen allerdings von der Usurpation eines Macrinus 217, der sich jedoch nur ein gutes Jahr hielt. Diese Herrscher standen unter einem massiven äußeren Druck und wussten, dass sie ihre Position und den Machterhalt den Soldaten verdankten, die sie entsprechend förderten, und zwar vor allem durch einen großzügigen Sold, der indes die öffentlichen Kassen schwer belastete. Qualifizierte Ritter, Juristen wie Ulpian, errangen unter den Severern eine stärkere Stellung. Der Senat hingegen sah sich geschwächt.

Auf Traditionen wurde unter den Severern überhaupt wenig Rücksicht genommen: In der Selbstdarstellung der Herrscher, in ihren Kulten nahm die Bedeutung von Elementen zu, die vielen Römern fremd erschienen. Als allerdings Elagabal (218–222) sich als Priester eines syrischen Sonnengottes präsentierte, beseitigte man ihn durch einen Mord. Auch in der Praxis vollzogen sich radikale Änderungen: Schon 212 hatte Caracalla (211–217) die *Constitutio Antoniniana* erlassen, mit der er bis auf geringe Ausnahmen allen Reichsbewohnern das römische Bürgerrecht verlieh – nunmehr ein zweifelhaftes Privileg, da jetzt alle römischem Steuerrecht unterlagen und etwa eine erhöhte Erbschaftssteuer zahlen mussten: Vielleicht hatte eben dies Caracalla zu der Maßnahme veranlasst. Mit ihr wurde der Status des Bürgers großräumig vereinheitlicht, wie man es sonst in der Antike nicht kannte, und das römische Recht universalisiert. Das ist bezeichnend für den tiefgreifenden, gewiss so nicht intendierten Wandel, den das Römische Reich unter den Severern erlebte, deren Pragmatismus schnöde und wirkungsmächtig über das Althergebrachte hinwegging.

Die Grenzen

Während die Herrscher einander ablösten und die Senatoren argwöhnisch beobachteten, wie sich ihr Kaiser ihnen gegenüber gebärdete, herrschte an den äußeren Grenzen über die Herrscherwechsel hinweg ein hohes Maß an Kontinuität. Rhein, Donau, Euphrat und Tigris stehen für die wichtigsten Regionen, an denen das römische Militär mal mehr, mal weniger gefordert war. Kontinuität bestand auch insofern, als es neben den Gefahren, die man an den Grenzen sah (oder zu sehen glaubte), starke innere Motive gab, Kriege zu führen. Mit den militärischen Erfolgen seines Heeres bewies ein Kaiser, dass er seinem Amt gewachsen war; Dichter und Prunkredner ergingen sich ebenso wie Inschriften gerne in der Auflistung exotischer Namen von Völkern, die sich der römischen Macht beugen mussten. Andererseits konnten erfolgreiche Feldherren leicht zu Rivalen für den Kaiser werden, auch wenn die Siege ihm zugerechnet wurden. Zudem war es angesichts der teuren Ausbildung der römischen Soldaten aufwendig, schwere Verluste wettzumachen.

Gewann man neue Gebiete hinzu, blieb deren Organisation oft schwierig. Daher zogen die meisten römischen Principes es trotz der grassierenden Siegesideologie zumeist vor, loyale Könige – in der Forschung oft als Klientelkönige bezeichnet – da einzusetzen, wo eine Provinzgründung nicht sinnvoll erschien. Dass man gerne die Stellung von Geiseln verlangte, um sie nahe beim Hof aufzuziehen, zeigt, wie wenig man der Loyalität dieser Herrscher traute. Kaiser, die außenpolitisch so vorsichtig agierten, wie es aus moderner Sicht zumeist sofort einleuchtet, werden indes von den antiken Quellen oft als schwach und zögerlich hingestellt, ein Urteil, das in manchen Forschungsbeiträgen bis heute reproduziert wird.

Paradigmatisch ist der Konflikt zwischen Tiberius und Germanicus zu Beginn des Prinzipats. Augustus hatte offenbar die Gründung einer Provinz östlich des Rheins geplant. Dafür spricht jedenfalls die Gründung einer Zivilstadt im heutigen Waldgirmes bei Gießen. Doch die verheerende Niederlage in der Varusschlacht 9 n. Chr. zeigte, wie prekär die römische Dominanz in diesem Raum noch war. Gleichwohl betrieb Germanicus weiter eine aggressive Politik, die sein Ansehen in Rom mehrte – jedoch auf Kosten des seit 14 regierenden Tiberius, der schließlich Germanicus abberief und nach Syrien versetzte.

Dennoch blieb das Gebiet östlich des Rheins im Blickfeld der Römer, da sie die Grenzen des Reiches nicht als starr im Sinne moderner Staatsgrenzen betrachteten. Auch jenseits davon übten sie Einfluss aus, wenngleich in verschiedenen Abstufungen und unterschiedlichen Modi; Interventionen dort betrachteten sie als ihr Recht, solange sie römischen Interessen dienten: Über Kontakte zu loyalen Herrschern, über einzelne Vorstöße und seit den flavischen Herrschern zunehmend wieder über direkte Herrschaft bewahrte man die Kontrolle in diesem Raum und konnte die Provinzen schützen. Indem man die Grenze, die sich nicht durch einen Flusslauf ergab, zunächst durch Wege – das ist die ursprüngliche Bedeutung von *limes* –, dann durch Befestigungen markierte, zeigte man, bis wohin die Römer direkte Herrschaft beanspruchten, Steuern einzogen, ihrem Recht Geltung verschafften. Dort entwickelten sich zumal im Umfeld der Heere lebendige Städte und eine ertragreiche Landwirtschaft; nicht allzu oft hatte man sich germanischer Übergriffe zu erwehren.

Gerne wüsste man mehr darüber, wer sich hinter dem lateinischen Wort *Germani* verbirgt. Seit Caesar verwendeten die Römer diesen Begriff für die Vielfalt der Völkerschaften jenseits des Rheins. Die meisten von ihnen waren wohl auch in sprachlicher und kultischer Hinsicht einander ähnlich. Stämme entstanden und verschwanden wieder, die einen früher, die anderen später. Oft existierte kein stabiles Königtum, sondern wurden einzelne Anführer für Kriegszüge bestimmt, doch das weiß man alles nur aus römischen, möglicherweise verzerrten Berichten. Inwiefern es ein gesamtgermanisches Verbundenheitsgefühl gab, steht dahin; gar nicht anzunehmen ist, dass große Teile der Germanen innerhalb des Römischen Reiches sich mit denen jenseits des Limes solidarisch gefühlt hätten, da die kulturelle Entwicklung der beiden Regionen ganz unterschiedlich war. Keinesfalls würde man dem Konflikt gerecht, wenn man von

Hibernia
Nordsee
Britannia
London
Rhein
Atlantischer Ozean
Germania
GERMANI
GALLIA
Trier
Lugdunensis
Belgica
Regensburg
Golf von Biscaya
Aquitania
Loire
Raetia
Noricum
Bordeaux
Lyon
Panno
Aquileia
Mailand
Narbonensis
Tarraconensis
Marseille
Dalmatia
Tajo
Lusitania
Toletum
Tarragona
Corsica
Elba
HISPANIA
Ostia
Rom
Córdoba
ITALIA
Baleares I.
Sardinia
Baetica
Carthago Nova
Tyrrhenisches Meer
Messina
Karthago
Sicilia
Tingitana
MAURETANIA
Numidia
Syrakus
Caesariensis
AFRICA
PROCONSULAR
Am Ende der republikanischen Zeit
Zwischen Augustus und Trajan (14–117 n. Chr.) unter direkte römische Herrschaft gelangte Gebiete
Zur Zeit seiner größten Ausdehnung unter Trajan (117 n. Chr.)
Provinzgrenzen
0
200
400

Römisches Reich im 2. Jahrhundert
Kaspisches Meer
Regnum Bospori
Dacia
Donau
Schwarzes Meer
Moesia
Sinope
Artaxata
Pontus
Thracia
Byzanz
Bithynia
Armenia
PARTHER-REICH
Galatia
Cappadocia
Assyria
Ägäis
Pergamon
Asia
Mesopotamia
Comm.
Athen
Ephesus
Pamphylia
Achaia
Lycia
Cilicia
Antiochia
SYRIA
Tigris
Euphrat
Ctesiphon
Palmyra
Babylon
Rhodus
Cyprus
Phoenice
Creta
Damaskus
Tyrus
Judaea
Caesarea
Cyrene
Hierosolyma
Petra
Alexandria
CYRENAÏCA
Memphis
ARABIA
AEGYPTUS
Nil
Thebae
Rotes Meer

einem Krieg der Römer gegen die Germanen spräche, da die Germanen untereinander rivalisierten, sowohl zwischen als auch innerhalb von Stämmen. Daher fanden die Römer unter ihnen unschwer Verbündete und hatten leichtes Spiel, weil ihre potentiellen Feinde sich wechselseitig lähmten.

Ebenso unübersichtlich waren die Verhältnisse nördlich der Donau. In diesem Raum wuchs die Unruhe, nicht zuletzt, als aus den Steppen Eurasiens immer wieder neue Völker auftauchten. Zunächst wurden seit Domitian Kriege an der unteren Donau gegen die Daker geführt. Trajan richtete nach mühseligen Kämpfen auf dem Gebiet des heutigen Rumäniens Dakien als neue Provinz ein, wohl auch deswegen, weil reiche Bodenschätze lockten.

Seit den sechziger Jahren des 2. Jahrhunderts war die mittlere Donau im Fokus, wo die Bedrohung durch Markomannen und andere Völker wuchs. Marc Aurel kämpfte gegen sie und zwang sie zu mehreren Friedensschlüssen, die sie immer wieder brachen. Erst der angeblich wahnsinnige Commodus einigte sich mit ihnen auf einen dauerhaften Frieden, der in Rom nicht unumstritten war. In den folgenden Jahrzehnten geschah zwischen Rhein und Donau vieles, was die Römer wohl nicht wahrnahmen, was aber bald die Bedrohung aus dieser Richtung verstärken sollte.

An Euphrat und Tigris stand Rom dem Partherreich gegenüber. Hier hatte Rom es nicht mit Stämmen zu tun, die sich um charismatische Herrscher scharten, sondern mit einem großräumigen Reich, dessen Organisation in vielem jener Roms vergleichbar war. Der Prestigewert eines Sieges gegen die Parther war unvergleichlich hoch, handelte es sich doch um die Nachkommen der Perser, die Alexander unterworfen hatte und von denen die Römer bei Carrhae 53 v. Chr. besiegt worden waren. Doch keines der Reiche suchte den großen Krieg, da nicht nur die Römer an anderen Grenzen gebunden waren, sondern auch die Parther, etwa in Mittelasien. Augustus schloss einen Frieden, aufgrund dessen die Römer ihre bei Carrhae verlorenen Feldzeichen zurückerhielten, aber auch auf eine weitere Expansion verzichteten. Als Sieg getarnt, läutete der Kompromiss eine vergleichsweise ruhige Entwicklung ein. Nur selten begegneten die Truppen der beiden Großreiche einander in offener Feldschlacht, zumeist trug man den Streit über kleinere Königtümer aus, namentlich über Armenien, dessen Herrscher teils von den Römern, teils von den Parthern eingesetzt wurden und oft Bürgerkriege gegeneinander austrugen.

Trajan erzielte im Osten die nach außen hin eindrucksvollsten Erfolge, er verleibte sogar das Zweistromland formell der römischen Herrschaft ein. Das Römische Reich hatte jetzt die größte Ausdehnung seiner Geschichte. Doch Größe bedeutet keine Stabilität. Tatsächlich hatte der Princeps die Kräfte des Imperiums überspannt, und Hadrian musste – nicht nur im Osten – römische Truppen zurücknehmen. Doch bereits Marc Aurel fühlte sich mit seinem Bruder Lucius Verus genötigt, in Persien zu intervenieren, und auch Septimius Severus drang tief in das Innere des Reiches vor. Keiner der Kaiser aber errang einen dauerhaften Sieg. Die Ostgrenze band weiter viele Kräfte, auch hier baute man, um eine gewisse Sicherheit zu erreichen, einen Limes, der allerdings eine gestaffelte Struktur hatte.

Natürlich engagierten sich römische Militärs auch anderswo. Seit Claudius hatten die Römer einen Teil Britanniens unter direkter Herrschaft, der ebenfalls durch Limites gesichert wurde. Africa litt unter maurischen Vorstößen, aber auch an der Südgrenze Ägyptens und anderswo musste man damit rechnen, dass bisweilen fremde Völkerschaften einfielen. Doch dies waren keine gravierenden Vorgänge.

Mehrere hunderttausend Soldaten standen in römischem Sold, viele Tausende ließen in Schlachten und Scharmützeln ihr Leben. Dennoch war die römische Grenzsicherung durchaus effizient und effektiv. Nur selten drangen fremde Völker bis ins Innere des Reiches vor, die Bevölkerung genoss eine ungekannte Ruhe vor äußeren Feinden – im Übrigen legten die Gegner Roms es gar nicht darauf an, das Römische Reich zu vernichten, sondern strebten danach, an dem Wohlstand zu partizipieren, und sei es dadurch, dass sie in römische Dienste traten und sich so vielfältige Möglichkeiten erschlossen.

Ein Reich der Perspektiven

Oft wird gefragt, warum das Römische Reich untergegangen sei. Aber war es wirklich zu erwarten, dass ein Reich, das über eine Vielzahl von Völkerschaften gebot, lange bestehen bleibe? Ein Reich, in dem die einen in Luxus schwelgten, die anderen unter brutalsten Bedingungen als Sklaven schuften mussten? Ein Reich, in dem eine Nachricht aus der Peripherie viele Tage brauchte, um in der Zentrale anzukommen? Ein Reich, das ringsum von fremden Völkern bedroht war? Ein Reich, das nur einen kleinen Verwaltungsapparat hatte?

Nein, das historisch Unwahrscheinliche sind die Stabilität und Dauer des Römischen Reiches. Vermutlich gab es bis heute keine Epoche der Weltgeschichte, in der so viele Menschen des Mittelmeerraums so lange weitgehend ungestört von Kriegen leben konnten wie unter der Herrschaft der römischen Kaiser in den ersten zwei Jahrhunderten n. Chr. Zwei größere Bürgerkriege zeitigten an den Kriegsschauplätzen verheerende Wirkungen, aber nicht im gesamten Reich; die Zahl der Vorstöße fremder Völker ins Innere des Reiches war bis zum Ende der Severerdynastie gering.

Bemerkenswert bleibt insgesamt, mit wie wenigen materiellen Ressourcen und mit wie wenig Bürokratie das Römische Reich sich zu halten vermochte. Bestimmte Herrschaftsmechanismen trugen dazu bei, wobei dieser Ausdruck leicht in die Irre führen kann, da es sich gar nicht unbedingt um bewusst konstruierte Verfahrensweisen handelte; vielmehr scheinen sie sich allmählich herausgebildet zu haben. Ganz wesentlich war, dass die römischen Herrscher bei weiten Teilen der Bevölkerung Akzeptanz fanden und das Imperium vielen Menschen, auch den Bewohnern der Provinzen, ja selbst Sklaven eine Perspektive zur Verbesserung ihrer Lage bot. Diese Mechanismen wirkten überwiegend unabhängig davon, welcher Princeps gerade auf dem Thron saß. Um dies zu verdeutlichen, ist ein Blick auf die Sozialstruktur des Reiches erforderlich.

Auf dem Palatin entstand um das Haus des Augustus ein Palast, und es etablierten sich höfische Strukturen. Der Kaiser mit sei-

Die beiden Silbermünzen (Denare) zeigen zwei unterschiedliche Auffassungen des kaiserlichen Bildes: Ist Augustus (links) idealisierend dargestellt, so erscheint Vespasian (rechts) als realistisch. Doch auch hier geht es um Inszenierung, in diesem Falle von Volksnähe.

ner Familie lebte in dem Komplex, umgeben von Hunderten von Menschen, die sie berieten, bedienten oder unterhielten. Sklaven und Freigelassene befanden sich darunter, aber auch Freigeborene. Römische Aristokraten waren gehalten, dem Princeps hier ihre Aufwartung zu machen, denn die Nähe zu ihm brachte entscheidende Statusgewinne. Das polyzentrische System der Republik mit seinen im Prinzip gleichwertigen Aristokraten richtete sich nun auf ein Zentrum aus, obgleich anders als an vielen frühneuzeitlichen Höfen die Aristokraten nicht beim Herrscher lebten.

Im Reich war der Herrscher omnipräsent. Allenthalben sah man sein Bild oder seinen Namen: auf Plätzen und in Theatern, in Tempeln und in Kastellen, auf Münzen und auf Statuen. Die Bilder des Kaisers waren so gestaltet, dass man ihn sofort erkannte, allerdings nicht im Sinne neuzeitlicher Porträts, sondern als Darstellungen, die den Betrachtern Eigenschaften des Kaisers verdeutlichen sollten. So wich Vespasian in seinem fleischigen Münzbild völlig von der edlen Darstellung julisch-claudischer Herrscher ab und unterstrich damit seine italisch-bodenständige Herkunft.

Die Loyalität gegenüber dem Herrscher wurde vor allem in religiösen Kategorien formuliert, da nach antiker Vorstellung politische und religiöse Gemeinschaft nicht zu trennen waren und sich an der überlegenen Macht des Herrschers die Unterstützung durch die Götter erwies. Dieser Kult für den Kaiser, über den im nächsten Kapitel noch ausführlich zu sprechen sein wird, musste den (meisten) Untertanen nicht aufgezwungen werden, er verband fast alle Bewohner des Reiches, denn es leuchtete den meisten ein, dass ein so starker Herrscher etwas Göttliches an sich haben müsse.

Ebenso profitierten fast alle vom Frieden, vom äußeren Frieden, aber auch vom Rechtsfrieden. Denn zum Reich gehört das Recht, nicht notwendig, aber unbestreitbar in hilfreichster Weise. Gemessen an modernen Maßstäben erscheint das Römische Reich korrupt und ungerecht. Beziehungen waren wesentlich, um Anliegen durchzusetzen, Sporteln bei Gericht sehr nützlich. Elementare Rechte wie das Recht auf körperliche Unversehrtheit waren keineswegs für alle gesichert. Zwar gab es die lateinische Wendung *ius hominum*, die sich in verführerischer Weise mit Menschenrecht übersetzen lässt, doch bezieht sie sich nicht auf subjektive Rechte aller Menschen, sondern auf das Recht, das unter allen freien Menschen prinzipiell gilt.

Das Römische Reich war aber ein Rechtsstaat insofern, als rechtsförmige Praktiken für die stetig wachsende Gruppe der Bürger zuverlässig und verbindlich Anwendung fanden. Auch ein gewisser Paulus, aus der Sicht römischer Magistrate ein kleiner Zeltmacher, der sich auf eine seltsame religiöse Gruppe eingelassen hatte, konnte verlangen und erwirken, nach Rom gebracht zu werden, um dort Gehör zu finden, weil er römischer Bürger war.

Römische Bürger durften sich darauf verlassen, ihr Recht zu erhalten, zu bestimmten Verfahren zugelassen zu werden, was nicht zuletzt wirtschaftliche Aktivitäten erleichterte. Diese Rechte bestimmten sich durch Tradition und Einzelentscheidungen. Schon seit der Republik hatten die Prätoren im sogenannten Prätorischen Edikt zum Amtsantritt bekanntgegeben, nach welchen Regeln sie Recht sprechen wollten, wobei diese sich immer weiter festigten. Hadrian verfügte eine definitive Fassung, die der Senat bestätigte. Änderungen durfte nur noch der Princeps vornehmen. Rechtsweiterbildung war jetzt eindeutig Sache des Kaisers. Doch ein allgemeines Rechtsbuch wurde im Prinzipat nicht geschaffen.

Wichtig für die Rechtsentwicklung war, dass Rechtsschulen entstanden, die verbindliche, nachvollziehbare Kriterien der Rechtsauslegung entwickelten. Die juristischen Denkfiguren, die sich hier herausbildeten, waren dank ihrer abstrakten Argumentation ablösbar vom historischen Kontext und in andere Gesellschaften übertragbar. Dafür sorgte Jahrhunderte später Justinian (527–565), der verschiedene Rechtstexte zusammenstellen ließ, die als *Corpus iuris* späteren Generationen überliefert wurden und über Jahrhunderte die europäische Rechtsgeschichte prägten.

Doch auch handfestere Interessen sicherten die Akzeptanz des Herrschers. Besonders zu achten hatte er auf den Senat, das Volk von Rom und das Heer. Den Senatoren war mit der Machtübernahme durch Octavian gerade das widerfahren, was sie immer hatten verhindern wollen: Ein großer Einzelner hatte sich durchgesetzt. Anders als Caesar vermied Octavian es, seine herausragende Position zu inszenieren. Wenn er verlauten ließ, dass die Republik wiederhergestellt worden sei, war das zwar nicht richtig, aber dem äußeren Anschein nach keineswegs völlig falsch. Der Senat, der für die Republik stand, arbeitete weiter, der Consulat blieb das höchste Amt. Diese Tradition bildete eine unverzichtbare Legitimitätsressource.

Man legte daher Wert darauf, dass die Senatoren neue Herrscher formell anerkannten. Den verstorbenen Kaiser konnten die Senatoren zum Gott erheben und damit einen Kult einrichten, sie konnten das aber auch verweigern. Geschichtsschreiber – sie entstammten überwiegend dem Senatorenstand – mochten einen Kaiser rühmen, ihn aber auch schmähen. Da der Gedanke an späteren Ruhm ein wichtiges Movens für viele antike Menschen darstellte, ist dieser Faktor von nicht zu unterschätzender Bedeutung.

Und die Senatoren sahen ihre Traditionen respektiert, ihr überragendes Ansehen geehrt. Sie wurden zu einem Stand, dem man nur unter bestimmten Voraussetzungen – namentlich Vermögen und gute Abkunft – angehörte. Sie genossen eine Reihe von Privilegien, etwa eine spezielle Tracht oder den Zugang zu wichtigen Ämtern. Zudem zählten Senatorensöhne anders als in der Republik von vornherein zum Senatorenstand und besaßen entsprechende Vorrechte. Über manche Prozessfragen, vor allem solche, die ihren eigenen Stand betrafen, durften die Senatoren entscheiden. Wenn die Senatoren auf den sichtbarsten Plätzen des Theaters saßen, wenn sie, begleitet von ihrer Klientenschar, über das Forum schritten, wenn sie in italischen Villen kultiviert ihren Wohlstand genossen, wenn ein großzügig alimentierter Dichter schöne Verse auf sie schmiedete, dann konnten sie sich schmeicheln, ihrer Vorgänger würdig zu sein. Indes, Debatten über eigentlich politische Angelegenheiten fanden kaum statt. Fiel tatsächlich einmal ein offenes Wort, erbauten sich die Geschichtsschreiber vom Schlage des Tacitus (ca. 55–ca. 120) an dem Relikt der alten Freiheit und konnten die Bestrafung eines mutigen Senators durch den Kaiser dem Stand als Ruhmesblatt anrechnen. Vielleicht vergaß Tacitus dann, dass er selbst unter dem verhassten Domitian Karriere gemacht hatte.

Relativ klare Karrierewege machten das Leben der Senatoren berechenbarer. Gewöhnlich jeweils für ein Jahr waren sie in städtischen, dann oft nach Unterbrechungen wieder in provinzialen Ämtern tätig. Statthalter wurden zum Teil vom Kaiser selbst benannt, zum Teil vom Senat durch Los bestimmt, standen aber faktisch unter kaiserlicher Kontrolle. Andererseits erlaubten diese Ämter ihren Inhabern, das Gefühl der Macht zu genießen, obwohl die Senatoren der direkten Kontrolle des Kaisers unterlagen und die meisten immer stärker dazu neigten, sich vor schwierigen, bald auch vor weniger schwierigen Entscheidungen beim Kaiser abzusichern. Dennoch, es gab viel zu tun: Anfang des 3. Jahrhunderts n. Chr. erhielt der Präfekt von Ägypten innerhalb von zweieinhalb Tagen 1804 Bittschriften aus der Bevölkerung.[9] So konnte man stolz auf das Geleistete sein: Auf den senatorischen Inschriften verewigte man die vielen Stufen der Karrieren, Amt für Amt.

Mit dem Ende der julisch-claudischen Dynastie verschwanden die letzten Senatoren aus Geschlechtern, die noch von der machtvollen republikanischen Tradition getragen wurden, es setzten sich Familien durch, die im treuen Dienst am Kaiser hochgekommen waren und eben darin die Erfüllung ihrer Ambitionen erblickten. Doch war dies eine Erfüllung? Zahlreiche Senatoren konkurrierten, teils in ruinöser Weise, in einem demonstrativen Luxuskonsum. Manche kümmerten sich vor allem um die Entwicklung des eigenen Selbst. Andere suchten ihren Ruhm durch Dichtung oder Geschichtsschreibung zu mehren, da alle militärischen Erfolge ohnehin dem Kaiser zuzurechnen waren. Andere trösteten sich philosophisch, durch Verachtung der Welt und ihres eigenen Wohlstandes, darüber hinweg, dass ihnen nicht mehr der Ruhm früherer Senatoren zuteilwerden konnte. Aber gemeinsam aufbegehren wollte man nicht.

Alle wussten, dass ein Princeps wie Augustus mehr Macht besaß, als er zeigte. Es war eine Frage des Willens, des Taktes und des Geschicks, ob der jeweilige Herrscher seine Überlegenheit ausspielte. Wenn er dies tat, wie etwa im Falle Caligulas, war der Senat empört und rächte sich durch Attentate, am nachhaltigsten aber, indem er dem Kaiser ein übles Andenken bewahrte – das oft bis heute fortwirkt.

In den letzten Jahrzehnten der Republik, namentlich seit dem Wirken des Gaius Gracchus, drohten die Ritter, der zweite Stand der Elite, sich zu Rivalen der Senatoren zu entwickeln. Nach neuzeitlichen Erfahrungen mit der Rivalität zwischen Bürgertum und Adel könnte man denken, dass in Rom ebenso zwei Stände einander gegenübergestanden hätten und die Principes versucht gewesen wären, im Sinne eines Bonapartismus die Ritter gegen die Senatoren auszuspielen. Das aber geschah nicht. Zwar musste man auch als Ritter ein gewisses Vermögen und gute Herkunft mitbringen, doch war der Stand weit inhomogener als die Senatorenschaft. Neben wohlhabenden alten Familien, die ohne großen Ehrgeiz in der Provinz lebten, gab es solche, die den Aufstieg in den Senat ansteuerten, andere hatten als Soldaten den Weg nach oben angetreten. Als

Opposition zum Senat sahen sie sich nicht, denn sie hatten die Perspektive der Mitgliedschaft für sich selbst oder ihre Söhne, wenn sie in ihren Ämtern erfolgreich waren.

Die Bedeutung der Ritter wuchs, da die Herrscher ihnen wesentliche Teile der kaiserlichen Verwaltung übertrugen. Sie ersetzten an vielen Stellen die Freigelassenen, deren Wirken im frühen Prinzipat besonderen Anstoß erregt hatte, da es als unerträglich galt, wenn Menschen unfreier Herkunft Macht über Vornehme ausübten. Auch für ritterliche Administratoren galten klare Karrierewege, die bis hin zum Kommando über die Prätorianer, die Garnison Roms, und zur Verwaltung des reichen Ägyptens führten, zu dem kein Senator ohne kaiserliche Erlaubnis Zugang hatte. Dass gerade solche einflussreichen Ämter den Rittern vorbehalten waren, zeigt, wie genau die Principes darauf achteten, die Macht zwischen den Ständen zu verteilen.

Die städtische Bevölkerung Roms betrachtete sich als würdige Nachkommenschaft derer, die die Welt erobert hatten. Zwar diente man nicht mehr in der Armee, zwar nahm man keine Strapazen in der Fremde mehr auf sich, doch stand das römische Volk im Sinne des SPQR – *senatus populusque Romanus*, Senat und Volk von Rom – ebenso für die Republik wie der Senat. Dem Volk war zudem bewusst, dass es einen Machtfaktor bildete. Unruhen in Städten konnten das Bild der friedlichen Herrschaft trüben und tatsächlich Schaden anrichten. Weiter genossen viele die Vorteile eines Klientenstatus, vor allem aber war das Volk Nutznießer des kaiserlichen Euergetismus: Eine günstige Getreideversorgung sicherte die materielle Existenz, die Spiele bereicherten das Leben und mehrten das Ansehen des Herrschers. Tiere, die aus allen Teilen der Welt kamen, bewiesen, wie weit die Macht des Princeps reichte; Gladiatoren, die entschlossen siegten und tapfer starben, betonten die Sieghaftigkeit des Herrschers.

Die traditionsstolzen Stadtrömer erneuerten sich fortwährend. Fremde strömten in die Stadt, freiwillig oder als Sklaven, die ja mit ihrer Freilassung und damit dem Erwerb des römischen Bürgerrechts rechnen konnten. Zwischen ihnen und den «altfreien»

Bürgern ist im Alltag kein größerer Unterschied zu erkennen. Die Volksversammlungen wurden nicht abgeschafft, hörten aber auf zusammenzutreten. Doch anlässlich von Spielen und bei anderen Gelegenheiten, zu denen der Princeps dem Volk begegnete, fand das Volk Gelegenheit, seine Vorstellungen zu artikulieren. Man achtete genau darauf, inwieweit sich in den Akklamationen die Akzeptanz eines Herrschers niederschlug oder seine Ablehnung. Befugnisse hatte das Volk nicht mehr, doch machtlos war es schon wegen seiner schieren Präsenz nicht.

Zu den wirkungsvollsten Neuerungen des Prinzipats gehörte die systematische Umwandlung der Armee in ein stehendes Heer. Es war ganz überwiegend an den bedrohten Grenzen stationiert, insbesondere an Rhein und Donau sowie an Euphrat und Tigris. In Rom stand die Elitetruppe der Prätorianergarde, die den Kaiser schützte, wenn sie nicht gerade seinen Sturz vorbereitete. Das übrige Heer teilte sich in zwei Gruppen, die Legionen, die aus Bürgern, und die Hilfstruppen, die aus fremden Völkern rekrutiert wurden.

Die Legionäre, die in großen Lagern standen, erhielten einen guten Sold, der bei besonderen Anlässen wie Regierungsantritt, Siegen oder Ähnlichem durch üppige Geschenke, sogenannte Donative, ergänzt wurde. Am Ende ihrer regulär 20 Jahre dauernden Dienstzeit erwartete sie eine großzügige Abfindung, so dass sie als wohlhabende und angesehene Veteranen ihren Ruhestand genießen konnten.

Schon in der Republik waren fallweise Soldaten fremder Völker herangezogen worden, um unter römischem Kommando zu kämpfen. Seit Augustus wurden solche Hilfstruppen (*auxilia*) zu einer festen Institution; die alltägliche Kontrolle der Grenze mit ihren kleinen Kastellen lag hauptsächlich bei ihnen. Ihre Angehörigen erhielten bei der Entlassung nach regulär 25 Jahren das Bürgerrecht für sich und ihre Frauen – damit das Recht auf eine nach römischem Recht gültige Ehe – sowie bis 140 auch für ihre Nachkommen. Alle bekamen einen regelmäßigen Sold, der zumal unter den Severern deutlich anstieg, sowie Donative. Wie attraktiv ein solcher Dienst für junge Männer war, bezeugt ein Privatbrief aus Ägypten: Eine gewisse Isis schreibt ihrer Mutter Thermuthio und sagt nach verschiedenen Grüßen: *Und wenn Aion zur Armee will, soll er gehen. Alle sind nämlich bei der Armee.*[10]

Angehörige der Mannschaften konnten auf Offiziersstellungen hoffen. Eine besondere Bedeutung hatten die Zenturionen der Legionen, unter denen wiederum eine hierarchische Ordnung bestand, mit dem *primipilus* an der Spitze, dem sich sogar die Möglichkeit eröffnete, Ritter zu werden. Die erfahrenen Zenturionen, die wussten, wie die einfachen Soldaten dachten, aber Aspirationen für einen Aufstieg hatten, gelten als das Rückgrat der römischen Armee.

Die meisten Offiziersstellen wurden allerdings an die Sprösslinge höherer Stände vergeben: Sowohl Senatoren als auch Ritter mussten in den Anfängen ihrer Karriere eine gewisse Zeit als Offiziere wirken. Senatoren konnten ihre Zeit als Militärtribune «runterreißen», während an die Ritter erheblich höhere Erwartungen gerichtet wurden; sie mussten in der Regel nach dem Militärtribunat in verschiedenen Funktionen kleinere Einheiten vor allem bei den Hilfstruppen befehligen. Die ganz hohen Kommanden wurden wieder an Senatoren vergeben, wobei deren Auswahl umsichtig erfolgte.

Den modernen Betrachter stört die Ungleichheit der Chancen: Während die unerfahrenen Senatorenjüngelchen gleich Tribune wurden, musste der gewöhnliche Römer sich als Zenturio langsam hochdienen. Da aber die Forderung einer Chancengleichheit aller Menschen der Antike fremd war, bedeutete die Perspektive eines Weges nach oben schon viel, so dass die hierarchische Struktur nicht nur die militärische Kraft der Römer stärkte, sondern auch den Ehrgeiz des Einzelnen beflügelte.

Die Armee war der entscheidende Machtfaktor im Römischen Reich. Der Senat mochte formell darüber befinden, ob ein Kaiser anzuerkennen sei oder nicht, seine Geschichtsschreiber mochten schlechten Kaisern Übles nachreden – wenn die Armee einen Kandidaten stützte, konnten die vornehmen Herren nichts ausrichten.

Die Soldaten nutzten die Möglichkeit seltener, als man erwarten würde. Dynastisch legitimierte oder adoptierte Herrscher wurden in der Regel anerkannt. Fehlte indes ein legitimer Nachfolger wie nach dem Ende von Nero und Commodus, drohte ein Bürgerkrieg. Ansonsten gab es nur in seltenen Fällen Usurpationsversuche, die von der Armee ausgingen, und bis 217 keinen erfolgreichen. Die Kaiser, die Severer noch stärker als alle anderen, demonstrierten gerne ihre Fürsorge für die Soldaten, durch Truppenbesuche, Ehrungen, Privilegien, nicht zuletzt durch Donative und großzügige Solderhöhungen.

Was für die Bevölkerung Roms und für die Armee galt, lässt sich ähnlich für die Bevölkerung in den Provinzen beobachten. Hier wirkten Senatoren als Statthalter, Ritter als Offiziere und Verwalter, standen aber auch die Soldaten. Nach Millionen zählte die einheimische Bevölkerung, doch es siedelten sich römische Bürger an, teils als Veteranen, teils allein aus wirtschaftlichen Interessen heraus. Die Römer setzten in den neu gewonnenen Gebieten gewöhnlich nicht auf Unterdrückung. Anders als die Assyrer und Babylonier, die Einheimische oft umsiedelten, versuchten die Römer (von wenigen Ausnahmen abgesehen) die Bevölkerung vor Ort zu integrieren. Die gegnerischen Anführer wurden beseitigt, teils aber auch begnadigt, und man suchte den Kontakt zu den traditionellen Eliten, denn für die Organisation unterhalb der Ebene des Statthalters hatte die römische Verwaltung keine Struktur und strebte sie offenbar auch nicht an.

Die Tatsache, dass die Römer sich in der Republik lange nicht um die Organisation ihrer Provinzen gekümmert, sondern die Verhältnisse vor Ort, sofern sie nicht störten, einfach belassen hatten, erwies sich in der Kaiserzeit als durchaus hilfreich, denn dadurch konnte man auf gewachsene Strukturen aufbauen. Herrschaftsausübung aus Städten heraus war den Römern vertraut. In vielen Landschaften, zumal im Osten, fanden sie bereits eine urbane Welt vor, in anderen begünstigten sie die Gründung von Städten römischen Typs. Die alten Städte bewahrten gewöhnlich ihre inneren Strukturen; in den neuen, zumal im Westen, schuf man Einrichtungen, die den römischen glichen, und einheitliche Stadtrechte. Daneben gab es Tempelherrschaften, unabhängige Dörfer, die verstreute oder nomadische Lebensweise mancher Stämme. All das wurde nicht mit einem Federstrich abgeschafft, aber verschwand allmählich, doch wiederum nicht vollständig.

Auch was den rechtlichen Status der Städte anging, lebte man mit erheblichen Unterschieden. Wie im Italien vor dem Bundesgenossenkrieg gab es abgestufte Formen der Integration. Entscheidend war, in welchem Umfang die Einwohner das römische Bürgerrecht besaßen – das doppelte, lokale und römische Bürgerrecht breitete sich aus. Vor der *Constitutio Antoniniana* von 212 aber steuerte man fein den Eintritt in das römische Bürgerrecht:

Wer in den Städten hohe Ämter bekleidete, wurde in den meisten Fällen römischer Bürger. Das eröffnete weitere Wege nach oben, zumal Vertreter einer bedeutenden Stadt in der Lage waren, durch Gesandtschaften zum Statthalter Kontakte mit Angehörigen der römischen Eliten zu knüpfen. So blieben die Städte lebendige Einheiten. Auf ihrer Führungsschicht lastete dabei eine hohe Verantwortung. Der Rat musste für die Steuern seiner Stadt einstehen – nach wie vor verzichtete Rom darauf, eine Finanzverwaltung einzurichten, die jeden Steuerzahler direkt belastete. Obgleich das Unwesen der *publicani* eingeschränkt wurde, konnte die Last drückend sein. In der Prosperität des frühen Prinzipats kamen die Eliten der meisten Städte jedoch damit gut zurecht.

Außerordentlich wichtig für die Ausbreitung des Bürgerrechts war die Armee. Viele Sprösslinge einheimischer Aristokraten wurden römische Offiziere, zumal in den Hilfstruppen. Ein Mann wie Arminius hatte es zum römischen Ritter gebracht – sein Beispiel belegt aber auch, dass die Integration nicht immer gelang. Denn der Arminius der Varusschlacht verdankte seinen Sieg nicht einem tapferen Angriff, sondern dem Verrat, den er als Kommandeur römischer Truppen an Varus geübt hatte.

Der Erfolg der römischen Integrationspolitik scheint äußerlich sichtbar: Wer das Gebiet des Römischen Reiches durchreist, erliegt zunächst dem Eindruck der Uniformität. Allenthalben ragen die

Säulen der Tempel oder doch ihre Stümpfe empor, allerorts begegnet man geraden Straßen, Inschriften scheinen allgegenwärtig, in den Museen füllt *Terra Sigillata*, die rötliche Gebrauchsware, die Vitrinen. Das Wort Romanisierung bezeichnet den Prozess der Ausbreitung der römischen Kultur, ist jedoch – ähnlich wie der Begriff der Hellenisierung – nicht unproblematisch: Keinesfalls nämlich trat eine komplette Homogenisierung ein. Es wurden nicht nur regionale Traditionen bewahrt, vielmehr wirkten die einheimischen Kulturen auf die Kultur der Herrschenden zurück. Romanisierung wird daher nicht mehr als Vorgang des Auferlegens einer fremden Kultur beschrieben, sondern als das Ergebnis einer Interaktion zwischen Provinzialen und Römern. Und was entstand, war im Ergebnis doch keine Einheitskultur, sondern unterschiedliche Amalgame.

Für die Eliten des griechischen Ostens, deren Selbstdarstellung in Inschriften und Literatur greifbar ist, war es durchaus möglich, sich zugleich als Römer und als Griechen zu fühlen. Großzügig, im Wettstreit mit anderen, stifteten sie Bauwerke und gaben Spiele, die Städte wuchsen in ihrer Pracht, und die Eliten setzten sich dafür bis hin zum eigenen Ruin ein. Zugleich pflegten sie die geistigen Traditionen Griechenlands. Im Römischen Reich gewannen sie neuen Glanz; da, wo die Römer Gebiete des Ostens mit Städten ausbauten, trugen sie sogar zu deren Hellenisierung bei.

Wer als Provinzialer des Westens vorankommen wollte, tat gut daran, sich der römischen Kultur zu öffnen, zumindest aber die lateinische Sprache zu erlernen; die Männer, die mit dem römischen Bürgerrecht aus ihrem Militärdienst in den Hilfstruppen zurückkehrten, benutzten gern weiter Latein, an das sie sich in der Armee gewöhnt hatten, und pflegten Bräuche und Kulte, die ihnen dort nahegebracht worden waren. Auch als Gallier bewegte man sich jetzt zwischen steingemauerten Gebäuden, verwendete Dachziegel, aß und trank aus römischem Geschirr. Lateinische Grabinschriften konnten den eigenen sozialen Status demonstrieren. Die Hinwendung zum römischen Habitus markierte oft stärker den sozialen Status als eine ethnische Zugehörigkeit. War das eine Mode oder die

Übernahme einer anderen Kultur? Fühlte man sich deswegen als Römer und nicht mehr als Gallier? Oder als beides, wie im Osten? Solche Fragen sind nach Provinz und Zeit differenziert zu beantworten.

Anders als etwa die Germanisierungspolitik, die das Deutsche Kaiserreich betrieb, ging es den Römern eben nicht darum, gezielt das ganze Reich kulturell zu vereinheitlichen, vielmehr ergab sich die Romanisierung als ein vermutlich nicht intendierter Effekt aus den Bemühungen um die Integration der Eliten. Gleichwohl war es den Römern durchaus bewusst, dass ihre Herrschaft zu grundlegenden Veränderungen führte. Die Römer gestanden auch ein, dass sie ihre kulturelle Höhe dank den Griechen erreicht hatten, doch sie erhoben den Anspruch, die gesamte Menschheit mit *humanitas* zu leiten. Das konnte ihnen den Lobpreis von Untertanen einbringen: *Wie bei einem Festtag hat der ganze Erdkreis sein altes Gewand, das Eisen, abgelegt und sich dem Schmuck und sämtlichen Vergnügen zugewandt, um sie zu genießen. Jeder andere Streit ist den Städten fremd geworden, sie alle beherrscht nur dieser eine Ehrgeiz, daß jede von ihnen möglichst schön und einladend erscheine. Überall gibt es Gymnasien, Brunnen, Vorhallen, Tempel, Werkstätten und Schulen*, behauptet Aelius Aristides (117–ca. 180), ein Prunkredner aus dem prosperierenden Kleinasien.[11]

Dass dieses Ideal durch die Gewaltsamkeit der Herrschaft oft konterkariert wurde, steht außer Zweifel, aufs Ganze aber gelang den Römern in erstaunlicher Weise eine friedliche Durchdringung des Reiches. Die Römer wussten, wie sie Anreize schufen, um die Einheimischen ruhigzustellen. So beschreibt Tacitus die Maßnahmen eines zeitgenössischen britannischen Statthalters namens Agricola, den er als vorbildlich betrachtet: *Um die verstreuten, rohen und darum leicht zum Krieg geneigten Menschen durch Annehmlichkeiten an Ruhe und Muße zu gewöhnen, ermunterte er sie persönlich und unterstützte sie öffentlich, Tempel, Märkte und Häuser zu errichten, wobei er die Raschen lobte und die Trägen schalt; so war Wetteifer um die Ehre an die Stelle von Zwang getreten. Schon ließ er ferner die Söhne der Häuptlinge in den freien Künsten aus-*

bilden und stellte die Begabung der Britannier über den Lerneifer der Gallier, so daß die, die eben noch die römische Sprache ablehnten, nach Beredsamkeit strebten. In der Folge kam sogar im äußeren Auftreten römisches Wesen zu Ehren und die Toga breitete sich aus. Und allmählich ließ man sich auf die Dinge ein, die zum Laster verführten: Säulenhallen, Bäder und erlesene Festgelage. Und das hieß bei den Unerfahrenen Bildung (humanitas), *während es ein Teil der Knechtschaft war.*[12] *Humanitas* erhält hier eine Bedeutung, die dem Modernen ebenso zynisch wie nachvollziehbar anmutet. Beide Bedeutungen muss im Auge haben, wer die Integrationsfähigkeit des Römischen Reiches verstehen will. Es schuf großartige zivilisatorische Möglichkeiten, brach aber auch den Widerstandswillen. Und dennoch: Was auf den ersten Blick, beim Besuch von Ausgrabungsgeländen und Museen, so einheitlich wirkt, versperrt den Blick auf die politische und kulturelle Vielfalt des Römischen Reiches, das vielen Kulturen, insbesondere der griechischen, eine neue Blüte ermöglichte.

Man sollte diese Gesellschaft nicht idealisieren. Die Sklaverei war nach wie vor eine selbstverständliche Gegebenheit, wobei zunehmend erwartet wurde, dass man die Unfreien human behandle. Am oberen Ende der sozialen Skala geboten dagegen manche Senatoren über unermesslichen Reichtum und ganze Heere von Sklaven; sie herrschten in den Provinzen über Gebiete, deren Größe die mancher Königreiche übertraf. Obwohl in Rom genauso wenig wie in Griechenland ein menschheitlicher Gleichheitsanspruch bestand, hätte diese Spannung vielleicht Sprengkraft entfalten können. Doch die Ungleichheit wurde dadurch tragbar, dass jener Reichtum an Perspektiven bestand, der den Integrationsmechanismen dieser Gesellschaft zu verdanken war.

Wie hoch der Anteil derer war, die tatsächlich eine ernsthafte Perspektive für einen sozialen Aufstieg hatten, ist indes schwer zu ermessen. Auch im Römischen Reich gab es Bauern, die nicht mehr erwirtschafteten, als das, was sie zum Überleben brauchten, und in einem schlechten Jahr sogar weniger; es gab Sklaven, die elend in den Bergwerken vegetierten. Von solchen Menschen sprechen unsere Quellen kaum. Weitaus häufiger ist die Rede von der schweren Steuerlast, die auf allen Provinzialen lag. Unzufriedenheit entstand auch unter Soldaten, wenn sie endlich – lange nach Ablauf der regulären Dienstzeit – entlassen werden wollten oder unter der Knute ihrer Offiziere stöhnten. Unruhen flackerten immer wieder auf. Doch keine dieser Revolten erschütterte das Reich insgesamt. Es wankte nicht einmal, als unter Marc Aurel militärische Bedrängnis und eine innere Krise – die Seuche – zusammenkamen.

Feinde hatte die römische Herrschaft auch, Vertreter einheimischer Kulturen, die eine Assimilation ablehnten. Einen wirkungsgeschichtlich wichtigen Sonderfall gab es: die Juden, die nicht allein in Palästina lebten und die mit bemerkenswerter Beharrlichkeit ihren Traditionen hatten treu bleiben können. Ihre Elite stand vor einer ganz anderen Herausforderung als die sonstigen ethnischen Eliten, die es mit den Römern zu tun bekamen. Denn die Bekleidung römischer Ämter verband sich mit bestimmten religiösen Praktiken – etwa kleinen Opfern –, die für Heiden selbstverständlich waren, für Juden aber einen Verrat an ihrem Glauben darstellten. Daher mussten ehrgeizige Juden sich zwischen dem überkommenen Kult auf der einen und der Zugehörigkeit zur administrativen Elite auf der anderen Seite entscheiden. Wer Karriere machte, entfremdete sich den anderen und entfernte sich von seinem Glauben. Daher konnten anders als sonst die Oberschichten der Juden nicht integriert werden und somit nicht als Transmissionsriemen dienen. Sie gerieten mit den Römern in ungewöhnlich harte Konflikte, von denen an anderer Stelle die Rede sein soll.

Gleichwohl – auch wenn man die Not der einfachen Leute, die Gewalt gegen Schwache, die drückenden Steuern, die Unterdrückung der Sklaven, die weiterhin beschränkten Handlungsspielräume der Frauen, die Auslöschung regionaler Kulturen, die Brutalität gegen Aufständische nicht aus den Augen verlieren darf –, es muss noch einmal betont werden: Dem Römischen Reich war es gelungen, über zwei Jahrhunderte einem großen Raum den Frieden zu sichern und viele am Wohlstand teilhaben zu lassen, völlig ungenügend nach modernen Maßstäben, aber höchst eindrucksvoll im historischen Vergleich.

Das Römische Reich ist Inbegriff eines großen Reiches. Gerne wird es mit dem China der Han-Zeit (202 v. Chr. – 220 n. Chr.), oder mit den USA der Neuzeit verglichen. Doch der Vergleich zwischen Reichen, der ungemein fruchtbar sein kann, überfordert die Kompetenz eines Einzelnen. Für die europäische Welt hat das Römische Reich eine unbestreitbare Sonderstellung: Seine Stabilität sollte Generationen von Europäern zu denken geben – und mehr noch sein Untergang.

Das Reich scheint zu wanken

Trotz aller Integrationsleistungen – in dem gewaltigen Reich mit seiner inhomogenen Untertanenschaft wurden Risse früh erkennbar, Unzufriedenheit gärte an vielen Orten. Doch nicht Rebellionen der Armen und Entrechteten gefährdeten das Römische Reich, sondern die äußere Bedrohung und die Macht der Armeen. Nach dem Tode des Severus Alexander (222–235) und dem Ende der severischen Dynastie wurden die Verhältnisse unübersichtlich. In dichter Folge wechselten die Kaiser, kaum einer starb eines friedlichen Todes, oft regierten mehrere gleichzeitig. Immer wieder spaltete sich das Reich in Teilreiche. An den Rändern brachen große Regionen weg: 260 bis 274 bestand ein Gallisches Sonderreich, und seit 260 entzogen sich die Herrscher von Palmyra immer weiter der zentralen Kontrolle; erst Aurelian (270–275) vermochte sich wieder in diesen Regionen durchzusetzen. Allerdings gilt es eines bei den Sonderreichen zu bedenken: Sie waren nicht als Alternative zum Römischen Reich konzipiert, obzwar die jeweiligen Herrscher sich dem Zentrum nicht unterordnen wollten.

Unter den äußeren Bedrohungen, die seit der Severerzeit wuchsen, sind vor allem zwei zu nennen. Bei den Völkern, die die Römer Germanen nannten, hatten sich neue Stämme herausgebildet, schlagkräftige und auf den römischen Reichtum erpichte Gruppen, die Alamannen und die Franken. Die Römer mussten viele Einfälle erdulden und die direkte Herrschaft über die Gebiete östlich des Rheins aufgeben. Bald tauchten auch Goten und andere Völkerschaften an den Grenzen auf. Die Unruhe östlich des Rheins und nördlich der Donau band viele Kräfte, erzeugte aber bei der Reichsbevölkerung einen ungeahnten Widerstandswillen. Als die Heruler 267/68 bis nach Griechenland vordrangen, wehrte sich Athen als Stadt noch einmal gegen äußere Feinde, in der Tradition seiner großen Freiheitskämpfe.

Zugleich hatte das Partherreich einen Herrschaftswechsel erlebt. Hier regierten nunmehr, nach dem Sturz der Arsakiden 224, die Sassaniden, die sich auf die altpersische Tradition beriefen. Die Herrschaft der Großkönige wurde straffer, die gewaltigen Ressourcen des Reiches besser erschlossen, mit Ahura Mazda besaß der Perserkönig einen mächtigen Schutzgott. Die Schwäche Roms ließ Angriffe verlockender erscheinen, zumal die Sassanidenkönige sich militärisch ebenso bewähren mussten wie die römischen Herrscher – und sie hatten dabei Erfolg. Shapur I. (240–272) nahm die Unterwerfung des römischen Kaisers Valerian (253–260) entgegen und führte ihn als Gefangenen in sein Reich – ein einzigartiger Erfolg aus persischer, eine entsetzliche Schmach aus römischer Sicht.

Die immer neu gekürten Kaiser stützten sich meist auf starke Legionen, bisweilen auf den Senat. Doch dieser war den Militärs hoffnungslos unterlegen. Es war, als hätten die Soldaten, nachdem sie die Gunst der Severer genossen hatten, begriffen, welche Macht in ihren Händen lag. Daher spricht man gerne von der Zeit der Soldatenkaiser. Früher war zudem oft von einer Reichskrise des 3. Jahrhunderts die Rede, was heute missverständlich erscheint. Denn viele Regionen litten zwar unter der äußeren Unsicherheit, sahen sich plötzlich den Raubzügen fremder Völker ausgesetzt oder mussten zusehen, wie die römische Soldateska auf der Durchreise bei ihnen hauste, viele hatten wirtschaftliche Einbußen zu verkraften, doch andere, zum Beispiel Africa, blühten weiter. Alle Reichsbewohner jedoch müssen darunter gelitten haben, dass der Feingehalt an Edelmetall in den Münzen immer geringer wurde und die Nominale an Wert verloren. Die Senatoren, die militärisch nicht gebraucht wurden, erlebten ebenfalls insgesamt eine Krise, denn sie bekamen ihre Bedeutungslosigkeit zu spüren.

Es war jedoch vor allem eine Krise des Kaisertums, auf die ein Herrscher mit einem – zumal angesichts der Tradition eines reaktiven Kaisertums – ungewöhnlichen Gestaltungswillen antwortete: Diokletian (284–305). Wie die meisten seiner Vorgänger wurde er 284 von seiner Armee zum Kaiser ausgerufen, doch er machte etwas, was nicht jeder tat: Er teilte die Herrschaft mit einem anderen, Maximian. Bald wurden zwei weitere Nicht-Verwandte herangezogen, so dass bis 293 eine Herrschaftsform entstanden war, die in der Moderne als Tetrarchie (Vierherrschaft) bezeichnet wird. Zwei *Augusti* standen über zwei *Caesares*, jeder der vier war für einen Amtssprengel zuständig und hatte dort für Ordnung zu sorgen. Usurpationen, die Hauptursache für die inneren Unruhen, lohnten sich deutlich weniger, da die Ausschaltung eines Herrschers drei andere auf den Plan gerufen hätte.

Die Vierergruppe schlug in wenigen Jahren Aufstände und Unruhen nieder und beseitigte alle Rivalen. Auch äußere Feinde wurden überwunden. 298 gelang Galerius, dem *Caesar* Diokletians, sogar ein Sieg über die Perser, der die Ostgrenze für mehrere Jahrzehnte beruhigte. Die Schmach Valerians war gerächt.

Außergewöhnlich sind die Reformbemühungen im Inneren, die sich im Rückblick wie ein Programm ausnehmen – man wüsste gerne, ob die erfolgreiche Neuordnung des Sassanidenreiches dafür Anregungen bot. Das Münzwesen wurde durch die Einführung neuer Nominale reformiert; ein Höchstpreisedikt sollte vor allem Soldaten, die oft in großer Zahl in einer Gegend erschienen und die Preise entsprechend in die Höhe schießen ließen, vor Wucherpreisen schützen. Die Armee gliederte man in fest stationierte Einheiten und mobile Truppen, um schnellere Reaktionen zu ermöglichen. Die Provinzen wurden in kleinere Einheiten aufgeteilt, militärische und zivile Macht getrennt, was die einzelnen Statthalter schwächte und die Effizienz vielleicht erhöhte. Am Hofe schuf man zahlreiche neue Ämter. Die Veranlagung der Steuern wurde systematisiert und ihre Eintreibung mit größerer Konsequenz erzwungen. Auch Italien musste nach mehr als 450 Jahren wieder direkte Steuern zahlen. Die Nachfolge sollte so gestaltet sein, dass keine Verwandten zum Zuge kamen. Diokletian selbst trat nach 20 Jahren ab und zwang Maximian, es ihm gleichzutun. So wollte man wohl verhindern, dass ein Herrscher sich zu sehr von persönlichen und familiären Interessen leiten ließ oder aufgrund von Altersschwäche Fehler machte.

Da Krisen in der Antike als Ausdruck des Zornes von Göttern verstanden wurden, achteten die Herrscher darauf, diese zu besänftigen, und förderten die traditionellen Kulte. Die in Syrien praktizierte Geschwisterehe wurde verboten, da sie römischen Traditionen widersprach, neue Religionen wie der Manichäismus oder das Christentum wurden brutal unterdrückt. Die Tetrarchen ließen sich allerdings anders als frühere Kaiser nicht als Götter verehren, sondern betonten, dass sie von Göttern eingesetzt seien, und beanspruchten eine besondere Nähe zu bestimmten Göttern.

Diokletian war es gelungen, dem Römischen Reich wieder Frieden zu bringen. Obwohl die tetrarchische Ordnung nicht lange überleben sollte, waren wichtige Reformen der Verwaltung eingeführt worden, die Bestand hatten und das Reich auf Jahrhunderte stabilisierten. Diokletian scheute nicht vor äußerster Härte gegenüber dem zurück, was ihm im Wege stand. Traditionen respektierte er wenig. Zwar blieb der Senat erhalten, doch Einfluss übte er nicht mehr aus, und Diokletian interessierte sich nicht für seine Empfindlichkeiten. Die republikanische Einkleidung des Kaisertums, die schon lange fadenscheinig geworden war, verschwand dementsprechend fast völlig aus der Selbstdarstellung, dafür trat die göttliche Legitimation, die unter anderem durch die gemeinsame Akklamation des Heeres zum Ausdruck gebracht werden konnte, in den Vordergrund. Das Zeremoniell, das den Kaiser als ein erhabenes Wesen, eingetaucht in höfische Pracht und umgeben von tiefem Schweigen, inszenierte, hob die Person des Herrschers unter allen Menschen weit heraus. Früher sprach die Forschung für die jetzt beginnende Zeit vom Dominat – darin steckt das lateinische Wort *dominus* (Herr), im Unterschied zum Prinzipat, als der Kaiser sich als Erster (*princeps*) unter Gleichen gebärdete. Doch ist der Unterschied zwischen den beiden Epochen nicht so eindeutig, wie es diese Terminologie suggeriert. Unübersehbar aber ist, dass die Kaiser jetzt viel stärker losgelöst waren von den Traditionen und Institutionen der Republik, dafür deutlich mehr mit der Welt des Göttlichen verbunden.

6. Rückblick

Die Lehre von den vier Reichen, die das Buch Daniel tradierte, wurde von christlichen Römern weitergedacht und behielt noch nach dem Ende des Weströmischen Reiches ihre Wirkungsmacht: Als am Weihnachtstag des Jahres 800 Karl der Große in Rom zum Kaiser gekrönt wurde, belegte das seine überragende Stellung. Gerne sprach man, an Daniel anknüpfend, von einer Übertragung des Reiches, einer *translatio imperii*, von den Römern auf die Franken, und so sollte der Name des Römischen Reiches noch viele Jahrhunderte erhalten bleiben, nicht allein im Osten mit der unbestreitbaren Kontinuität im Byzantinischen Reich, sondern auch im Westen, wo man bis heute stärker den Bruch zwischen Antike und Mittelalter wahrnimmt. Dort endete das Heilige Römische Reich, als Kaiser Franz, der kurz zuvor Kaiser von Österreich geworden war, die Krone 1806 niederlegte. Das bei Daniel prophezeite Ende der Welt trat damit nicht ein und wurde auch von niemandem mehr erwartet.

Zwei Reiche, die in der Antike entstanden und untergingen, sind heute noch jedermann bekannt, zwei Reiche ganz unterschiedlicher Natur: Während das Alexanderreich ein kurzlebiges Gebilde war, das auf dem militärischen Erfolg und der Rücksichtslosigkeit eines Potentaten beruhte, gelang es dem Römischen Reich für viele Jahrzehnte Stabilität in einer großen Region herzustellen und die Gesellschaft in einem hohen Maße zu integrieren, darin dem von Alexander vernichteten Perserreich vergleichbar. Auch die Entwicklung des Römischen Reiches kostete viel Blut, seine Dauerhaftigkeit beruhte auf teils brutalen Unterdrückungsmaßnahmen, die Ungleichheiten waren gravierend; trotz der Prosperität der Städte muss man auf dem Lande viel Not vermuten – gleichwohl: Das Römische Reich bildete eine weltgeschichtliche Ausnahmesituation, in der viele Menschen eines gewaltigen Gebiets für längere Zeit Frieden genossen und eine große Zahl regelmäßig mit Nahrung versorgt wurde, in der nicht wenige Einwohner Aufstiegsperspektiven hatten – keine spätere Macht im Mittelmeerraum kann beanspruchen, das in einem solchen Umfang verwirklicht zu haben wie das Römische Reich.

Im Gedächtnis Europas blieben aber auch jene Gestalten, die in einer späteren Terminologie als Widerstandskämpfer bezeichnet wurden: Viriathus auf der Iberischen Halbinsel, Vercingetorix in Gallien, Boudicca in Britannien und Arminius in Germanien. Zwei gegensätzliche Wahrnehmungen der Herrschaft Roms gehören so zum Erbe der Antike: Es war eine Ordnungs- und Kulturmacht, die nicht danach trachtete, Älteres grundlegend zu verändern, es war aber zugleich die Trägerin einer Fremdherrschaft, gegen die zu kämpfen sich lohnte. Und das tat kein Volk mit mehr Energie als das jüdische, das einer ganz anderen religiösen Tradition folgte, als die Römer sie pflegten, und schon daher in seinen strenggläubigen Teilen nicht integriert werden konnte. Es gab sein Erbe an eine Religion weiter, die in den Krisen des 3. Jahrhunderts von sich reden machte: das Christentum, das sich mit dem Römischen Reich verbinden und es doch überdauern sollte.

IV. Wahrer Glaube

1. Judentum

Die Formierung des Judentums

Es ist eine eigenartige Koinzidenz und vielleicht doch mehr als eine Koinzidenz: In zwei politisch schwachen, randständigen Landschaften des Mittelmeerraums entstanden im 1. Jahrtausend v. Chr. geistige Bewegungen, die bis heute für die abendländische Geschichte als traditionsstiftend gelten, in Griechenland, namentlich in Athen, und in Palästina. Von Griechenland war schon viel die Rede, dieses Kapitel ist dem Judentum gewidmet und dem, was aus ihm erwuchs.

Das Wort *religio* ist antik, der damit in den modernen Sprachen verbundene Inhalt indes neuzeitlich – das lateinische Wort wird mit «Gewissenhaftigkeit», «Gottesfurcht» und ähnlichen Begriffen übersetzt. Erst im 18. Jahrhundert wurde Religion als abstrakter Begriff verwendet, um verschiedene Verbindungen von kultischen Praktiken und Lehren über Transzendenz – Christentum, Islam, Buddhismus usw. – zu beschreiben. Unterstellt wird damit, dass in den übrigen Religionen eine Kohärenz herrsche, wie man sie etwa vom Christentum oder Judentum her kennt. Das ist aber für viele ostasiatische Religionen zweifelhaft und erst recht für die antiken. Es bestanden eher viele religiöse Praktiken und Kulte, teils individueller, teils kollektiver Art, nebeneinander, ohne dass sie durch ein theologisches System verbunden wurden. Was heute selbstverständlich erscheint, eine Religion, die sich über verbindliche Lehren klar abgrenzt und den Anspruch erhebt, für alle Menschen gültig zu sein, eine Universalreligion in diesem Sinne war in der antiken Welt etwas zutiefst Befremdliches, nachgerade Verstörendes, doch entstand dieses Konzept gerade in der Antike und hatte seine Wurzeln an der Peripherie.

Palästina war eine bergige, teils karge Landschaft, die am Ufer des Mittelmeers und zwischen den beiden Machtzentren des Alten Orients lag, zwischen Ägypten und dem Zweistromland. Immer wieder durchzogen fremde Völker diese Landschaft, immer wieder prallten die Interessen der großen Reiche dort aufeinander. Die Küste war geprägt von Städten, die einen lebhaften Handel trieben. Im Norden siedelten die Phönizier, deren Einfluss um 1000 v. Chr. seinen Höhepunkt erlangte. Sie erreichten Spanien, ja scheinen in den Atlantik vorgestoßen zu sein. Im Hinterland, dessen materielle Kultur weitaus weniger entwickelt war, entstanden kleine Herrschaften unter Königen, die oft nur mit Mühe ihre Macht zu behaupten wussten.

Das religiöse Leben in dieser Landschaft deutete auf nichts Ungewöhnliches hin. Man kannte eine Vielzahl von Göttern, die unterschiedliche Aufgaben hatten, man rechnete damit, dass auch die Götter anderer Städte und Völker Macht besitzen könnten. Beliebig und unverbindlich waren die Beziehungen zu den Göttern keineswegs, da diese jederzeit ins Leben des Einzelnen eingreifen konnten, seine Opfer belohnen, seine Kultvergehen bestrafen mochten. Orthopraxie, die richtige Ausübung von Kulten, stand im Zentrum. Manche Götter achteten darauf, dass bestimmte Verhaltensregeln im Alltag eingehalten wurden, aber eine Ethik, die für alle Menschen galt, vertraten sie nicht. Gottheiten blieben vornehmlich an einen oder auch mehrere Orte bunden, universale Verehrung beanspruchten sie keineswegs.

Eine derartige Religiosität kennt man auch aus dem Zweistromland und aus Ägypten. Doch lassen sich daneben andere Entwicklungen beobachten: In Babylonien gab es starke Tendenzen zum Henotheismus, das heißt zur ausschließlichen Verehrung eines Gottes. Das war etwa der Fall bei Marduk, einstmals lediglich der Stadtgott von Babylon, doch einer, dessen Erfolge in den Zeiten der Babylonischen Reiche offenkundig waren. Anders als im exklusiven Monotheismus bestritt man jedoch nicht, dass andere Götter existieren könnten.

Noch auffälliger ist eine Entwicklung in Ägypten, die sich mit dem noch heute berühmten Echnaton (1351–1334) verbindet. Ursprünglich hatte der Pharao in der Tradition seines Hauses nach dem Gott Amun den Namen Amenophis (IV.) geführt, doch wählte er zu einem bestimmten Zeitpunkt einen neuen Namen: Echnaton, benannte sich somit nach dem gewissermaßen wiederentdeckten Sonnengott Aton und begründete ein neues Zentrum mit Kultstätten für ihn, fernab der bestehenden, gewaltigen Tempelanlagen. Echnaton feierte seinen Gott mit Dichtungen, die den modernen, bewusst oder unbewusst durch monotheistische Vorstellungen geprägten Leser unmittelbar ansprechen; ein knapper Ausschnitt mag genügen:

Deine Strahlen säugen alle Wiesen;
wenn du aufgehst, leben sie und wachsen um deinetwillen.
Du erschaffst die Jahreszeiten, um alle deine Geschöpfe sich entwickeln zu lassen,
den Winter, sie zu kühlen,
die Sommerglut, damit sie dich spüren.

Du hast den Himmel fern gemacht, um an ihm aufzugehen,
um alles zu sehen, was du erschaffst, indem du allein bist.
Du bist aufgegangen in deiner Verkörperung als lebende Sonne,
du bist erschienen und strahlend,
du bist fern und nah (zugleich).[1]

Ob Echnatons Religion wirklich als monotheistisch bezeichnet werden kann oder ob man in ihr nicht eher eine Spielart des Henotheismus sehen muss, ist strittig. Etwas Neuartiges im ägyptischen Kontext bedeutete sie auf jeden Fall. Gewiss darf man den politischen Hintergrund der religiösen Entscheidungen Echnatons nicht übersehen: Indem er einen neuen Gott einführte und sich als dessen Priester gebärdete, stellte er die Macht der traditionsreichen, machtvollen ägyptischen Priesterschaft in Frage. Vielleicht hatte hier also ein Herrscher aus politischem Kalkül eine radikale Lösung gesucht. Unbestreitbar ist, dass dem Experiment nur kurze Dauer beschieden war. Nach dem Tode Echnatons kehrten die alten Verhältnisse rasch wieder zurück, Tutanchamun (ca. 1333–1323), der vor allem durch den Fund seines unberührten Grabes bekannt geworden ist, nahm schon wieder den Namen Amuns an. Ruhm gewann Echnatons Wirken erst durch neuzeitliche Grabungen, unter den Ägyptern scheint die Erinnerung an ihn keine große Rolle mehr gespielt zu haben.

Religionsgeschichtlich bleibt diese Episode dennoch bemerkenswert: Sie scheint auf das vorauszuweisen, was als Monotheismus die Mittelmeerwelt beherrschen sollte. Doch so wenig man über die Frühgeschichte Israels sagen kann – die Entwicklung des jüdischen Monotheismus lag mit Sicherheit viel später.

Die Stämme des palästinischen Hinterlandes fanden mit Mühe zu einer gewissen politischen Einheit, zunächst vor allem, wenn es darum ging, Gegner zu vertreiben wie die Philister, die sich wohl im 12. Jahrhundert an der südlichen Küste, im Bereich des heutigen Gaza-Streifens, angesiedelt hatten. Erst allmählich bildete sich zumal für die südlichen Stämme Israels ein politisches und religiöses Zentrum in dem hochgelegenen, schwer einnehmbaren Jerusalem heraus.

Man spricht für diese Epoche gern von Israeliten oder Hebräern, um den Unterschied zu dem durch einen gemeinsamen Kult, eine gemeinsame Schrift und feste Regeln klar von anderen Ethnien abgegrenzten Judentum zu verdeutlichen, das im Babylonischen Exil entstehen sollte. Eine Vielzahl von Göttern wurde anfangs verehrt, unter ihnen Jahwe. Doch auch Ba'al, von den benachbarten phönizischen Herrschern gefördert, besaß vielerorts Altäre. Irgendwann scheinen die Priester in Jerusalem zu der Überzeugung gelangt zu sein, dass allein der Gott, dessen Kultstätte in ihrer Stadt lag, Jahwe nämlich, Verehrung verdiene. Der König Josia (639–609) legte nach einer durchaus glaubhaften Überlieferung sogar heilige Schriften vor, die unter dem Namen Moses liefen. Darin war offenbar ein detailliertes Regelwerk festgelegt, das den Kult für Jahwe ordnete. Ein Satz erscheint ganz eindeutig als Zeugnis monotheistischer Vorstellungen: *Ich bin der Jahwe, dein Gott, der dich herausgeführt hat aus dem Land Ägypten, aus einem Sklavenhaus. Du sollst keine anderen Götter haben neben mir.*[2] Doch muss dieser Satz keineswegs bedeuten, dass alle Götter außer Jahwe verworfen wurden, er kann auch im Sinne eines Henotheismus gelesen werden: Die Juden hatten ausschließlich diesen Gott zu verehren, unabhängig davon, ob die übrigen Götter anderswo ihren Kult beanspruchen konnten.

Die historiographische Tradition der Juden, wie sie im Alten Testament bewahrt ist, verband den Ausschließlichkeitsgedanken mit den ersten Anfängen des Volkes. Der Stammvater Abraham war, so überlieferte man, von Jahwe aufgefordert worden, sich in Kanaan anzusiedeln. Diesem Befehl gehorchend zog er aus seiner Heimat, dem mesopotamischen Ur, dorthin. Seine Nachkommen mehrten sich und blieben Jahwe treu. Sie kamen nach Ägypten, zunächst unter Ehren, doch bald gerieten sie in Knechtschaft, bis Mose sie in das Gelobte Land führte. Auf diesem 40 Jahre währenden Zug wurden ihnen die Zehn Gebote verkündet. Zwei Namen von späteren Königen, deren historische Existenz strittig ist, stehen für die Tradition einer großen Machtausdehnung: David und Salomon, der Jahwe einen Tempel errichtet haben soll.

Die moderne historische Forschung konnte deutlich machen, dass es sich bei den jüdischen Geschichtswerken, die erst lange nach den Ereignissen entstanden und allenfalls auf spärliches älteres Material zurückgreifen konnten, um eine Stilisierung der Vergangenheit handelte, Grabungen haben zusätzliche Zweifel geweckt. Wie immer das Reich Davids ausgesehen haben mag, ein bedeutendes Reich war es nach den Maßstäben der Zeit nicht. Vermutlich profitierten die Israeliten von der zeitweiligen Schwäche der größeren Mächte um 1000 v. Chr. und konnten so eine vergleichsweise starke Stellung erlangen.

Gesichert ist, dass die Einheit der Israeliten allenfalls für wenige Generationen bestand. Bald, laut der Tradition im Jahr 926, entstand das Nordreich Israel, das sein Zentrum in Samaria fand, auch hier wurde Jahwe verehrt. Doch setzte in diesem Reich nie eine Bewegung ein, die die Ausschließlichkeit des Gottes so betonte, wie es im Südreich Judäa geschehen sollte. Als die mesopotamischen Großreiche zu neuer Kraft gelangten, waren die kleinen Königtümer Palästinas ihnen nicht gewachsen. 722/21 fiel Samaria dem neuassyrischen König zum Opfer, und es folgten, wie so oft im Assyrischen Reich, Deportationen. Teile der Bevölkerung Samarias wurden ins Zweistromland verbracht und andere Völker in ihrer Heimat angesiedelt. Die religiösen Bräuche des eigenen Landes scheinen nur mühsam überlebt zu haben, die verbannte Bevölkerung ging anscheinend in ihrer Umwelt auf.

Das Südreich hingegen hielt sich erheblich länger. Vielleicht löste gerade die Krise des Nordreichs eine religiöse Erneuerung aus, die in das Wirken Josias mündete, doch fiel auch Judäa, so treu es Jahwe verehren mochte, schließlich den Babyloniern unter Nebukadnezar II. (605–562) zu. Zweimal wurde Jerusalem erobert. Erhebliche Teile der Bevölkerung, namentlich der Eliten einschließlich des Königs, wurden nach Babylon gezwungen, die Feinde scheuten nicht einmal vor der Zerstörung des Tempels von Jerusalem zurück. Und Jahwe nahm keine Rache am babylonischen Heer.

Damit war die Schwäche des Gottes der Juden erwiesen, ihr Untergang als ethnisch-religiöse Einheit besiegelt – so musste es jeder Zeitgenosse sehen. Doch es geschah das Unerwartete und welthistorisch wohl Einmalige: Die Juden überlebten, dank des geschriebenen Wortes. Nach dem Ende ihres Königreiches und dem Untergang ihres zentralen Heiligtums stand der kanonische Text im Mittelpunkt, ein Text, der wohl auf jenen Schriften aufbaute, die unter Josia ans Licht gebracht worden waren. Er speicherte die Regeln, jene eingeschlossen, die durch die Zerstörung des Tempels obsolet erschienen. Denn man hoffte ja weiter auf dessen Wiedererrichtung. Das jüdische Volk konstituierte sich nicht mehr über ein gemeinsames Königtum oder eine Landschaft, sondern, in der Zeit ganz ungewöhnlich, über gemeinsame Gebote wie die Heiligung des Sabbats, die Beschneidung oder bestimmte Speisevorschriften.

Die Hoffnung auf eine Rückkehr konnte man bewahren, weil ein Geschichtswerk – jenes Werk, das von David und Salomon erzählte – eine Erklärung für den Untergang der Juden bot. Das Werk, über viele Jahrzehnte, vor allem während des 6. Jahrhunderts, herangereift, ältere Stoffe aufgreifend, immer wieder erneuert, nennt man heute allgemein das «deuteronomistische» Geschichtswerk, nach dem griechischen Namen des 5. Buches Mose, Deuteronomium (zweite Gesetzgebung).

Es vermittelt ein ungewöhnliches Geschichtsbild: Weil die Juden, auch ihre Anführer, sich versündigt hatten, verhängte Gott eine Strafe über sie, wie er sie bereits mehrfach seinem Volke angedroht hatte. Das Los der Juden erweist in dieser Deutung gerade nicht die Schwäche des jüdischen Gottes gegenüber anderen Gottheiten, sondern belegt die Macht seines Redens und Handelns, selbst die fremden Herrscher sind Werkzeuge seines Wirkens.

Solche Vorstellungen waren keineswegs umstürzend neu. Im Alten Orient hatte man oft einen Zusammenhang zwischen Tun und Ergehen formuliert. Doch der Gedanke, dass das Volk Gottes in der Not an einem letztlich beliebigen Ort seinen Herrn anrufen und auf seine Hilfe hoffen dürfe, bleibt erstaunlich. Anders als der größte Teil der zeitgenössischen Geschichtsschreibung war das deuteronomistische Geschichtswerk folglich nicht allein auf Erfolge fixiert. Selbst David und Salomon, mit denen sich die Macht Judäas verbindet, erscheinen nicht als makellos. David zieht sich schweren Tadel zu, weil er einen seiner Männer in den Tod schickt, um dessen Frau zu gewinnen; Salomon nimmt es hin, dass seine Frauen andere Götter neben Jahwe verehren. Als Gegenpart der stets zur Sünde geneigten Könige treten die Propheten auf. Durch sie spricht Gott zu den Menschen, ihre Worte künden drohend Unheil an, doch man hört nicht auf sie, und es geschieht, was Gott sie prophezeien ließ. Alles erwächst somit aus dem Willen Gottes, die Menschen können ihn erkennen, sie müssen aber auch an ihn glauben und entsprechend handeln. Propheten und ihre Werke vermitteln jene selbstkritische Semantik, die Unheil verständlich machte, ohne dass man den eigenen Prinzipien untreu werden musste. Dies konnte das

Volk über politische Krisen hinwegtragen. Eine theozentrische normative Ordnung entstand in Zeiten der Bedrängnis und begründete die jüdische Identität.

Mit der Kraft ihres Glaubens und dem Vertrauen darauf, dass bei aller Trübsal das Überleben ihres Volkes von Gott gewollt sei, überstanden die Juden die Babylonische Gefangenschaft. Manche wurden schwach und integrierten sich in die umgebende Gesellschaft, doch hinreichend viele blieben dem treu, was sie als die Tradition ihrer Väter betrachteten. Als der Perserkönig Kyros der Große (ca. 559–530) 539 Babylon eroberte, gestattete er den Juden die Rückkehr in ihre Heimat und gewann so ergebene Untertanen. Bald darauf erhielten sie sogar die Erlaubnis, ihren Tempel in Jerusalem wieder zu errichten, um Jahwe an seinem alten Platz zu verehren. 516 wurde das neue Bauwerk geweiht. Diese Epoche der jüdischen Geschichte ist die des Zweiten Tempels; sie endet mit dessen Zerstörung 70 n. Chr.

Wenngleich es keine jüdischen Könige mehr gab, versuchte man an alte Verhältnisse anzuknüpfen oder besser an das, was man dafür hielt. Der Hohepriester von Jerusalem stand an der Spitze der Juden und leitete einen Tempelstaat, dessen innere Autonomie der Perserkönig weitgehend respektierte. Der Kanon Heiliger Schriften, die als das Wort Gottes galten, verfestigte sich weiter – auch das war für die sonstige antike Welt, die kaum heilige Texte kannte und schon gar keine von solcher Tragweite, ungewöhnlich. Mit neuer Strenge wurde die Abgrenzung der Juden von ihrer Umwelt gefordert – ein Ausdruck von heftigen Konflikten darüber, was als jüdisch zu betrachten sei. Es ging nicht nur um Regelungen von Ritualen, sondern weitaus stärker als zuvor um die Neubestimmung von Verhaltensweisen, die die Lebensführung insgesamt betrafen. Die Religion wurde so in einem Maße ethisch aufgeladen, wie es unter antiken Umständen ungewöhnlich war. Die Abgrenzung von der Umwelt in religiöser Hinsicht bedeutete auch, dass man alle die, die sich nicht zum Judentum bekannten, insgesamt als Heiden einordnen konnte. Damit unterwarf man eine Vielzahl unterschiedlicher religiöser Vorstellungen und Praktiken einem einheitlichen Begriff. Umso leichter konnte sich die Idee festsetzen, dass nur auf der einen Seite die Wahrheit stehe, auf der anderen aber die Unwahrheit.

Ein Denken, wie es sich hier ausdrückt, ein Denken, das den Anspruch vertritt, für die ganze Wahrheit zu stehen, war ganz außergewöhnlich. Der Ägyptologe Jan Assmann spricht von der Mosaischen Unterscheidung, um diese Verbindung des Monotheismus mit der Vorstellung einer wahren Lehre zu kennzeichnen, denn in den Büchern Moses der Hebräischen Bibel kommt diese Vorstellung verschiedentlich zum Ausdruck. Er erklärt ferner in seinen Studien, die auch die beiden anderen abrahamitischen Religionen, Christentum und Islam, einbeziehen, dass dieser Wahrheitsanspruch mit einer Disposition zur Gewalttätigkeit im Namen des wahren Glaubens verbunden sei. So heißt es an einer Stelle der Bücher Mose: Wenn ein Verwandter einen dazu bringen will, andere Götter zu verehren, *die weder du noch deine Väter kannten, von den Göttern der Völker rings um euch her, sie seien nahe bei dir oder ferne von dir, vom einen Ende der Erde bis zum anderen, so sollst du ihm nicht zu Willen sein und nicht auf ihn hören; du sollst ihn nicht schonen und dich nicht seiner erbarmen, noch seine Schuld verbergen, sondern umbringen sollst du ihn; deine Hand soll sich zuerst wider ihn erheben, um ihn zu töten, danach die Hand des ganzen Volkes. Du sollst ihn zu Tode steinigen.*[3]

Solche Beobachtungen bedeuten indes weder, dass monotheistische Religionen zwingend gewalttätig, noch dass polytheistische Kulte per se gewaltlos seien. Einen Toleranzgedanken im modernen Sinne, nach dem jedem als Menschen das persönliche Recht zukomme, seinen Gott zu verehren, findet man in der Antike kaum. Es gab lediglich unterschiedliche Grade der Duldsamkeit, eine Praxis, die dem Betrachter, der vom modernen Toleranzgedanken herkommt, zusagt, die aber nicht juristisch oder ideologisch begründet war.

Die Zeit des Zweiten Tempels war zunächst vergleichsweise ruhig: Der Alexanderzug blieb für die Juden ohne unmittelbare Folge, nicht jedoch die ständigen Kriege der hellenistischen Könige. Hatten sich zunächst die Ptolemäer Palästina gesichert, so waren seit 200 die Seleukiden Herren des Landes. Für die unter hellenistischer Herrschaft lebenden Juden erhob sich die Frage, wie sie sich zur griechischen Kultur stellen sollten. Das löste heftige innerjüdische Auseinandersetzungen aus, aber auch Konflikte mit König Antiochos IV (175–164). Seit 165 setzten sich die traditionalistischen Makkabäer durch, die ihrerseits wieder von manchen traditionalistischen Juden als Verräter am Überkommenen gesehen wurden.[4]

Schon dieser Konflikt zeigt: Die palästinischen Juden bildeten keineswegs eine uniforme Gruppe, und das wurde in den folgenden Jahrzehnten deutlicher: Einige propagierten den Rückzug aus der Welt, andere suchten nach Regeln für das jüdische Leben in der Welt; einige folgten der Lehre von der Auferstehung, andere verwarfen sie; einige suchten griechisches Denken und jüdische Tradition zu verbinden, andere lehnten ab, was immer ihnen fremd schien. Fast alle hofften weiter auf den Messias, der das eigentliche jüdische Königtum, die Herrschaft Davids, erneuern sollte. Manch ein Jude erhob Anspruch auf diesen Titel, aber keiner fand allgemeine Anerkennung. Am bekanntesten war die traditionsbewusste Gruppe der Pharisäer, die im Neuen Testament als Inbegriff einer selbstgerechten Gesetzestreue erscheinen, die in der Geschichte ihrer Zeit aber oft als mutige Kämpfer für das hervortraten, was das Judentum in ihren Augen ausmachte.

Schon lange gab es eine jüdische Diaspora im Mittelmeerraum, und immer mehr Juden verließen die bäuerliche Welt ihrer Heimat, um als Handwerker, als Händler, als Söldner oder wie auch immer ihren Lebensunterhalt zu bestreiten. In der Fremde waren sie natürlich besonders starken hellenistischen Einflüssen ausgesetzt. Noch stärker als für andere Völker gilt jedoch, dass die Juden sich dadurch nicht in Griechen verwandelten, sondern sich bestimmte Elemente der griechischen Kultur aneigneten. Sie besuchten die Synagogen, die Versammlungsorte der jüdischen Gemeinden, wo gebetet, gelesen und die Heilige Schrift ausgelegt wurde, und hielten die Traditionen ihrer Väter hoch, gebrauchten dabei aber zunehmend die griechische Sprache. Auch ihre Heiligen

Schriften wurden ins Griechische übersetzt. Das Werk heißt Septuaginta, denn eine Legende besagt, dass 72 (lateinisch: *septuaginta duo*) Gelehrte den Text unabhängig voneinander, aber wortgleich übersetzt hätten. In der Einmütigkeit der Übersetzer sah man ein Zeichen dafür, dass auch der griechische Text das authentische Wort Gottes sei.

Trotz mancher Anfeindungen und gelegentlicher gewaltsamer Ausbrüche kamen die Juden insgesamt mit ihrer Umwelt gut zurecht, ohne ihre Eigenständigkeit zu verlieren. Auch wer ihre Religion seltsam fand, musste sie aufgrund ihres hohen Alters respektieren. Mancherorts fanden sie sogar neue Anhänger, Proselyten («Hinzugekommene»), die dem Glauben an den allmächtigen, gerechten und einzigen Gott viel abgewinnen konnten, wenn auch nicht alle sämtlichen Regeln des jüdischen Lebens folgen wollten.

Seit 63 v. Chr. herrschte in Palästina der römische Einfluss vor. Viele sahen den neuen Machthabern erwartungsvoll entgegen, denn die Römer hatten während der Kriege gegen den gemeinsamen Feind, die Seleukiden, als ferne Freunde gegolten. Jetzt regierten sie teils direkt, teils mittels einheimischer Klientelherrscher. Von diesen ist Herodes der Große (40/37 – 4 v. Chr.) der bekannteste. Peinlich achtete er darauf, sich mit den Römern gut zu stellen und dem jeweils Mächtigeren seine Treue zu beweisen. Eine neue Stadt, die er an der Ostküste des Mittelmeers gründete, nannte er Caesarea. Im Inneren suchte er einerseits die Verbindung zu den jüdischen Autoritäten, demonstrierte andererseits den ganzen Prunk eines hellenistischen Monarchen und scheute nicht einmal davor zurück, seine Frau zu verstoßen und eine andere zu ehelichen. Damit aber stieß er auf heftigste Kritik – unter anderem bei Johannes dem Täufer, einem asketisch lebenden, strengen Prediger, der dafür mit dem Leben büßte: So sehr die Landschaften Palästinas prosperierten, seitdem die römischen Bürgerkriege beendet waren, es gärte unter den Juden, und die jüdischen Autoritäten wie die römischen Herren betrachteten das mit Argwohn. Das belegt die Geschichte eines galiläischen Wanderpredigers, der unter Augustus geboren wurde.

Eine neue Religion mit jüdischen Wurzeln

Zur Zeit des Tiberius (14–37 n. Chr.) zog ein gewisser Jesus, der aus Nazareth stammte und von Johannes dem Täufer die Taufe empfangen hatte, predigend durch Galiläa, gegen Ende seines Lebens reiste er nach Jerusalem, wo er unter dem Präfekten Pontius Pilatus ans Kreuz geschlagen wurde. Schwerlich lässt sich bestreiten, dass ein Mann mit dieser Biographie gelebt hat, allerdings ist seine ursprüngliche Lehre schwer zu greifen, da die spätere Tradition sie überformt hat. Erste Zeugnisse für das Leben Jesu stammen aus den Briefen des Paulus, der ihn auf Erden nie erlebt hat. Sie bezeugen – ganz wichtig – den Tod am Kreuz und Elemente seiner Verkündigung, wie Paulus sie verstand.

Je weiter man sich von der Lebenszeit Jesu entfernte, umso stärker wuchs das biographische Interesse. Das Neue Testament, wie es heute erhalten ist, versammelt nur einen Teil der christlichen Texte, die in der Frühzeit des Christentums entstanden sind. Noch viel mehr christliche Schriften sind bezeugt, aus der frühen Zeit vor allem Aussprüche Jesu, auch der eine oder andere Bericht über sein Wirken. Vermutlich nach der Tempelzerstörung entstanden Evangelien. Mit ihnen vergewisserten die christlichen Gemeinden sich ihrer selbst und der Lehren Jesu, in der Zeit, da diejenigen, die ihn noch erlebt hatten, ausstarben. Vier wurden in den Kanon des Neuen Testaments aufgenommen, die anderen verschwanden allmählich und sind überwiegend nur fragmentarisch bekannt.

So kann man nur einen Rahmen abstecken: Jesu Landesherr war einer der wenigen überlebenden Söhne Herodes' des Großen, Herodes Antipas (4 v. Chr. – 39 n. Chr.). Dieser versuchte es seinem Vater gleichzutun an Prunk und an Treue zu dem jeweiligen Princeps. Tiberias hieß die Stadt, die er gründete und nach dem Kaiser benannte. Auch wenn Jesus Jude war und in einer jüdischen Umwelt aufwuchs, lebte er doch in einer Umgebung, in der man dem hellenistischen Prunk begegnete. Sollte er wirklich Bauhandwerker gewesen sein, wie es überliefert wird, hat er vielleicht seinem Vater bei Arbeiten im nahe bei Nazareth gelegenen, mit griechischen Bauwerken ausgestatteten Sepphoris geholfen.

Doch wir kennen nur den Jesus, an den sich seine Jünger und deren Gefolgsleute erinnerten: Allenfalls ein Kern der Lehre lässt sich mit einer gewissen Wahrscheinlichkeit herausschälen. Anscheinend kündigte er das Nahen des Reiches Gottes an – damit das baldige Ende der Welt, wie sie bestand – und fühlte sich selbst Gott nahe, als sein Sohn, vielleicht auch als Messias, dann aber kaum im Sinne eines kriegerischen Königs, sondern wohl eher als Erneuerer jüdischen Lebens. Die Ungerechtigkeit der Welt, die ihn umgab, scheint er angeprangert und Nächstenliebe gefordert zu haben, die nicht allein dem Verwandten, sondern überhaupt dem Schwachen galt. Von seinen Anhängern verlangte er offenbar bedingungslose Treue. Ihre bisherige Tätigkeit, selbst ihre Familie, sollten die Jünger aufgeben, um ihm zu folgen. So radikal die Forderungen erscheinen – nach allem, was wir über ihn wissen, hatte Jesus kaum die Absicht, eine Religion zu stiften, sondern sah sich offenbar ganz innerhalb des Judentums.

Dennoch gewann Jesus den Ruf, ein Unruhestifter zu sein. Während seines Aufenthaltes in Jerusalem wetterte er offenbar gegen Unsitten im Tempelbezirk. Daher wurde er vom Hohen Rat, der höchsten Einrichtung jüdischer Selbstverwaltung unter römischer Herrschaft, dem römischen Präfekten Pilatus übergeben und in einem nach damaligen Maßstäben korrekten Verfahren gefoltert und ans Kreuz geschlagen – eine solch qualvolle Bestrafung war für Menschen niederen Standes, die ein schweres Verbrechen begangen hatten, vorgesehen. Das erschien aus jüdischer wie aus römischer Sicht als eine unbedeutende, für die innere Sicherheit notwendige Angelegenheit. Der angebliche Messias war, von seinen Jüngern verlassen, eines schmählichen Todes gestorben. Hier hätte alles enden können. Und so haben vermutlich viele vergleichbare religiöse Bewegungen im Palästina dieser Zeit geendet.

Seine Anhänger aber berichteten, dass der Leichnam Jesu Christi aus dem Grab verschwunden sei. Zwei Tage nach der Kreuzigung sei Christus auferstanden. Viele wollten gesehen haben, wie er seine Jünger aufsuchte, mit ihnen sprach, auch für eine Himmelfahrt nach vierzig Tagen traten Zeugen auf. Das war für die jüdische Umgebung nichts Abwegiges, da man Derartiges etwa über den Propheten Elija schon gehört hatte. Fragen musste man allerdings, ob gerade diesem Galiläer Jesus eine solche Gottesnähe zuzutrauen sei.

Die Anhänger Jesu bildeten genauso wenig wie die zeitgenössischen Juden eine uniforme Gruppe. Während die einen die jüdische Tradition mit all ihren Geboten weiter pflegten, öffneten sich andere der griechischen Umwelt. Auch die frühen Christen beschränkten sich nicht auf Palästina. Sie folgten den Spuren der Diaspora und predigten in deren Synagogen. Alsbald fand sich so im syrischen Antiochia, einer der Großstädte im Römischen Reich, eine christliche Gemeinde zusammen. Zu ihr stieß eine Gestalt, die manchen gewiss zwielichtig vorkam: Paulus, ein Jude aus dem kilikischen Tarsos, als Tuchmacher ausgebildet, aber auch in der Schriftdeutung unterwiesen. Als Pharisäer hatte er sich an jüdischen Christenverfolgungen beteiligt – bis ihm, wie er berichtete, Christus selbst erschien, um ihn zu bekehren. Konsequent brach Paulus mit seinem bisherigen Leben. Sein Selbstverständnis hätte er kaum radikaler formulieren können. *Paulus, Knecht des Christus Jesus, berufen zum Apostel, ausersehen, das Evangelium Gottes zu verkündigen*, lautet die Einleitung seines Briefes an die Römer,[5] der den Anspruch formuliert, mit den Jüngern, die Jesus gefolgt waren und seine leibliche Gegenwart erfahren hatten, auf einer Stufe zu stehen.

Sofern Jesus Vorstellungen innerweltlichen Wandels verkündet hatte, interessierten sie Paulus wenig. Seine Lehre konzentrierte sich – ideengeschichtlich folgenschwer – auf die Vorstellung, dass die Menschen mit dem Kreuzestode Jesu Christi Gnade erlangt hätten. Im Sterben seines Sohnes habe die Liebe Gottes ihren größten Ausdruck gefunden. Daran hing jetzt alles, die Regeln des jüdischen Gesetzes waren somit überwunden. Lag es nicht nahe, daraus den Schluss zu ziehen, dass man die Grenzen der jüdischen Gemeinden überschreiten musste? War es nicht plausibel, dass die Liebe Gottes sich allen Menschen zuwandte, den Juden, aber eben auch den Heiden?

Paulus handelte nach diesen Vorstellungen. Er öffnete die gemeinsamen christlichen Feiern denjenigen, die nicht beschnitten waren. Vermutlich war er nicht der Erste, aber er tat es als ein Mann, der Jesus nie erlebt hatte, der ein Verfolger gewesen war. Ein heftiger Streit entbrannte. In Jerusalem fand um 48 eine Versammlung statt, die darüber debattierte und eine Lösung fand, durch die Paulus sich in seiner Rolle als Apostel der Unbeschnittenen, mithin der Heiden, bestätigt fühlte. Doch blieb seine Position strittig, und bei einem Besuch, den Petrus gemeinsam mit anderen Jerusalemitern in Antiochia machte, eskalierte der Streit. Paulus berichtet darüber in seinem Brief an die Galater: *Als Kephas* (= Petrus) *aber nach Antiochia kam, trat ich ihm persönlich entgegen, weil er sich selber ins Unrecht versetzt hatte. Bevor nämlich einige Anhänger des Jakobus* (aus der Jerusalemer Gemeinde) *eintrafen, pflegte er zusammen mit den Heiden zu essen. Als jene aber eingetroffen waren, zog er sich zurück und sonderte sich ab – aus Furcht vor den Beschnittenen. An dieser Heuchelei beteiligten sich auch die anderen Juden, so daß selbst Barnabas sich von ihr mitreißen ließ. Jedoch – als ich sah, daß sie nicht den auf die Wahrheit des Evangeliums ausgerichteten Weg gingen, sagte ich zu Kephas vor allen Anwesenden: Wenn du, der du ein Jude bist, wie die Heiden und nicht wie ein Jude lebst, wie kannst du dann die Heiden zwingen, wie die Juden zu leben?*[6]

Wir kennen nicht die Version des Petrus. Seine Bedenken und die vieler anderer Christen jüdischer Herkunft sind jedenfalls nachvollziehbar. Wich man, wenn man Forderungen wie die nach der Beschneidung aufgab, nicht zu weit ab von den Geboten Gottes aus dem Alten Testament? Sollte beliebig werden, was dort stand? Viele Christen folgten weiter den jüdischen Traditionen. Es entstanden lebendige judenchristliche Gemeinden, die in einem engen Austausch mit anderen jüdischen Gruppen standen und teils wohl sogar am Tempelkult teilhatten. Doch gab es Friktionen, von einer Flucht der Judenchristen aus Jerusalem ist die Rede, am Ende gingen ihre Gemeinden wohl im Zuge der jüdisch-römischen Kriege unter. Vielleicht hätte das Christentum sonst eine ganz andere Entwicklung genommen.

So aber, durch die Dominanz des Diaspora-Christentums, trat eine erstaunliche Entwicklung ein. Eine Religion, die im unwirtlichen Hinterland der Levanteküste entstanden war, die ihren Ursprung bei einem charismatischen ländlichen Wanderprediger sah, entwickelte sich zur städtischen Religion in einer von Urbanität und Luxus geprägten Welt. Seit den Anfängen der Polis waren die entscheidenden intellektuellen Prozesse der Antike von den Städten ausgegangen – das Christentum dagegen kam vom Lande, doch erst über die Städte konnte es sich ausbreiten.

Der Streit zwischen Paulus und Petrus steht noch für etwas anderes: Er belegt die ungeheuer intensive Kommunikation zwischen den christlichen Gemeinden, über Reisen, aber auch über Briefe. So konnte man trotz der räumlichen Zerstreuung die Integration der Christenheit vorantreiben. Einige der Briefe, überwiegend teils zu Recht, teils zu Unrecht Paulus zugeschrieben, haben sich erhalten. Sie sprechen viele organisatorische und lebenspraktische Probleme an, aber auch grundlegende theologische Fragen. So zeigen sie, wie die offen ausgetragenen Streitigkeiten die christlichen Gemeinden letztlich stärkten. Paulus besitzt in der Überlieferung eine Schlüsselrolle, doch spricht vieles dafür, dass neben und nach ihm noch etliche andere Missionare wirkten, die weniger Spuren hinterlassen haben.

Dass die Position des Paulus sich durchsetzte, beschleunigte einen anderen Prozess, nämlich die allmähliche Ablösung der Christen von jüdischen Gemeinden in der Diaspora. Die Mehrheit der Juden hatte ohnehin nicht in Jesus den Messias erkennen können, was die Christen nicht davon abbrachte, weiter die Synagogen aufzusuchen. Immer nachdrücklicher aber wurden sie von Juden als andere, als abtrünnige Gruppe verurteilt, und immer häufiger sahen sie sich selber als eigenständig an – die heftigen Polemiken, die die Christen nunmehr gegen die Juden richteten, sollten später dem fatalen christlichen Antijudaismus Nahrung liefern und zu einer generellen Herabsetzung des Judentums führen. Für die Römer und Griechen in der Umgebung waren diese Differenzen zunächst wahrscheinlich vor allem eine Variante des fortwährenden innerjüdischen Streites.

Wieso war gerade das Christentum so wirkungsmächtig, im Unterschied zu den zahlreichen anderen Gruppen, die sich in der jüdischen Welt um ihren jeweiligen Messias scharten? Warum setzte sich gerade diese Richtung durch? Klar beantworten kann man die Frage nicht, zumal wir die Rivalen kaum kennen. Erstaunlich ist das enorme Selbstbewusstsein der frühen Christen, oft einfacher Menschen, die sich den Ansprüchen der Gesellschaft und der Herrschenden konsequent entgegenstellten. Diese Haltung teilten sie mit den Juden, aber ganz anders als diese öffneten sie sich nicht nur widerstrebend, sondern mit ausgebreiteten Armen ihrer Umgebung, den Heiden.

Ethische Vorstellungen, wie sie das Christentum lehrte, waren in ihrer Umwelt nicht völlig neu. Auch das Gebot: *Liebe deinen Nächsten wie dich selbst!* war schon zuvor unter Juden ausgesprochen worden, andere christliche Vorschriften erinnern an die griechisch-römische Popularphilosophie. Doch dass sie jetzt von einer Religion mit universalem Anspruch getragen wurden, war ungewöhnlich.

Zugleich wohnte dem Christentum, zumal im paulinischen Verständnis, eine merkwürdige Spannung zwischen Radikalität und Anpassungsfähigkeit inne. Radikal formuliert wurde der Anspruch, dass es nur einen wahrhaftigen Gott gebe, dessen Sohn Jesus Christus Fleisch geworden und am Kreuz für die Menschen gestorben sei. Herausfordernd war auch die Vorstellung, der Glaube solle die ganze Person und das ganze Leben erfassen. In der antiken Religiosität waren die Reinheitsgebote typischerweise mit bestimmten Orten verbunden. Wer einen Tempel betrat, durfte nicht beschmutzt sein. Gewisse religiöse Funktionen wiederum brachten feste Verhaltensregeln mit sich, die zum Teil den Charakter eines Tabus hatten, wenn etwa ein römischer Jupiterpriester kein Pferd besteigen durfte. Aber ihre religiösen Vorstellungen verlangten gewöhnlich den Menschen als solchen keine spezielle Moral ab. Hier war das Christentum, in einer Weiterführung jüdischer Vorstellungen, radikaler: Charakteristisch ist die Bergpredigt, die Jesus von Matthäus in den Mund gelegt wird: *Ihr habt gehört, daß gesagt ist: «Auge um Auge und Zahn um Zahn.» Ich aber sage euch, daß ihr dem Bösen nicht widerstehen sollt; sondern wer dich auf die rechte Backe schlägt, dem biete auch die andere dar.*[7]

Falls der historische Jesus tatsächlich zur vollkommenen Abkehr von allen bisherigen Lebensbezügen und den hergebrachten Verhaltensformen aufrief, so wurde diese radikale Forderung aber aufgegeben. Paulus nahm familiäre Bindungen und Sklaverei hin, zumal angesichts des Nahens des Reiches Gottes. Wahrscheinlich vertraten manche Christen indes ganz andere, alle gesellschaftlichen Strukturen verwerfende Lehren; diese haben aber nicht überlebt und sind allenfalls noch in Andeutungen greifbar.

Kontingente Umstände begünstigten zudem den Erfolg des Christentums. So reagierte es auf die Krise der Tempelzerstörung völlig anders als die jüdische Mehrheitsreligion. Es erblickte hierin die Erfüllung einer Prophezeiung seines Messias, fühlte sich bestätigt und konnte den Weg zur Öffnung gegenüber Nicht-Juden fortsetzen. Die Juden dagegen pflegten immer stärker ihr eigenes Ethnos, ihre Regeln, ihre Sprache.

Bemerkenswert ist vor allem, dass das Christentum eine Krise der jesuanischen Lehre überstand. Jesus hatte seinen Anhängern verkündet, das Reich Gottes sei nahe. Man rechnete nach Tod, Auferstehung und Himmelfahrt mit einem erneuten Erscheinen Christi, seiner Parusie, und zwar noch unter jenen, die Jesus persönlich begleitet hatten. Doch die Parusie verzögerte sich, schließlich über den Tod der Jünger hinaus. Erstaunlicherweise nahmen frühe Christen das hin, ohne ihre Weltsicht aufzugeben. Sie glaubten weiter an die Wiederkehr Christi und verbanden damit die Vorstellung eines Jüngsten Gerichts. Die Radikalität der Anforderungen für den Alltag im Diesseits sollte allerdings noch weiter nachlassen, da man sich auf ein dauerhaftes Leben auf Erden einrichten musste.

Für die Christen ergab sich aus der Erfahrung Jesu Christi eine neue Einteilung der Geschichte in zwei Phasen: die Phase vor der Fleischwerdung Jesu und jene danach. Diese steuerte auf ein Ziel hin, nämlich auf den jüngsten Tag. In der Spätantike begann diese Vorstellung Grundlage der Jahreszählung zu werden, wie sie noch heute prägend ist, gleich ob man «nach Christus» oder «nach unserer Zeitrechnung» sagt.

Das frühe Christentum überstand, wie gezeigt, zahlreiche Konflikte und wurde dadurch, scheinbar paradox, immer stärker. Man hatte die Kreuzigung Jesu überlebt, die internen Konflikte gelöst und eine Theologie entwickelt, die es erlaubte, die Radikalität des Glaubens an den einen wahren Gott mit dem Alltag einer Welt zu verbinden, die von Ungleichheit und Herrschaftsbeziehungen geprägt war. Die in der tiefsten Provinz entstandene Religion war in der Lage, sich mit der römischen Welt zu arrangieren. Die frühen Christen mussten es nachgerade als Gottes Gebot erfahren, ihren Glauben überall hinzutragen. Bald kam die Vorstellung auf, dass Gott die Friedensordnung des Römischen Reiches überhaupt eingerichtet habe, um christliche Mission zu ermöglichen – die gleichwohl nicht immer friedlich verlief: Vertreter der örtlichen Religion sahen oft ihre Stellung gefährdet, bisweilen griffen römische Magistrate ein und bestraften Christen, in denen man Unruhestifter vermutete, und dennoch: Vielerorts entstanden christliche Gemeinden.

Das Christentum der ersten Jahrhunderte bekämpfte manches, integrierte vieles, breitete sich aus und wurde schließlich die Religion der Herrschenden. Diese Geschichte ist betrachtet worden als die Geschichte einer Entwicklung, die, von Gott geleitet, zur Großkirche hinführe; sie ist andererseits geschrieben worden als die Geschichte eines Verfalls, der das wahre Christentum der Urkirche, ja die jesuanische Verkündigung ruiniert habe. Beide Sichtweisen setzen voraus, dass es einen Begriff des wahren Christentums gebe; ein solcher, überhistorischer Maßstab wäre aber für den Historiker nicht hilfreich. Es gilt vielmehr zu verfolgen, wie diejenigen, die sich auf Jesus als Christus beriefen oder diesem Glauben zugeordnet wurden, ihrer Umwelt begegneten. Die Konturen bleiben oft unscharf, doch gerade da, wo ausgehandelt wurde, was denn Christentum sei, lässt sich erkennen, was innerhalb der religiösen Welt des Römischen Reiches entscheidend war.

2. Ausbreitung des Christentums

Eine Welt religiöser Vielfalt

Die *Apostelgeschichte* überliefert die Erfolge, aber auch die Schwierigkeiten der beginnenden christlichen Mission. Obgleich die Glaubwürdigkeit der einzelnen Berichte strittig ist, verdeutlichen sie den Erfahrungshorizont der Zeit. So heißt es über eine Missionsreise, die Paulus und Barnabas nach Lykaonien ins Innere Kleinasiens führt: *In Lystra nun gab es einen Mann, der saß da, ohne Kraft in den Füßen; er war von Geburt an gelähmt und hatte nie gehen können. Der hörte Paulus reden; dieser faßte ihn ins Auge, und als er sah, daß er darauf vertraute, gerettet zu werden, sprach er mit lauter Stimme: Stell dich auf deine Füße, richte dich auf! Und der sprang auf, und er konnte gehen. Als die Leute sahen, was Paulus getan hatte, erhoben sie ein Geschrei und riefen auf Lykaonisch: Die Götter haben Menschengestalt angenommen und sind zu uns herabgestiegen! Und sie nannten Barnabas Zeus und Paulus Hermes, weil er das Wort führte. Der Priester am Zeustempel vor der Stadt brachte Stiere und Kränze zu den Stadttoren und wollte zusammen mit dem Volk ein Opfer darbringen. Als die Apostel Barnabas und Paulus davon hörten, zerrissen sie ihre Kleider, stürzten sich in die Menge und riefen: ‹Männer, was tut ihr da? Wir sind Menschen wie ihr und verkündigen euch das Evangelium: Wendet euch ab von diesen nichtigen Göttern, dem lebendigen Gott zu, der den Himmel gemacht hat und die Erde und das Meer und alles, was darin ist. …› Doch obwohl sie dies sagten, konnten sie das Volk nur mit Mühe davon abbringen, ihnen zu opfern.*[8]

Diese Episode zeigt, wie man das Christentum im traditionellen Kontext verstehen konnte. Die Heilung des Kranken wurde nicht dem einen, allmächtigen Gott zugeschrieben, sondern den bekannten Göttern, und deren irdische Erscheinung waren die Apostel. Dann ist nicht der Prediger, Paulus, der höhere Gott, sondern der schweigende Barnabas, da vornehme Herren und Götter ihre Herolde sprechen ließen. Für die Christen hingegen war die Predigt zentral, und sie kam dem Höheren zu. Den Missionaren ging es gar nicht darum, Opfer zu erhalten, sondern über das Wunder die Macht des einzigen Gottes zu erweisen. Daran aber hatte die Bevölkerung Lystras gar nicht gedacht. Gemeinsam war Christen und Nicht-Christen indes, dass sie glaubten, die Welt sei erfüllt von göttlichem Wirken. Die den modernen Leser eher irritierenden Heilungswunder des Neuen Testaments waren für die meisten Zeitgenossen das, was man von einem Gott eben erwarten durfte.

Populäre Bilder der römischen Kaiserzeit sind von dem Vorurteil geprägt, es habe damals eine ungeheure Dekadenz und Unmoral geherrscht. Wohl klagten schon viele Zeitgenossen darüber, dass Reichtum übermäßig viel gelte, der Luxus überborde, Ehen zu oft geschieden würden, und was strenge Gemüter sonst noch alles empören mochte. Doch das ist nur eine Seite dieser Epoche, auf der anderen steht eine lebendige Religiosität.

Es bestand wie in anderen antiken Kulturen eine Vielfalt von Praktiken, Kulten und Glaubensvorstellungen nebeneinander, die von den Christen wie von den Juden alle über einen Kamm geschoren wurden, indem sie einfach von Heiden sprachen. Wer eine antike Stadt durchwanderte, begegnete einer Vielzahl von Göttern an ihren Kultstätten, er stieß an Kreuzungen und Wegscheiden auf kleine Götterbilder und erblickte an Plätzen, aber auch in den Straßen große Tempel. Die Bezirke, in denen die Götter verehrt wurden, waren deutlich abgegrenzt. Hier galten spezielle Vorschriften für das Verhalten und für die Reinheit desjenigen, der die Gelände betrat. Bisweilen musste man sich mit Weihwasser reinigen. Auch Privathäuser bargen kleine Altäre.

Opfer und andere Rituale waren alltäglich: Zum Gastmahl gehörten sie ebenso wie zur Eröffnung von Theatervorstellungen oder Gladiatorenkämpfen; das Tun von Amtsträgern war begleitet von Opfern; das Leben des Legionärs wurde durch religiöse Akte rhythmisiert. Vieles, was wir heute unter Freizeit fassen würden, war kultisch bestimmt, da die Feste einer Stadt gewöhnlich religiöse Feiern darstellten.

Es gab keinen regelmäßigen Feiertag wie den Sonntag, aber zahlreiche wiederkehrende lokale und überregionale Festlichkeiten. Gewöhnlich bestanden keine festen Kultgemeinden für einzelne Götter, selbst die Anforderungen für die Priesterschaften unterschieden sich von Ort zu Ort. Mancherorts übertrugen Priesterdynastien von einer Generation zur anderen die Würde, aber Priestertümer wurden häufiger durch Wahl, Losverfahren oder Kauf vergeben. Oftmals – so namentlich in Rom – waren sie ein prestigefördernder Teil der politischen Karriere, die zumal in der Kaiserzeit in den *cursus honorum* eingeordnet wurden. Der Klerus war abgesehen von Ägypten nicht überregional organisiert.

Mit den Göttern verbanden sich verschiedene Geschichten und Funktionen. Athene war Schutzgöttin Athens, konnte aber ebenso in anderen Städten verehrt werden. Obgleich die römische Minerva aus moderner Sicht eine in vielerlei Beziehung andersartige Göttin war, wurde sie von den Zeitgenossen gerne mit Athene gleichgesetzt, denn in den fremden Göttern erkannte man oft die eigenen wieder. Gegenüber fremden Kulten verhielt man sich nicht grundsätzlich ablehnend, im Gegenteil, gerade in Krisenzeiten suchte man gerne die Hilfe neuer Götter. Die Römer verwendeten sogar formelle Verfahren, um fremde Götter in ihr Kultwesen aufzunehmen.

Schon allein, dass die antiken Reiche sich über so vielfältige Kulturräume ausdehnten, führte zu einem Nebeneinander vollkommen unterschiedlicher, aber jeweils durch Tradition geheiligter und bewährter Religionen. Das Römische Reich konnte in dieser Hinsicht gar nicht uniform sein. Auch die Zulassung zum römischen Bürgerrecht hing nicht von der Religionszugehörigkeit ab. Öffentliche Kulte gab es zwar, und Jupiter Capitolinus galt als der höchste Gott, doch der Untertan durfte andere ins Zentrum seines religiösen Kosmos stellen. Wohl aber hatte man als Amtsträger bestimmte Kulte durchzuführen und eventuell als Priester zu wirken; die Soldaten nahmen selbstverständlich an gemeinsamen religiösen Feiern teil, die im Heer weitgehend vereinheitlicht waren. Die einzelnen Poleis administrierten liebevoll ihre eigenen Kulte, zumal in den griechischen Städten Kleinasiens, die sich gerade unter der römischen Herrschaft gerne an ihre große Vergangenheit erinnerten.

Eine Reihe von Kulten breitete sich so von der Peripherie her im ganzen Reich aus, ohne auf politische Unterstützung angewiesen zu sein. Es wäre ein Missverständnis, in ihnen einfach etwas Fremdes zu sehen, das die römische Gesellschaft überformte; auch die Kulte änderten sich im Kontakt mit der neuen Umgebung. Schon ihre bildlichen Darstellungen wurden dem Geschmack der Griechen und Römer angepasst. Die ägyptischen Götter Isis und Serapis hatten bereits im Hellenismus weit über die Grenzen Ägyptens hinaus Anhänger gefunden und drangen noch während der ausgehenden Republik bis Rom vor. Die Rituale waren von eigenartigen Klängen begleitet und in die Aura des Geheimnisvollen gehüllt; mit ihren weißen Gewändern und ihren glattrasierten Köpfen fielen die Priester in den Straßen auf. Manchen Römern war die Sache nicht geheuer, so dass die Isis-Anhänger wiederholt als Unruhestifter verbannt wurden, doch aufhalten ließ sich der Erfolg dieser Göttin nicht.

Noch heute lassen sich viele durch den Kult des Mithras faszinieren. Er bezog sich auf einen Gott mit iranischem Namen, fand aber seine spezifische Gestalt wohl erst im Römischen Reich. Die Anhänger trafen sich in dunklen Räumen und brachten Stieropfer dar, um der Tötung eines – wohl für das Böse stehenden – Stieres durch Mithras zu gedenken, die man an vielen Orten im Römischen Reich auf Kultreliefs dargestellt findet. Offenbar stiegen die Verehrer des Mithras über mehrere Prüfungen zu immer höheren Weihegraden empor. Man hat gesagt, dass dieser Kult sich durchgesetzt hätte, wenn nicht das Christentum siegreich gewesen wäre – wohl zu Unrecht. Denn Mithras sprach allem Anschein nach nur einen Teil der Bevölkerung an: Man hört nichts von Frauen, die an seinem Kult teilhatten, und überhaupt scheint er außerhalb der Armee nicht besonders viele Anhänger gewonnen zu haben.

Mithras-Verehrung sowie Isis- und Serapis-Kult waren nur zwei von zahlreichen religiösen Strömungen, die sich im Reich ausbreiteten, aber auch hier gilt, dass die einzelnen Verehrungsstätten nicht organisatorisch verbunden waren, wie man es aus der späteren Geschichte der Kirche kennt. Es gibt eine Vielzahl vergleichbarer Praktiken zur Verehrung derselben Gottheit, aber der Orientierungspunkt ist keine Großorganisation, sondern die Kultstätte vor Ort.

So groß die Vielfalt im Römischen Reich war, Beliebigkeit bedeutete sie keineswegs. Orthopraxie war, auch wenn sie nicht alles ausmachte, von größter Bedeutung. Die Verehrung der städtischen Götter durfte über die neuen Kulte nicht vernachlässigt werden. Naturkatastrophen oder politische Verwerfungen konnte man auf Vergehen gegen die Götter zurückführen. Das altehrwürdige Kultlied der Priesterschaft der Salier wurde in der Kaiserzeit wieder vorgetragen, obgleich es sprachlich kaum noch verständlich war.

Andererseits gab es bestimmte Praktiken, die bei Römern prinzipiell auf Ablehnung stießen, Kulte etwa, die eine Kastration verlangten oder mit sexuellen Ausschweifungen verbunden waren. Sie galten als orientalisch und wurden bisweilen mit Verboten bekämpft. Wer sich auf solche Praktiken einließ, musste damit rechnen, nicht mehr als vollwertiger Römer zu gelten.

Und schließlich: In den religiösen Akten feierte sich eben auch die politische Gemeinschaft; gemeinsame Handlungen wie Prozessionen erneuerten und repräsentierten sie, gerade auf städtischer Ebene. Man schloss sich solchen Kultgemeinden nicht durch eine Konversion oder eine sonst wie geartete persönliche Entscheidung an, sondern wurde in sie hineingeboren und pflegte sie weiter.

Die Christen hingegen fühlten sich als Gläubige, die sich gerade der anderen Bindungen entledigt hatten, die allein der Stimme ihres Herrn gehorchten, gegebenenfalls vermittelt durch Bischöfe oder Heilige Männer. Dies barg das Potential für einen Konflikt, der auch ein politischer war, obschon die Christen sich keineswegs als Gegenbewegung gegen die römische Ordnung verstanden.

Die Untrennbarkeit von Religion und Politik manifestierte sich im römischen Kaiserkult. Dieser ist lange missverstanden worden, als eine blutleere, allein den Machtverhältnissen geschuldete Loyalitätsreligion. Doch aus Sicht der antiken Zeitgenossen lag die Verehrung eines Herrschers nahe. Die Trennung zwischen Menschen und Göttern, die in der jüdisch-christlichen Tradition selbstverständlich erscheint, war in der griechisch-römischen Welt keineswegs so eindeutig. Götter konnten auf der Erde erscheinen, nicht im Sinne eines singulären Heilsereignisses, wie es das Christentum lehrte, sondern als eine Begebenheit, die zwar nicht alltäglich war, mit der man aber jederzeit zu rechnen hatte, so wie es bei den Bewohnern von Lystra der Fall war, denen die Apostel begegneten.

Ein Mensch konnte heroisiert, damit als ein Gott verehrt werden. Denn man erkannte in dem herausragenden Wirken des Einzelnen, wie etwa Alexanders des Großen, die Macht der Götter. Und mehr als andere waren Herrscher, die sich als Wohltäter erwiesen, imstande, herausragend zu wirken. *Erit ille mihi semper deus – Der wird für mich immer Gott sein*, lässt Vergil in einem bukolischen Gedicht[9] einen Mann sagen, der sein verloren geglaubtes Land dank der Intervention eines Mächtigen, gemeint ist wohl Octavian, der spätere Augustus, zurückgewonnen hat. Dies, die persönliche Verehrung eines anderen als Gott, war noch nicht alles. Zu einer regelrechten Vergottung gehörte, dass ein Heiligtum, ein Priestertum und Opfer installiert wurden. Das geschah immer öfter. Natürlich signalisierte man durch die Verehrung von Herrschern als Götter durchaus Loyalität, aber das schließt die Anerkennung ihrer überirdischen Macht ja keineswegs aus.

Für den Kult des Kaisers, den man mit der Ehrung seiner Bilder vollzog, boten sich ganz unterschiedliche Anlässe: Spiele, Amtshandlungen, alltägliche Verrichtung und besondere Feste. In vielen Orten entstanden eigene Kultgemeinschaften von Augustalen, die sich dem Kaiserkult widmeten. Viele von ihnen waren Freigelassene, die so ihre Zugehörigkeit zur römischen Gesellschaft bekundeten. Sicherlich ehrte man den Kaiser auch im Privaten, da die überlegene Macht des Herrschers jedem Untertanen zugutekommen konnte, was jener Bauer bei Vergil erfahren hatte.

Wie in dem vielfältigen Reich nicht anders zu erwarten, stößt man auf regionale Varianten im Kaiserkult, zumal man im Osten mit dem Herrscherkult seit Jahrhunderten vertraut war. Hier gab es keine Scheu, den Kaiser als Gott anzusprechen, stand er doch mit seinem Amt für den ersehnten Frieden und die Prosperität der Landschaften.

Im Westen lagen die Dinge anders. Die Eliten taten sich schwer damit, dem Mann göttliche Verehrung entgegenzubringen, der ja eigentlich nicht mehr als der Erste unter ihnen, ein Princeps, sein sollte. Ihn als Gott zu sehen war eine Zumutung, dies gar in erniedrigenden Handlungen wie einer fußfälligen Verehrung anzuerkennen, unerträglich. Daher nahm man oft zu vorsichtigeren Aussagen Zuflucht wie etwa, dass der Kaiser einem Gott gleich sei, oder man beließ alles in Grautönen. Verstorbene Kaiser konnten vom Senat in einem formalen Akt, der Apotheose, für göttlich erklärt werden. Dann wurde ein öffentlicher Kult für sie eingerichtet – doch man scheute sich nicht, darüber zu spotten: So schrieb Seneca (1–65 n. Chr.) eine Satire auf die Vergottung des Claudius (41–54) unter dem Namen Verkürbissung (*Apocolocyntosis*), und der tödlich erkrankte Vespasian (69–79) soll gerufen haben: «Oh weh, ich glaub', ich werd' ein Gott» (*vae, puto, deus fio*).[10] Diese Möglichkeit eines ironischen Verhältnisses zum Kaiserkult sagt viel über den Facettenreichtum antiker Religiosität aus.

Pauschale Aussagen darüber, ob der Kaiser als Gott verstanden wurde oder nicht, vermitteln somit eine falsche Eindeutigkeit, zum einen weil der Unterschied zwischen Gott und Mensch nicht so scharf war, zum anderen weil der Kaiserkult kein einheitliches, gleichsam dogmatisches Verständnis forderte und nicht zentral kontrolliert wurde, sondern aufgrund der religiösen Vielfalt des Reiches von vornherein auf Mehrdeutigkeit angelegt sein musste.

Entscheidend war, dass sich in einer religiösen Praxis die Loyalität zu einer politischen Ordnung manifestierte, die keine schriftliche Verfassung kannte und in der die Herrschaft personal verstanden wurde. Wer den Kaiser kultisch verehrte, zeigte sich ihm treu. Viele drängten von sich aus darauf, dies zu tun. Was den meisten Zeitgenossen harmlos erscheinen musste, stellte andere vor ein Problem: Da nämlich das Verständnis des Kaisers als Gott im Raum stand, mussten Gruppen, die streng monotheistisch dachten, sich bedroht fühlen. Doch der römische Kaiserkult ertrug selbst die Sonderstellung der Juden, die im Allgemeinen nicht gezwungen waren, sich am Kaiserkult zu beteiligen. Zwar wurde ihr eigenes religiöses Zentrum nach Aufständen zerstört, doch die Ausübung der Religion blieb weitestgehend erlaubt und die Synagogen von Kaiserdarstellungen frei.

Überhaupt erweckt vieles den Eindruck eines friedlichen Zusammenlebens im Alltag. Zahlreiche antike Städte besaßen Synagogen und jüdische Begräbnisstätten. Vor dem Hintergrund der griechisch-römischen Götterwelt fiel auf, dass der jüdische Gott kein Abbild hatte, das ihn wie einen Menschen darstellte. Den griechisch-römischen Betrachtern gab dies Rätsel auf und faszinierte sie zugleich. Ebenso beeindruckte die Strenge der Regeln, etwa bei den Speisen oder in der Alltagsethik. So stößt man auf zahlreiche Sympathisanten, oft Gottesfürchtige genannt, die den Synagogengottesdienst besuchten und sich zum Gott des Alten Testaments hielten, ohne sich etwa zur Beschneidung durchzuringen. Weiter wurden Proselyten gewonnen – die nicht allen Juden geheuer waren. Schon damit erhöhte sich die Vielfalt des Judentums, das zudem nicht allein im Römischen Reich weiterlebte, sondern auch in starken Gruppen außerhalb der Grenzen, namentlich in Babylon.

Doch der Eindruck eines friedlichen Nebeneinanders ist einseitig. Es gab auch Judenhass, den einer der angesehensten Historiographen der römischen Zeit zum Ausdruck bringt: Tacitus (ca. 55–ca. 120). Nachdem er mit teils bizarren Unterstellungen über jüdische Bräuche berichtet hat, erklärt er Folgendes: *Diese Gebräuche, woher auch immer sie stammen, rechtfertigt ihr hohes Alter; die übrigen Einrichtungen, verwerflich und abscheulich, wie sie sind, setzten sich eben wegen ihrer Verkehrtheit durch. Gerade die schlechtesten Elemente waren es nämlich, die ihren heimischen Glauben schmählich aufgaben und Tempelsteuern sowie sonstige Spenden dort anhäuften, wodurch sich der Einfluß der Juden gewaltig hob. Das kam auch daher, weil in den Kreisen der Juden unerschütterlich treuer Zusammenhalt und hilfsbereites Mitleid herrschen, während allen anderen Menschen gegenüber feindseliger Hass hervortritt.*[11]

Trotz des hohen Alters des Kultes kam vieles den Zeitgenossen anstößig vor, was auch in späteren Jahrhunderten zu Verdächtigungen führte wie der Unterstellung von übergroßem Reichtum oder heimlicher Macht. So verwundert es nicht, dass keineswegs selten lokale Unruhen zwischen Juden und Nicht-Juden entbrannten. Die Forschung steht dann vor der schwierigen Aufgabe zu bestimmen, was den Alltag stärker prägte: die Konflikte oder das friedliche Zusammenleben, das natürlich in den antiken Geschichtswerken mit ihrer Ausrichtung auf politisch-militärische Entwicklungen weniger prominent ist.

Die Spannungen zwischen Juden und ihrer Umwelt beschränkten sich nicht auf lokale Konflikte. Der zunehmende administrative, vor allem fiskalische Druck der römischen Herrschaft, vielleicht auch die Hoffnung auf das Kommen des Messias und den damit verbundenen endgültigen, von Gott verliehenen Sieg versetzte Juden in Unruhe und löste zwischen 66 und 73, 115 und 117 und wieder zwischen 132 und 135 n. Chr. drei Kriege, aus römischer Sicht Aufstände, aus, von denen der zweite hauptsächlich in der Diaspora, die beiden anderen vor allem in Judäa ausgetragen wurden. Mit ihrer glaubensstarken Bereitschaft zum Märtyrertum opferten viele Juden sich selbst auf und brachten den überlegenen Römern herbe Verluste bei.

Eine Katastrophe brach dennoch bereits im Jahr 70 über die Juden herein. Der Zweite Tempel wurde zerstört. Wer Jude blieb, musste jetzt an den römischen Fiskus entrichten, was er als Tempelsteuer gezahlt hatte. Der jüdische Kult hatte seine Mitte verloren: Mit dem Ende des Tempels waren dort keine Opfer mehr möglich. Seine Priesterschaft verlor ihre Basis. Die Römer meinten sicherlich, den Juden einen tödlichen Schlag versetzt zu haben.

Doch selbst ihn und die folgenden Niederlagen überlebte das Judentum, dessen Anhänger seit Jahrhunderten gewohnt waren, in solchen Niederlagen Gottes Willen zu erkennen. Denn die Bücher, die Gottes Wirken bezeugten, blieben erhalten; ihre Deuter, die

Rabbiner, gewannen an Einfluss. Zu Beginn des 3. Jahrhunderts n. Chr. hatte die hebräisch verfasste Mischna, in der rabbinische Regelungen für das jüdische Leben festgehalten wurden, einen gewissen Abschluss gefunden. Auf dieser Grundlage entstanden während der folgenden Jahrhunderte im Römischen Reich ausführliche Kommentare, der Talmud, allerdings in zwei unterschiedlichen Gestalten, in der palästinischen und, ausführlicher, in der babylonischen Form.

Die weit verstreute jüdische Diaspora, deren Untergang nahe schien, aber nicht eintrat, verständigte sich intensiv über die gemeinsamen Regeln. Eine zentrale Rolle nahm im Römischen Reich der *nasi* ein. Dieser saß traditionell dem Hohen Rat vor, scheint wichtige Ernennungen vorgenommen, gemeinsame Regelungen erlassen und den Kalender festgelegt zu haben. Die Römer, die von einem Patriarchen sprachen, sahen in ihm ihren Ansprechpartner, den sie weiter benötigten, da die jüdische Religion nicht verboten war.

Der einst breite Strom griechischsprachiger jüdischer Literatur versiegte nach dem zweiten Aufstand. Vielleicht hatte man den Eindruck, sich zu weit auf die Umgebung eingelassen zu haben, vielleicht waren die Vermittler zwischen den Konfliktparteien zermalmt worden. Es fand in weiten Teilen eine Rückbesinnung auf die eigene Tradition statt, die ein Überleben im Römischen Reich erlaubte. Das Hebräische wurde in der Spätantike erneuert; manche Juden aber feierten weiter in Synagogen mit bildlichen Darstellungen von Menschen, wie sie etwa in Dura Europos aus dem 3. und in Sepphoris noch aus dem 6. Jahrhundert gefunden wurden. In keiner Phase seiner Geschichte sollte man sich das Judentum zu monolithisch vorstellen.

Wenn man Christentum, Judentum und Heidentum je für sich behandelt, so droht eines aus dem Blick zu geraten: Die verschiedenen Religionen interagierten fortwährend miteinander, so sehr sie sich voneinander abzugrenzen suchten. Im Alltag begegnete man sich zwangsläufig und beeinflusste sich gegenseitig, sei es auch nur, um sich voneinander abzugrenzen, denn das zwang dazu, sich darüber klarzuwerden, was einem wirklich wichtig war. Aber es ging nicht allein um Abgrenzung. Aus Sicht von Menschen, die durch pagane Religiosität geprägt waren, war es keineswegs abwegig, auch einmal beim jüdischen oder beim christlichen Gott Hilfe zu suchen, ohne die volle Konsequenz aus dem Anspruch auf Ausschließlichkeit zu ziehen.

Hinzu kamen mentale Entwicklungen, die die Bevölkerung insgesamt über die religiösen Grenzen hinweg erfasst zu haben scheinen. Sie sind nur schwer zu greifen, weil derartige Prozesse langsam voranzuschreiten pflegen und sich nicht unmittelbar da niederschlagen, wo der Historiker sie beobachten kann, nämlich in den üblichen Quellen. Überhaupt ist man als Forscher darauf angewiesen, Einzelbeobachtungen zu verallgemeinern, denn man kann für die Antike natürlich keine Erhebungen über Mehrheitsmeinungen durchführen. Doch würde man Wesentliches versäumen, wenn man nicht darüber nachdächte. In einer berühmten Studie sprach der britische, psychoanalytisch geschulte Altphilologe Eric Robertson Dodds (1893–1979) von einem Zeitalter der Angst (*age of anxiety*) vor allem für das 2. und 3. Jahrhundert n. Chr. Diese Deutung ist inzwischen wegen ihrer Einseitigkeit aufgegeben worden, doch lässt sich in jener Zeit durchaus eine gewisse religiöse Sensibilisierung, ja eine Spiritualisierung beobachten. Das wird in den Texten der Philosophie sichtbar, die die religiöse Dimension stärker einbezieht, etwa im Neuplatonismus, aber auch in Inschriften, auf denen die Religiosität des kleinen Mannes Ausdruck findet. Man dachte anscheinend stärker über das Jenseits nach, reflektierte die Alltagsmoral intensiver und scheint sie zunehmend religiös gedeutet zu haben. Die religiöse Welt, mit der das Christentum sich auseinandersetzte, erschöpfte sich keineswegs in der formalistischen Erfüllung kultischer Regeln. Sie war in ständiger Bewegung.

Man wandte sich stärker Göttern zu, die einen persönlich ansprachen – was nicht zwingend mit einer Abkehr von den alten verbunden war. Auch henotheistische Vorstellungen verkündete man, wie etwa auf dieser Inschrift aus der Mitte des 3. Jahrhunderts:

Stratonikos Kakolis, Priester des einen und einzigen Gottes und des Hosios und Dikaios, hat zusammen mit seiner Frau Asklepiaia, indem sie für ihre Kinder gebetet haben, in Dankbarkeit (diese Stele) aufstellen lassen.[12]

Nicht einmal monotheistische Ideen waren der heidnischen Antike fremd. Sie wurden von manchen Philosophenschulen gepflegt, die sich mit der bunten Alltagspraxis nicht zufriedengeben mochten. Man meinte hinter den verschiedenen Kulten den einen Gott zu erkennen, ohne dass man deswegen notwendigerweise anderes verdammte, zumal für die einfacheren Leute der gewöhnliche Kult geeigneter erschien. Es war ein inklusiver Monotheismus: Alle Götter waren letztlich einer. Die Christen dagegen vertraten einen exklusiven Monotheismus, der alle Götter neben dem christlichen ausschloss, der aber sozial inklusiv war, denn er sollte allen Menschen zugänglich sein.

Warum die Menschen sich in der Kaiserzeit – allem Anschein nach – verstärkt religiösen Phänomenen zuwandten und eine persönliche Nähe zu den Göttern suchten, ist noch schwerer zu sagen als die Haltung selbst zu erfassen. Ein Grund dürfte darin gelegen haben, dass die Monarchie, deren Vertreter sämtliche Siege und Erfolge monopolisierten, mit all ihrem Glanz den Senatoren immer weniger Möglichkeiten einräumte, sich öffentlich hervorzutun; sie mussten andere Wege finden, Ruhm zu erlangen, oder ganz neue Werte für sich annehmen. Vielleicht spielte es auch eine Rolle, dass die Zeitgenossen durch Frieden und Prosperität der Alltagsnot enthoben waren und so stärker über ihre Gefühle und Bedürfnisse nachdenken konnten, vielleicht muss man aber auch an die Sorgen denken, die in einem immer stärker bedrohten Reich aufkamen.

Die Christen stießen so auf Vorstellungen, die die Zeitgenossen für ihre Lehren empfänglich machten. Vieles, was sich in dieser Gesellschaft herausbildete, korrespondierte mit dem, was das Christentum in sich trug und unter dem Eindruck seiner Umwelt neu formulierte. Auf der Ebene der religiösen Vorstellungswelten war der Boden für die Ausbreitung des Christentums wohlbereitet. Doch leicht ging die Saat nicht auf: An der Praxis der Verehrung der

Götter, namentlich am Kaiserkult, wurde der Unterschied mit aller Klarheit sichtbar, und daran entbrannten die Konflikte. Doch zunächst ist darüber zu reden, wie das Christentum überhaupt für seine Umwelt erkennbar wurde.

Die neue Eindeutigkeit: Das Christentum

Im Jahre 64 brannte das Zentrum Roms, und es breitete sich das Gerücht aus, Kaiser Nero (54–68) sei daran schuld. Da soll er die merkwürdige Gruppe der Christen zu Sündenböcken erklärt haben. Obwohl das ungerecht war und sie brutal umgebracht wurden, veranlasste dies den Historiker Tacitus keineswegs zu Mitleid: *Um nun dem Gerede den Boden zu entziehen, schob Nero die Schuld auf andere und ließ sie unter raffinierten Martern strafen. Es waren jene wegen ihrer Schändlichkeiten verhaßten Menschen, die das Volk Christen nannte. Ihr Stifter Christus, von dem sie ihren Namen haben, war unter der Regierung des Tiberius auf Veranlassung des Prokurators Pontius Pilatus hingerichtet worden. Für den Augenblick wurde dadurch dieser unheilvolle Glaube unterdrückt; aber er brach sich von neuem Bahn – und zwar nicht nur in Judäa, der Wiege dieses Irrglaubens, sondern auch in Rom, wo sich alle nur denkbare Greuel und Schamlosigkeiten aus aller Welt zusammenfinden und verübt werden. Zuerst faßte man diejenigen, die sich offen als Christen bekannten, dann auf deren Angaben hin eine riesige Anzahl. Sie wurden zwar nicht gerade der Brandstiftung überführt, wohl aber des allgemeinen Menschenhasses* (odium humani generis).[13]

Auffällig ist die Abscheu, die hier zur Sprache kommt. Die Formel des *allgemeinen Menschenhasses* (*odium humani generis*) ist im Lateinischen mehrdeutig, da sie sowohl den Hass bezeichnen kann, den die Christen nähren, als auch den, den sie auf sich ziehen; beides könnte in einer bewusst ambivalenten Formulierung, wie sie Tacitus liebt, gemeint sein. Neros Vorgehen zeigt, dass die Christen schon eine gewisse Bekanntheit erlangt hatten, gleichwohl als Fremdkörper wahrgenommen wurden. Ihre Verhasstheit missbraucht Nero, um von seiner Verantwortung abzulenken. So aufsehenerregend das Vorgehen erscheint, dies war nur eine lokale Maßnahme. In der christlichen Tradition ist sie indes zur ersten großen Christenverfolgung geworden, mit der man auch den Märtyrertod der Apostel Petrus und Paulus zusammenbrachte.

Nicht zufällig geht es hier um einen Konflikt zwischen Christen und den römischen Ordnungsmächten. Denn allenfalls das mochte die römischen Geschichtsschreiber an einer fremdartigen, nicht in den Eliten verankerten Religion interessieren. Schwerwiegende Konflikte dürften jedoch die Ausnahme gewesen sein – sonst würde man davon noch öfter hören. Mochten die Christen an einzelnen Orten, wie es die Apostelgeschichte selbst schildert, Unruhen auslösen, überwiegend scheinen sie eine unauffällige Existenz geführt zu haben. Es waren kleine Gemeinschaften, die sich aus dem öffentlichen Leben zurückzogen, wohl weniger die ganz Armen als Angehörige der mittleren Schichten in den Städten, die sich mit einfachen Berufen einen Lebensunterhalt verdienten, deren Bildung oft gering war, die auf keine große Zukunft für sich und ihre Kinder hoffen konnten und die im gemeinschaftlichen Leben des Glaubens Erfüllung fanden. Viele Frauen scheinen die Gottesdienste besucht und in den Gemeinden Ansehen genossen zu haben. Mancher, den das Judentum fasziniert hat, ließ sich wohl auch vom Christentum anlocken, das mit ähnlicher ethischer Strenge und Konsequenz gelehrt wurde, aber auf Symbole der Abgrenzung wie die Beschneidung und die Speisegebote verzichtete; die Schwelle, sich zu diesem Glauben zu bekennen, lag niedriger als beim Judentum.

Ihre Mission begannen die Christen gewöhnlich in der Synagoge, doch sie waren in vielen Dingen anderer Meinung als die Mehrheit der Juden. Der Prozess der Abgrenzung, der schon mit Paulus begonnen hatte, setzte sich daher fort, und er scheint sich nach der Eroberung Jerusalems, mit der die Juden ihr religiöses Zentrum verloren, beschleunigt zu haben.

Nicht nur die Apostel waren untereinander zerstritten, auch in den neuen Gemeinden herrschte keineswegs immer eitel Frieden. Schon der Erste Brief des Paulus an die Korinther belegt einen Streit zwischen Armen und den etwas Wohlhabenderen: *Vor allem näm-*

lich höre ich, es gebe, wenn ihr als Gemeinde zusammenkommt, Spaltungen unter euch, und zum Teil glaube ich das auch. Es muß ja auch Parteiungen geben unter euch, damit die Tüchtigen unter euch erkennbar werden. So aber, wie ihr nun zusammenkommt, ist das Essen gar kein Mahl des Herrn. Denn jeder nimmt beim Essen sein eigenes Mahl vorweg, und der eine hungert, der andere ist schon betrunken. Habt ihr denn keine Häuser, in denen ihr essen und trinken könnt? Oder mißachtet ihr die Gemeinde Gottes und wollt die beschämen, die nichts haben? Was soll ich euch sagen? Soll ich euch loben? In diesem Fall kann ich euch nicht loben.[14]

Paulus fordert keine Aufhebung der sozialen Unterschiede in der Gesellschaft, verlangt aber, dass diese nicht im Gottesdienst reproduziert werden. Hier zeigt sich schon, wie schwierig es war, christliche Lehren in einer Gesellschaft zu leben, die von ausgeprägten Hierarchien bestimmt war.

Man kann sicher sein, dass in vielen Gemeinden derartige Konflikte ausgetragen wurden, dass es gar nicht selten zu Spaltungen kam, dass man von Ort zu Ort verschiedene Lösungen fand. Doch gibt es bei allen lokalen Unterschieden gemeinsame Tendenzen der Entwicklung des Gemeindelebens, so bei dessen Ämtern: Zu Beginn gab es offenbar überwiegend kollegiale Gremien, die die Gemeindegeschäfte führten, Frauen scheinen durchaus eine Rolle gespielt zu haben. Doch bildeten sich allmählich festere Strukturen heraus, die als der monarchische Episkopat bezeichnet werden, das heißt die Leitung der Gemeinde durch einen Bischof, der sich von den Priestern beraten ließ. Darunter bestanden noch weitere Klerikerränge, von Männern besetzt.

Gefährlicher als die organisatorischen Fragen waren die theologischen Probleme, bei denen es um die Wahrheit ging und die sich daher ihrem Wesen nach Kompromissen entzogen. Die Entwicklung der christlichen Theologien, die um die Erklärung dessen kreisten, was durch Jesus Christus der Welt widerfahren war, gehört zu den großen intellektuellen Leistungen der Antike und ist daher in einer Reihe mit der Geschichte der Philosophie oder der Dichtung zu sehen.

Gemeinsamkeiten unter Christen konnte man am leichtesten in der Abgrenzung finden. Die erste Abgrenzung erfolgte gegenüber den Juden. Die Christen waren nun einmal der Auffassung, dass der Messias in Gestalt von Jesus Christus bereits auf Erden erschienen sei. Das führte zu einer völlig neuen Deutung der Heiligen Schriften der Juden. Die Hebräische Bibel wurde für die Christen zum Alten Testament, das überall auf Christus verwies. Die Gebote dieser Schriften schienen aufgehoben in dem neuen Glauben an den Kreuzestod Christi, was für einen gläubigen Juden nicht hinnehmbar war.

Je weiter sich das Christentum aber aus dem jüdischen Milieu löste, umso dringlicher wurde die Aufgabe, sich mit heidnischen Vorstellungen auseinanderzusetzen, denn es kursierten wilde Gerüchte über Kannibalismus und Inzest in den christlichen Gemeinden, es gab philosophisch inspirierte Anfragen danach, wie denn dieser Glaube intellektuell zu vertreten sei. Auch das wird schon in den Schriften des Neuen Testaments sichtbar. Ihre Sprache war mit Begriffen der Philosophie durchsetzt, und je mehr Gebildete sich dem neuen Glauben näherten, umso stärker wurde der Druck, Argumente für das Christentum zu finden, die es für die Gebildeten unter seinen Sympathisanten verständlich machte. Die Gruppe von Autoren, deren Werk das Nachdenken bezeugt, heißt «Apologeten», Verteidiger, die in ganz unterschiedlicher Weise ihre Aufgaben erfüllten und sich vielleicht nicht immer nur nach außen, sondern auch nach innen wandten.

Gerne behauptete man, die Christen lebten besonders konsequent nach heidnischen Werten. Das tut etwa im 2. Jahrhundert Athenagoras. Zunächst einmal wendet er sich gegen den Vorwurf, die Christen seien Atheisten, indem er auf heidnische Autoritäten wie den attischen Tragiker Euripides zurückgreift, die ähnliche Behauptungen über Gott aufgestellt hätten wie die Christen. Christliche Glaubensvorstellungen wurden für das gebildete Publikum reformuliert und als letztlich kompatibel mit der Philosophie erwiesen – von der Menschwerdung Christi, die theologisch so schwierig ist, schweigt Athenagoras lieber.

Dafür preist Athenagoras die christliche Lebenspraxis: Welche unter den Philosophen *haben eine solche Reinheit der Seele, daß sie ihre Feinde nicht hassen, sondern sogar lieben, und denen, die ihnen zuerst Schmach zugefügt haben, nicht Übles nachreden (solchen Übles nur nachzureden wäre für sie schon der höchste Grad der Mäßigung), sondern sie sogar segnen, und für die, welche ihnen nach dem Leben streben, sogar beten? Im Gegenteil, sie fragen einander immer in böser Absicht nach den obengenannten Geheimnissen aus und wollen immer etwas Böses ins Werk setzen, da sie sich kunstvolles Spiel mit Worten, aber nicht Aufzeigung von Werken zur Aufgabe gemacht haben. Bei uns dagegen könnt Ihr ungebildete Leute, Handwerker und alte Mütterchen finden, die, wenn sie auch nicht imstande sind, mit Worten die Nützlichkeit ihrer Lehre darzutun, so doch durch Werke die Nützlichkeit ihrer Grundsätze aufzeigen.* Und am Ende dient er die Christen den Herrschern als ideale Untertanen an: *Denn welche Eurer Untertanen verdienen es, eher Erhörung ihrer Bitten zu finden als wir, die wir für Eure Herrschaft beten, damit die Regierung in gerechtester Erbfolge vom Vater auf den Sohn übergehe und Euer Reich wachse und gedeihe, indem die ganze Welt Euch untertan wird? Dies liegt auch in unserem Interesse, damit unser Leben ruhig und ungestört verlaufe und wir alle Anordnungen bereitwillig vollziehen können.*[15]

Die Christen sind in dieser Gesellschaft nicht mehr die Fremden, sondern diejenigen, die das, was vielen in der paganen Welt richtig erscheint, von sich aus erfüllen. Zugleich wurde ein anderer Anspruch, der im Christentum angelegt war, schärfer: Die ethischen Gebote des Christentums waren im Prinzip für alle Menschen verbindlich, in diesem Sinne universell.

Andere Apologeten, so Justin der Märtyrer (100–165), verwiesen darauf, dass das Christentum die Weissagungen der Propheten des Alten Testaments erfülle und Mose älter sei als die heidnischen Philosophen: Das für das Judentum so hilfreiche Altersargument übernahmen die Christen. Melito von Sardes (um 180) wiederum unterstrich, dass das Römische Reich mit der Entstehung des Chris-

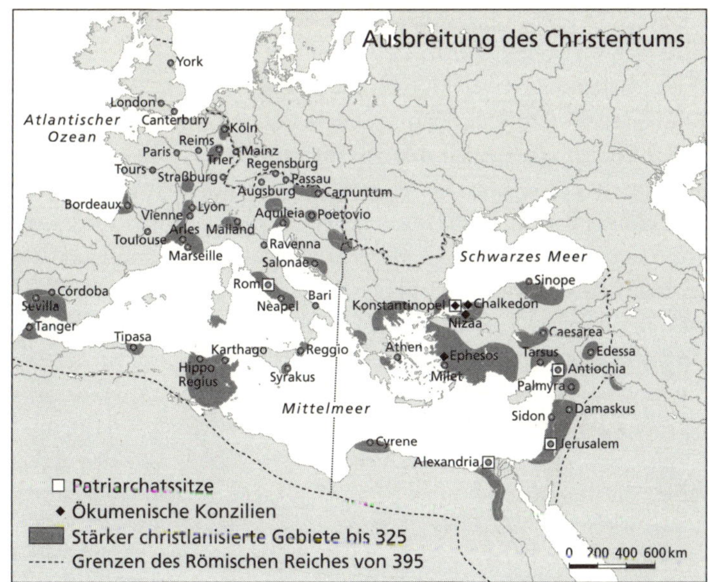

tentums unter Augustus aufgeblüht sei, und noch viele andere Stimmen erhoben sich. Je gründlicher die Apologeten sich mit den heidnischen Anfragen auseinandersetzten, umso mehr wuchs die Komplexität des theologischen Arguments.

Das alles könnte den Eindruck erwecken, als hätten die Christen sich gezielt, gleichsam nach einem Masterplan, in die umgebende Gesellschaft eingeschrieben, um sie später einmal zu dominieren. Das ist allerdings eine Täuschung, die dem Ordnungswillen des Historikers entspringt, der seinerseits auf Quellen angewiesen ist, die überwiegend von den Erfolgreichen ausgewählt wurden und daher vor allem das überliefern, was sich durchgesetzt hat, während die Äußerungen der Verlierer und damit die Alternativen zu dem tatsächlich Geschehenen leicht in Vergessenheit geraten. Umso wichtiger ist es, diejenigen im Blick zu behalten, über die der christliche Siegeszug hinwegging. Gelegentlich lassen sich andere Theologien greifen, die sich selbst als christlich und rechtgläubig definierten, die aber früher oder später als häretisch oder gar nichtchristlich verdammt wurden.

Am bekanntesten wohl auch im populären Verständnis ist bis heute das Phänomen der Gnosis. Sie hat lange Zeit eine große Rolle in der Forschung gespielt und gilt bis heute in der breiten Öffentlichkeit als Trägerin geheimer, bedeutsamer Botschaften. Der Begriff der Gnosis, der im Griechischen ‹Erkenntnis› bedeutet, wird üblicherweise recht allgemein verwendet, denn er kann ganz unterschiedliche religiöse Gruppen bezeichnen, die vor allem im 2./3. Jahrhundert auftauchten. Von Valentinianern, Karpokratianern und anderen ist die Rede. Diese beriefen sich gerne auf Gestalten des Neuen Testaments, und nicht wenige waren in ihrem eigenen Verständnis Christen. Allerdings hatten die Gruppen offenbar einiges gemeinsam, worin sie sich von der Mehrheitskirche unterschieden: Ausgehend von einem dualistischen Weltbild, betrachteten sie die Schöpfung nicht als Werk Gottes, da ihm etwas so Missratenes nicht zuzutrauen sei. Denn die Welt erschien ihnen als etwas an sich Schlechtes, aus dem sich der Mensch, dem die wahre Erkenntnis zuteilwurde, lösen müsse. Voraussetzung einer solchen Vorstellung war, dass die Schöpfung von Gott einem minderen Wesen, dem Demiurgen, anvertraut worden sei, der Fehler gemacht habe, womit sich ein Anhänger der christlichen Lehre vom allmächtigen Schöpfer nicht abfinden konnte.

Das Göttliche gelangte, so ging die in der Gegenwart schwer nachvollziehbare gnostische Lehre, über verschiedene sogenannte Emanationen, Ausflüsse, in die Welt, auch in die Menschen, wobei das Göttliche, je weiter es sich vom Ursprung entfernte, umso schwächer wurde. Der Gläubige sollte sich durch ein geheimes Wissen vom Irrtum und vom Schicksal lösen. Dieses Wissen konnte nicht erarbeitet werden, sondern offenbarte sich in einer plötzlichen Erkenntnis, die nur Auserwählten zuteil wurde.

Die Auseinandersetzung mit solchen Auffassungen erhöhte unter den Christen den Druck, den Glauben und die religiöse Erfahrung verbindlich zu formulieren. Eine wichtige Rolle spielte hierbei Irenäus von Lyon. Aus Kleinasien stammend und daher griechischsprachig, verschlug es ihn nach Gallien, wo er 177 Bischof der Hauptstadt wurde. Er bemühte sich um Integration in seiner Kirche, doch in der Abwehr der Häretiker war er konsequent. Sein Hauptwerk, *Adversus haereses* (Gegen die Häresien) genannt, richtete sich hauptsächlich gegen die Gnosis. Hier wie in anderen Schriften des Bischofs wird eine nicht originelle, aber konsistente Theologie erkennbar, die traditionsbildend für die Großkirche wurde und zur Ausgrenzung Andersdenkender beitrug.

Neben der theologischen Reflexion muss man noch einen weiteren wichtigen Faktor der Festigung der Christenheit berücksichtigen, die Bildung des Kanons biblischer Schriften, mit dem wenigstens auf der Ebene der Textauswahl Verbindlichkeit geschaffen wurde. Allen Christen war gemeinsam, dass sie sich auf Jesus Christus und die frühen Texte, die sein Wirken deutend überlieferten, zurückbeziehen mussten. Doch welche Texte waren verbindlich? Zahlreiche Schriften kursierten, die behaupteten, Jesu Worte und Leben zu tradieren. Viele Briefe früher Apostel wurden herumgereicht, auch Sammlungen geschaffen. Der Prozess der Auswahl ist nur schwer zu rekonstruieren; deutlich erkennen lässt sich, dass bereits in der zweiten Hälfte des 2. Jahrhunderts ein Kernbestand von Schriften vorlag, die vermutlich im Gebrauch des Gottesdienstes Prominenz erlangt hatten und allgemein als kanonisch galten. Dazu zählten die vier Evangelien des Matthäus, Marcus, Lukas und Johannes, mehrere Paulusbriefe und weitere Texte. Damit war der Prozess der Kanonbildung nicht abgeschlossen, aber ein wichtiger Schritt getan.

Dringlich stellte sich die Frage, wie man sich zu den Schriften der Juden stellen solle. Sie wurde durch das Wirken Marcions (ca. 85–ca. 160) akut. Er hatte, in Konsequenz der Abgrenzungsbemühungen gegenüber den Juden, alle jüdischen Spuren im Christentum tilgen wollen, die Hebräische Bibel verworfen und sogar solche Berichte über Jesus, die ihm zu sehr von jüdischen Traditionen geprägt schienen. In Auseinandersetzung mit diesen Lehren bildete sich bei den meisten Christen dagegen die feste Überzeugung heraus, dass die Hebräische Bibel als das Alte Testament auf das Neue vorausweise und daher unverzichtbar sei. Hier sah man den Zusammenhang der Geschichte Gottes mit seinem Volk, das zunächst auf die Juden beschränkt war, sich dann aber ausweitete. Dennoch hatten die Christen immer schwer damit zu ringen, Texte einer anderen Religion und einer anderen Welt in ihren Kanon eingeschlossen zu haben – Sympathien mit den Juden erzeugte diese Nähe jedoch gerade nicht, sie verstärkte vielmehr die Notwendigkeit einer Abgrenzung.

Im Prozess der Kanonbildung gab es «Verlierer», Texte, die nicht berücksichtigt wurden. Manche Schriften wie der Hebräerbrief wurden erst spät als verbindlich anerkannt, andere, die hohe Anerkennung genossen, gingen nicht in den Kanon ein, so Briefe, die man dem römischen Bischof Clemens (um 90–um 97) zuschrieb, wieder andere wurden verdammt. Von diesen Werken sind wenige erhalten, aber immer wieder stoßen Ausgräber auf neue Texte, die das Bild des frühen Christentums verfeinern, bereichern, sogar verändern. Die in historischen Romanen und ähnlichen Genera bisweilen artikulierte Hoffnung allerdings, hier zu einem wahren, ursprünglichen, durch finstere Machenschaften bislang unterdrückten Christentum vorstoßen zu können, haben sich nicht erfüllt.

Es ist erstaunlich, dass in dieser Zeit, da es keine gemeinsame Kirchenorganisation, keinen Papst, kein reichsweites Konzil gab und das Christentum von regionaler Vielfalt gekennzeichnet war, bei der Kanonbildung Ergebnisse zustande kamen, die viele für sich annehmen konnten. Möglich wurde das durch den intensiven Austausch zwischen den Gemeinden: Man reiste viel, man schrieb Briefe, man wusste voneinander. Ohne die friedlichen Verhältnisse im Römischen Reich hätte die Christenheit sich nicht so gut verständigen können.

Mit den Briefen und Schriften, in der Apologetik und durch die Abwehr der Gnosis bildete sich eine theologische Expertenkultur heraus. Es gab Spezialisten für theologisches Denken, die aufgrund der Logik des Arguments überzeugten, nicht aufgrund ihres persönlichen Charismas. Was aber nicht entstand – anders als etwa in der Moderne –, waren Universitäten, Lehrstätten, die unabhängig von den Bischöfen agierten. Vielmehr waren die Experten zu einem großen Teil auch Bischöfe, sie allein durften ja predigen bzw. das Recht zur Predigt gewähren.

Der wohl einflussreichste Theologe des vorkonstantinischen Christentums war der Alexandriner Origenes (185/86–254), Sohn eines Märtyrers, Schüler des neuplatonischen Philosophen Ammonios, Lehrer in der alexandrinischen Gemeinde, gesuchter Gesprächspartner der Vornehmen bis hinauf zur Kaiserin, zugleich ein Asket, der sich angeblich – entgegen den Geboten der Mehrheit – in seinem Glauben selbst entmannte. Bezeichnend für die Lage in seiner Gemeinde ist, dass Origenes aufgrund seiner Lehren heftig aneckte und mit dem Ortsbischof selbst in Streit geriet, der möglicherweise seine eigene Autorität durch das Ansehen des Theologen in Frage gestellt sah. Origenes musste nach Caesarea in Palästina ausweichen, wo er predigen durfte. Gewirkt hat er vor allem aufgrund seiner Schriften, die ein anspruchsvolles Modell der Theologie entfalteten, auf der Basis einer gründlichen, den hermeneutischen Kriterien der Zeit standhaltenden Bibelexegese. In seinem Werk *Perí archón*, *Über die Anfänge*, gab er einen ersten systematischen Entwurf einer Theologie. Beides, Theologie und Bibelauslegung des in seiner Lebensführung so umstrittenen Mannes, beeindruckte spätere Generationen, auch im Westen, da seine Werke ins Lateinische übersetzt wurden.

Die Abgrenzung von der Umgebung über die durchdachte dogmatische Formulierung, wie sie Origenes vornahm, verlieh dem christlichen Glauben allerdings nicht allein ein neues Gewand, sondern wandelte ihn auch: So wurde die jüdische Vorstellung, dass der Mensch als Ganzer, leiblich wie seelisch auferstehe, umgedeutet, da man in der platonischen Tradition Leib und Seele streng voneinander zu trennen pflegte. Abgrenzung und Assimilation gehen Hand in Hand, ganz ähnlich wie es zuvor schon in der jüdischen Geschichte geschehen war.

Dieser Prozess, bisweilen als Hellenisierung des Christentums bezeichnet, wird in der christlichen Tradition gegensätzlich bewertet, entsprechend der grundlegenden Paradigmata zur Deutung der Geschichte des Christentums: Sehen die einen hier eine Abkehr von der eigentlichen Tradition, betrachten andere diese Entwicklung als unvermeidlich für das Überleben des Christentums in der Welt. Unbestreitbar ist der Wandel, unbestreitbar aber auch, dass das Christentum ohne diese Entwicklung, die es für die Gebildeten zugänglich und fasslich machte, nicht hätte erstarken können – doch gerade in diesem Bestreben, sich verständlich zu machen, konnten Zeitgenossen und spätere Christen wiederum einen Verrat am ursprünglichen Christentum sehen.

Das Christentum, wie es hier charakterisiert wurde, war keineswegs darauf angelegt, gegen die römische Gesellschaft aufzubegehren, es passte sich vielmehr soweit als möglich an sie an, doch je größer die Gemeinden wurden, umso mehr fielen sie auf, gerade mit ihrer Andersartigkeit. Kamen krisenhafte Umstände hinzu, seien es Versorgungsprobleme oder Naturkatastrophen, so lag es nahe, bei diesen Eigenbrötlern die Schuld zu suchen, zumal all die, die mit dem traditionellen Kult zu tun hatten, ihre Geschäfte gefährdet sahen. Tertullian, um 200 wirkend, schildert die Lage aus der Sicht der Christen eindringlich: *Wenn der Tiber die Mauern überflutet, wenn der Nil die Felder nicht überflutet, wenn der Himmel sich nicht rührt, wenn die Erde sich bewegt, wenn eine Hungersnot, wenn eine Seuche wütet, gleich schreit man: «Die Christen vor den Löwen».*[16] Aus der Sicht der Zeitgenossen war die Haltung, die Tertullian hier karikiert, durchaus nicht abwegig. Denn Naturkatastrophen wurden gemeinhin als Zeichen göttlichen Unwillens gedeutet; daher musste man die Ursache in religiösem Fehlverhalten suchen. Und machten die Christen sich nicht gerade dessen schuldig?

Denn bei aller Anpassungsfähigkeit und geistiger Beweglichkeit war das Christentum in einem zentralen Punkt sperrig. Es berief sich auf einen Text, auf den man keinen Einfluss nehmen konnte, und auf Werte, die sich nicht auf die umgebende Gesellschaft bezogen, sondern auf das Verhältnis zu Gott. Der strenge Wahrheitsanspruch, mit dem die Christen sich von ihrer Umgebung absetzten, duldete in bestimmten Fragen keine Kompromisse. Dieser Grundsatzkonflikt trat bei einer Alltagshandlung zutage: beim Opfer, namentlich für den Kaiser.

Unstreitig war unter allen Beteiligten die Legitimität des römischen Kaisertums. Die Christen zeigten sich gegenüber der politischen Ordnung loyal, die man als von Gott eingesetzt betrachtete. Strittig war, worin sich die Loyalität ausdrücken sollte. In den christlichen Gemeinden betete man für den Kaiser, doch das genügte in ihrer Umgebung nicht. Es hatte sich ein anderes Symbol der Loyalität entwickelt, eben das Opfer für den Kaiser und die höchsten römischen Götter. Das aber wurde, aus Mehrheitssicht irritierenderweise, von den Christen als Verrat an ihrem Gott verstanden. Die Christen trafen hier eine ganz andere Unterscheidung zwischen Religion und Politik als die Mehrheitsgesellschaft und sie vertraten sie mit dem energischen Wahrheitsanspruch, der sie auch sonst leitete. Dies ist nicht im Sinne einer bewussten politischen Kritik zu verstehen, wohl aber als Ausdruck von Eigensinn in der wörtlichen Bedeutung.

Es konnte nicht ausbleiben, dass der Streit eskalierte; von einem lokalen Geschehnis wissen wir durch einen Zufall: Der wohlgebildete, eher konfliktscheue römische Statthalter in Bithynien, Plinius (61/2–vor 117), berichtet seinem Kaiser Trajan (98–117) von eigenartigen Menschen, die man ihm vorführte, da sie beschuldigt wurden, sie seien *Christiani*. Er sei nicht erfahren im Umgang mit diesen Leuten, sagt er, zugleich wusste er offenbar genug, um ihnen die Todesstrafe anzudrohen. Manche blieben bei ihrem Bekenntnis, und der Statthalter ließ sie sofort hinrichten. Doch gab es andere, die erklärten, früher Christen gewesen zu sein, daher opferten und Christus schmähten. Wie sollte er als Statthalter mit solchen Leuten verfahren? Denn was die Abtrünnigen, die doch verlässliche Zeugen sein mussten, über das Verhalten der Christen berichteten, klang harmlos: *Gewöhnlich seien sie an einem bestimmten Tag vor Sonnenaufgang zusammengekommen und hätten Christus als ihrem Gott einen Wechselgesang gesungen. Durch einen feierlichen Eid hätten sie sich nicht etwa zu einem Verbrechen ver-*

pflichtet, sondern dazu, keinen Diebstahl, keinen Raub und keinen Ehebruch zu begehen, kein gegebenes Wort zu brechen, kein zur Verwahrung anvertrautes Gut zu verleugnen. Danach seien sie ihrer Gewohnheit gemäß auseinandergegangen und dann wieder zusammengekommen, um Speise zu sich zu nehmen, jedoch ganz gewöhnliche und harmlose. Davon war Plinius so befremdet, dass er zwei Sklavinnen, die im Dienst der Gemeinde standen, foltern ließ, um die Aussagen der anderen zu überprüfen: *Doch ich fand nichts anderes als einen verworrenen, maßlosen Aberglauben.*[17]

Die Spannung zwischen offenkundiger Harmlosigkeit im Alltag und provozierendem Gebaren vor seinem Richterstuhl konnte ein Plinius nicht begreifen. So fragte er beim Kaiser an. Der billigte die Vorgehensweise seines Statthalters und erklärte ergänzend, man solle Christen nicht gezielt suchen, müsse sie aber verurteilen, sofern sie als Angeklagte nicht durch Opfer bewiesen, dass sie keine Christen seien.

Was hier sichtbar wird, lässt sich allenthalben beobachten: Die Römer drangen gewöhnlich keineswegs darauf, Christen systematisch zu verfolgen. Im Gegensatz zu anderen rechtlichen Vergehen war man als vormaliger Christ der Schuld ledig, wenn man sich von dem Glauben absetzte. Nur wenn die Christen ein in den Augen der Magistrate provozierendes Verhalten beibehielten, sollten sie hingerichtet werden. Damit blieb die Lage der Christen allerdings prekär, da sie davon abhängig waren, dass niemand sie anzeigte, auch der böse Nachbar nicht. Beruhigend war das keineswegs. Viele erlebten Denunziationen und antichristliche Unruhen; diese aber blieben zunächst Lokalereignisse, wie auch die Verfolgung der Christen in Rom unter Nero. Auf der anderen Seite zeigten gerade Angehörige der Severischen Dynastie Interesse am Christentum, so wurde Origenes, wie angedeutet, einmal von einer Kaiserin an den Hof gebeten, um dort zu disputieren. Wäre vielleicht eine Integration des Christentums in dieses Reich denkbar gewesen, das so viele integriert hatte und duldete?

Die Krisenerscheinungen des 3. Jahrhunderts änderten vieles. Die Stimmung wurde angespannter, denn die Zeitgenossen konnten die Katastrophen (s. S. 177–181) nur als Folgen religiösen Frevels deuten. So überrascht es nicht, dass gerade damals umfassendere Christenverfolgungen einsetzten. Kaiser Decius (249–251) entschloss sich, alle Reichsbewohner zum Opfer für die Götter Roms zu zwingen. Der Herrscher zielte nicht direkt auf Christen, aber als notorische Opferverweigerer waren sie von seinem Edikt besonders betroffen. Viele, durchaus nicht alle, verweigerten sich dem kaiserlichen Befehl und erlitten das Martyrium. Doch Decius regierte nur kurz, dann verlor er im Kampf gegen die Goten sein Leben, und die Christen, die darin eine Strafe Gottes erkennen mussten, konnten aufatmen.

Was Decius befahl, war unter antiken Verhältnissen äußerst ungewöhnlich, ja verstörend, nicht nur wegen des organisatorischen Aufwandes, sondern auch, weil hier nicht ein Aberglaube beseitigt, sondern alle auf einen Kult eingeschworen wurden. Sämtliche Reichsbewohner standen jetzt letztlich unter dem Generalverdacht, den neuen Göttern zu huldigen. Die Selbstverständlichkeit der Orthopraxie, die nur in Ausnahmen durchbrochen wurde, war dahin. Der Wille des Kaisertums, den Glauben zu verordnen, brach sich Bahn, wie er späterhin christliche Herrscher leiten sollte. Paradoxerweise zeigte damit gerade diese Maßnahme, die in eine Verfolgung mündete, welche Akzeptanz die neue, von den Christen vertretene Bestimmung des Verhältnisses von Religion und Politik inzwischen gewonnen hatte. Es ging nicht mehr um die Bewahrung bestimmter Praktiken, sondern um das Verhalten eines jeden Einzelnen.

Wenige Jahre nach dem Tod des Decius kam es zu direkten Christenverfolgungen. 253 bestieg Valerian den Thron. Seit 257 ging er in mehreren Edikten gezielt gegen Christen vor, ein Versammlungsverbot wurde erlassen, Kleriker, die an ihrem Glauben festhielten, sollten umstandslos hingerichtet werden. Spezielle Strafen wurden für hochrangige Römer erdacht – offenbar gab es inzwischen welche unter den Christen. Wieder hatten die Christen zahlreiche Märtyrer (aber auch Abtrünnige) zu beklagen. Doch erneut konnten sie sich am Ende in ihrem Glauben bestärkt fühlen. Valerian war jener Kaiser, der 260 in persische Gefangenschaft geriet.

Für die Christen folgte jetzt eine Zeit der Ruhe. Die Gemeinden wuchsen, man bekam Räume, die als Kirchen dienten. In einem internen Streit um ein christliches Bauwerk rief man ohne Scheu den Kaiser an: Die Loyalität der Christen zum Herrscher bestand unverändert. Da brach unter Diokletian (284–305), der das Reich so erfolgreich stabilisierte, wieder eine Verfolgung über die Christen herein, die wohl härteste ihrer Geschichte. Wir hatten bereits erwähnt, dass Diokletian Krisensymptome vor einem religiösen Hintergrund deutete und sie systematisch bekämpfte. Schon um 300 hatte er Verfolgungen gegen die Manichäer eingeleitet, Anhänger einer neuen Religion, die um die Mitte des 3. Jahrhunderts in Persien entstanden war und sich rapide ausbreitete. Seit 303 richtete sich seine Aufmerksamkeit auf das Christentum. Seine Texte sollten vernichtet, die Organisation zerschlagen und überhaupt die Gläubigen eliminiert werden. In den einzelnen Reichsteilen – es bestand ja das System der Tetrarchie, das den jeweiligen Teilherrschern relativ viele Freiräume konzedierte – wurden die Bestimmungen ganz unterschiedlich ausgeführt: Teils ging man mit äußerster Brutalität vor, teils blieben die Christen weitgehend unbehelligt. Nirgends aber zeitigten die Verfolgungen einen nachhaltigen Erfolg. 311 gewährte sogar Galerius, der als der hartnäckigste unter den Christenverfolgern galt, den Christen Duldung, unter der Voraussetzung, dass sie nicht die öffentliche Ruhe störten und Gebete für Kaiser und Reich sprächen.

Im Ergebnis stärkten die Christenverfolgungen die Christen, die sich dem staatlichen Druck überlegen gezeigt hatten, in ihren Augen ein untrügliches Zeichen der Gnade Gottes. Doch die Verfolgungen trugen einen schwerwiegenden inneren Streit in die Christenheit hinein. Viele waren schwach geworden, selbst Priester und Bischöfe hatten die Heiligen Schriften den Häschern ausgeliefert. Wie sollte man mit diesen Leuten umgehen, wenn sie wieder in die Gemeinden zurückkehren wollten? Naheliegend war es, ihnen die Tür zu weisen, und viele derer, die schweres Leid auf sich genommen hatten, plädierten dafür. Andere zogen es vor, bei den Bußfertigen christliche Milde walten zu lassen. Dieser Streit war so heftig, dass er vielerorts, in Rom, in Ägypten, in Africa und anderswo, zu Spaltungen führte.

Lieber als an die Abgefallenen erinnerte man sich an die Helden, an die Bekenner und vor allem an die Märtyrer, deren Mut die Wahrhaftigkeit ihres Glaubens bestätigte. Ihre Gräber bildeten Kristallisationspunkte des Glaubens, die die Identität lokaler Gemeinden begründeten. Überall sah man jetzt Verehrungsstätten, die Christen an die Vorbilder im Glauben erinnerten. Es lässt sich leicht über die christlichen Märtyrer spotten, indem man darauf hinweist, dass in den innerchristlichen Kämpfen der Frühen Neuzeit sicherlich mehr Christen ihr Leben verloren als durch die Verfolgungen der Römer, dass auch nicht wenige abtrünnig wurden. Aber man kann auch nicht bestreiten, dass viele Menschen aller Schichten einen schweren Opfergang antraten und damit Zeitgenossen, nicht nur Christen, tief beeindruckten. Doch die Bereitschaft, für den wahren Glauben zu sterben, ist gewiss nicht alles, was das antike Christentum beförderte. Das zeigte sich gerade, als Christen an die Macht kamen und die Geschichte des Christentums sich mit der des Reiches scheinbar unlöslich verband. Wir nehmen jetzt mit der Darstellung des spätantiken Kaisertums den Faden auf, den wir am Ende des letzten Kapitels liegengelassen haben.

3. Christliches Kaisertum

Der 28. Oktober 312 war ein glückverheißender Tag für Kaiser Maxentius. Genau sechs Jahre zuvor hatte er in Rom seine Herrschaft angetreten. Welches Datum sollte geeigneter sein, um dem Belagerer Roms, Konstantin (306–337), entgegenzutreten? Maxentius entschied sich, vor die unbezwinglichen Mauern der Stadt zu treten, um den Kampf aufzunehmen. Er muss seinen Göttern fest vertraut haben. Doch die Schlacht endete in einer desaströsen Niederlage, Maxentius selbst verlor an der Milvischen Brücke sein

Leben. Der siegreiche Konstantin war überzeugt, auf den stärkeren Gott gesetzt zu haben. Er hatte seine Soldaten unter dem Zeichen des Christengottes kämpfen lassen.

Konstantin: Christ aus heidnischem Geist

Im Umkreis der Macht aufgewachsen, musste Konstantin, der Sohn des Tetrarchen Constantius, damit rechnen, von ihr ausgeschlossen zu werden, da das tetrarchische System ja eine dynastische Erbfolge nicht vorsah. Als aber sein Vater 306 im britischen York starb und er sich in der Nähe befand, ergriff er die Gelegenheit, sich zum Kaiser ausrufen zu lassen. Nach langem Hin und Her erlangte er die Anerkennung innerhalb der Tetrarchie. Mit dem Sieg über Maxentius gewann er die Macht über den Westen. Obgleich die Tetrarchie noch einige Jahre formell weiterbestand, war sie faktisch gesprengt.

Schon vorher hatte Konstantin sich stets der Unterstützung der Götter versichert. Er stand anscheinend Apoll, der ihm persönlich erschienen war, und dem Sonnengott, den viele mit Apoll identifizierten, besonders nahe. Von der Konzentration auf den Kult dieses Gottes war es kein weiter Schritt bis zur Verehrung des Christengottes, der ihm den Sieg über Maxentius verliehen hatte. Nichts weist darauf hin, dass Konstantin durch theologische Überlegungen, durch das Nachdenken über den Tod Christi zum Glauben gelangt war; es dürfte eine Hinwendung zum Christengott aus heidnischem Geist gewesen sein. Selbstverständlich schuldete man einem Schlachtenhelfer Verehrung. Die vielfältige Ausdeutbarkeit des Christenglaubens, von der schon mehrfach die Rede war, zeigt sich hier besonders eindringlich.

Dennoch profitierten die Christen insgesamt: Bereits 313 schloss Konstantin mit dem damaligen Herrscher im Osten, Licinius, zu Mailand eine Vereinbarung, mit der den Christen nicht nur die Duldung bestätigt, sondern auch ihr früherer Besitz zurückerstattet wurde. Das Einvernehmen mit Licinius hielt nicht lange. Konstantin besiegte ihn 324 und errang so die Herrschaft über das Gesamtreich. Doch die Förderung des Christentums dauerte an: Kleriker, vor allem Bischöfe, wurden privilegiert, die Heiligung des Sonntags in vielen Lebensbereichen gefordert und weiteres mehr. Auch finanziell unterstützte Konstantin den neuen Glauben großherzig; neue Kirchenbauten, die an die Ästhetik kaiserlicher Gebäude angelehnt waren, stifteten er und seine Mutter Helena an vielen Orten, insbesondere in Rom und in Jerusalem. Die eigene Taufe schob Konstantin bis kurz vor seinem Tode auf. Dies war indes für einen Mann seiner Stellung in dieser Zeit nicht ungewöhnlich.

Ein konsequenter Kampf gegen das Heidentum ergab sich aus dem Engagement für die Christen nicht. Gewiss wurden Kulte, die für Christen besonders anstößig waren, etwa solche, die mit Tempelprostitution zu tun hatten, verboten. Doch derartige Praktiken widerten auch viele Heiden an. Sogar den Neubau eines Tempels für den Kult seines Hauses gestattete Konstantin, wenngleich unter der Maßgabe, dass dort keine Opfer abgehalten werden dürften. Die Politik Konstantins war in einem hohen Maße integrativ.

Konstantin mag erwartet haben, sich mit der Hinwendung zum Christengott eine breite Unterstützung in der Bevölkerung, zumal im wohlhabenden Osten, zu sichern und ruhige Verhältnisse zu schaffen. Darin aber hat er sich getäuscht und eines nicht einkalkuliert: den Hang der Christen zum Streit und den Widerwillen gegenüber Kompromissen in Fragen, bei denen es um die Wahrheit, und mit der Wahrheit zugleich um das Seelenheil ging.

Vor allem der Streit über den Umgang mit den Abtrünnigen aus der Verfolgungszeit fand kein Ende. Da die Bedrängnisse in frischer Erinnerung waren, ließen sich die Gemüter nicht leicht beruhigen, am wenigsten in Africa, wo sich dieser Konflikt im sogenannten Donatistenstreit mit der umstrittenen Wahl eines Bischofs verband. Konstantin agierte zurückhaltend, mehrfach ließ er Bischöfe über den Fall beraten und versuchte, deren Beschlüsse durchzusetzen, doch musste er am Ende sein Scheitern eingestehen. Africas Christenheit sollte unter dem Streit noch Jahrzehnte leiden. In anderen

Regionen setzte sich nach und nach die Gruppe durch, die für die Integration der Abgefallenen eintrat. Gerade das stärkte auf Dauer die Kirche, da sie nicht eine Kirche allein der Heiligen wurde, sondern die aller Menschen.

Noch tiefgreifender war ein dogmatischer Konflikt, der von Ägypten ausging. In Alexandria war der Presbyter Arius mit dem Ortsbischof Alexander aneinandergeraten. Dabei spielte die Frage der Machtbeziehungen von Bischof und Priester eine Rolle, aber auch ein theologisches Problem, nämlich das Verhältnis von Christus und Gott. Leider kennt man, wie so oft, die Vorstellung des Verlierers – Arius – nur aus Polemiken seiner Gegner. Eine Frage zielte darauf, ob es einen Zeitpunkt gab, da Christus, dessen Seele nach verbreiteter Auffassung schon vor seiner Fleischwerdung bestand, noch nicht da war; dann wäre Christus geschaffen, somit dem Schöpfer nachgeordnet und vielleicht nicht wahrer Gott. Nicht nur moderne Leser empfinden diese Kontroverse als spitzfindig, Konstantin ging es nicht anders, so dass er versuchte, die Streithähne mit einem Brief davon abzubringen, solche Quisquilien zu diskutieren.

Doch er scheiterte, denn viele Zeitgenossen wurden durch solche Debatten umgetrieben. Tatsächlich ging es ja darum, wie derjenige, dessen Kreuzigung der Menschheit die Rettung versprach, einzuschätzen sei. War er letztlich wie ein Mensch? Was aber hob ihn dann unter den Märtyrern heraus? Oder war er ein Gott? Aber hatte er dann überhaupt ein wirkliches Opfer gebracht, wenn er ohnehin allem Menschlichen, damit auch der Schmerzen enthoben war? Diese Frage sollte antike Christen auf Jahrzehnte bewegen. Sie verband sich mit anderen, theologischen wie weltlichen, Konflikten und entfaltete dadurch eine umso größere Sprengkraft. Zur Zeit Konstantins freuten sich gewiss manche Amtsbrüder des Alexander, dem mächtigen Alexandriner in die Parade fahren zu können, und unterstützten daher Arius.

Es war Tradition, dass der römische Kaiser, der als *pontifex maximus* die höchste Priesterwürde der römischen Welt innehatte, religiöse Angelegenheiten regelte. Allerdings bedurfte es nunmehr neuer Instrumentarien: Konstantin versammelte 325 ein Konzil in

Nizäa, zu dem Vertreter aus weiten Teilen des Reiches, ja von jenseits der Grenzen anreisten, ein Novum in der Geschichte des Christentums, das bislang nur kleinere Synoden kannte, und ein unerhörtes Ereignis für das Reich. Die Bischöfe durften die staatliche Post benutzen, sie wurden ehrerbietig empfangen, und sie stritten weiter. Schließlich griff Konstantin höchstpersönlich ein und schlug eine Formel für ein gemeinsames Glaubensbekenntnis vor, die alle einzubinden schien: Christus sei eines Wesens (*homooúsios*) mit seinem Vater, Gott. Das Wort war nicht neu, doch keineswegs unproblematisch, weil es in der Bibel nicht vorkam. Dennoch: Fast alle zeigten sich bereit, es zu akzeptieren. So konnten die Konzilsväter, die sich zugleich über einen gemeinsamen Ostertermin verständigten, die wiederhergestellte Einheit der Kirche feiern. Arius und seine wenigen verbliebenen Freunde wurden verbannt.

Von der Nachwelt wird dieses Konzil als das erste Ökumenische gezählt, das Glaubensbekenntnis bildet bis heute eine Grundlage für die Bekenntnisse aller christlichen Kirchen. Die unmittelbare Wirkung war jedoch gering. Arius wurde bald begnadigt, neue Konzilien abgehalten, der Nachfolger Alexanders im Bischofsamt, Athanasius, der den Kampf fortsetzte, seinerseits verbannt. Konstantins christenfreundliche Religionspolitik hatte zwar Gewalttätigkeiten zwischen Christen und Heiden kaum aufkommen lassen, doch den innerchristlichen Streit nicht verhindern können, ja nachgerade angeheizt.

Konstantins Wirken erschöpfte sich keineswegs in der Religionspolitik. Seine wichtigste Sorge bestand gewiss zunächst einmal in der Absicherung seiner Macht. Militärisch waren die Herausforderungen relativ gering; die Kämpfe mit Germanenstämmen, namentlich mit Franken und mit Goten, flammten immer wieder auf, konnten aber unter Kontrolle gehalten werden. Mit den Persern herrschte seit dem römischen Triumph von 298 Friede, doch brauchte man keine große Phantasie, um sich vorstellen zu können, dass sie auf Rache sannen. Auf dem Weg zu einem Feldzug gegen sie starb Konstantin.

Im Inneren setzte er die Reformen Diokletians fort, zumeist lässt sich das Wirken beider Kaiser nicht trennen. Eine stabile Bürokratie unter Leitung des Prätoriumspräfekten entstand, der seiner militärischen Funktionen ledig wurde; im Heer bildeten sich klar abgegrenzte Verantwortungsbereiche, neben den Grenztruppen agierten bewegliche Einheiten, die als eine Art Eingriffsreserve dienten. Es wurden neue, bald akzeptierte Münznominale eingeführt. Trotz der äußeren Bedrohungen und des Steuerdrucks, der auf der Bevölkerung lastete, begann eine Zeit der Stabilität und Prosperität. Der Solidus, das neue, auf Konstantin zurückgehende Goldnominal, sollte als stabile Münze bis zum Beginn des 12. Jahrhunderts Leitwährung des Mittelmeerraums bleiben – ein einzigartiger Erfolg in der Geldgeschichte.

Nur selten erließ Konstantin unzweideutig von christlichen Vorstellungen beeinflusste Regelungen, die die Verwaltung betrafen – erinnert sei etwa an die Heiligung des Sonntags, an dem richterliche Tätigkeiten ruhen sollten; allerdings wurde die Verordnung so formuliert, dass auch Anhänger des Sonnengottes sich angesprochen fühlen konnten. Eine Neuordnung der Gesellschaft unter christlichen Vorzeichen strebte Konstantin nicht an, und dennoch waren die Maßnahmen äußerst wirkungsmächtig. Mit der Einführung des Sonntags etwa, mit der wöchentlichen Wiederkehr des Festtages, begann eine ganz neue Rhythmisierung der Zeit.

Der Wille Konstantins, seinem Wirken dauerhaften Ruhm zu verleihen, schlägt sich in der Errichtung einer neuen Stadt nieder: Konstantinopel, das an die Stelle der alten griechischen Polis Byzantion trat. Es ist bezeichnend, dass der Gründungsakt durchaus heidnische Riten aufnahm. Selbstverständlich sorgte Konstantin auch für christliche Bauten, aber Tempel wurden nicht zerstört, teils vielleicht sogar erneuert. An einem weithin sichtbaren Punkt errichtete er eine Statue, die ihn gleich einem Sonnengott zeigt und an der noch jahrzehntelang Opfer dargebracht wurden, die Christen erbosten. Es war eben keine Christusstadt, die hier gegründet wurde, sondern eine Konstantinsstadt. Auch als Kapitale wurde Konstantinopel nicht gegründet, es war und blieb zunächst nur eine der Residenzen. Bis zum Ende des 4. Jahrhunderts sollte es sich allerdings zur Hauptstadt entwickeln und diese Stellung bis zum 20. Jahrhundert bewahren.

Dass Konstantin den dynastischen Gedanken nicht aufgeben würde, hatte sein Griff zur Macht deutlich gemacht. So achtete er darauf, dass seine Verwandten die Nachfolge antreten könnten, und teilte dafür das Reich in verschiedene Sprengel ein. Die Einigung des Reiches unter einem Herrscher war offenbar nur als eine Zwischenlösung gedacht. Als Konstantin der Große starb, ging sein Plan indes nicht auf, es kam zu einer Metzelei im christlichen Kaiserhaus, am Ende teilten sich drei Söhne die Macht: Konstantin II., Constans und Constantius II. Immerhin blieb die Herrschaft in der Familie. Das war mehr, als die meisten Kaiser im 3. Jahrhundert erreicht hatten.

Zeit der Experimente: Von den Söhnen Konstantins bis zur Theodosianischen Dynastie

Konstantin mochte den Christengott im Geiste des Heidentums für sich angenommen haben. Der Verlauf seiner Regierung, das Scheitern seiner Religionspolitik aber zeigten, dass der Christengott anders war als die übrigen Gottheiten, dass er sich nicht ohne Weiteres in die traditionelle Welt integrieren ließ. Es war der Wahrheitsanspruch, der die Akteure zu Handlungen von einer Radikalität trieb, die anderen unverständlich war. Es waren überdies neue Autoritäten, mit denen sich die Regierenden auseinanderzusetzen hatten: Bischöfe und Mönche, die sich auf ihr Ansehen unter den Christen berufen konnten. Ferner mussten die Christen Prozeduren der internen Entscheidungsfindung entwickeln, Kaiser und Christen ihr Verhältnis finden. Auf all diesen Ebenen wurden im 4. Jahrhundert unterschiedliche Möglichkeiten erprobt, die in eine vergleichsweise stabile Ordnung mündeten.

Die Kaiser, die nach Konstantin regierten, standen neuen Erwartungen gegenüber. Römische Kaiser hatten seit jeher religiöse Einrichtungen unterstützt, sei es gesetzlich, sei es durch Bauwerke oder andere Logistik. Doch die Aufgabe, für den wahren Glauben zu sorgen, griff viel weiter. Zugleich hatten sie zu berücksichtigen, dass die Christen nicht die gesamte Untertanenschaft ausmachten, dass es Landschaften gab, in denen die Christen eine Minderheit bildeten, dass viele Angehörige der administrativen und der militärischen Eliten sich den traditionellen Kulten verbunden fühlten. Niemand konnte anfangs wissen, ob das Christentum sich durchsetzen würde.

Die christlichen Kaiser gebärdeten sich nicht gleich aggressiv gegen alles, was ihrem Glauben entgegenstand. Gewiss wurden Einzelmaßnahmen verfügt, der eine oder andere Tempel wurde niedergerissen, aber man zeigte sich weithin duldsam. Man kann sogar eine gewisse Tendenz zur Neutralisierung in der öffentlichen Repräsentation beobachten. Die kaiserliche Selbstdarstellung etwa setzte auf ein Wort wie Philanthropia. Es konnte, so wie es in der traditionellen Herrscherethik der Fall war, im Sinne von Menschenfreundlichkeit, Milde in einem ganz allgemeinen Sinne aufgefasst werden, aber auch in der Bedeutung von christlicher Nächstenliebe. An den öffentlichen Plätzen sah man zunächst wenige christliche Zeichen und die heidnischen verloren an Prominenz. Blutige Opfer wurden bald verboten, doch unter bestimmten Umständen durften heidnische Kulte weiter betrieben werden, etwa in Rom. Das war indes nur ein Übergangszustand.

Die Juden durften, ob in der Diaspora oder in Palästina, nach wie vor ihren Gottesdienst in den Synagogen feiern, allerdings erlebten sie im Alltag immer häufiger Schikanen durch Christen. Im Jahre 429 hob Theodosius II. (408–450) das Amt des jüdischen Patriarchen (*nasi*) auf, das eine wesentliche Rolle in den Beziehungen zwischen Rom und den Juden gespielt hatte und für die Anerkennung ihrer Sonderrolle stand. Doch trotz eines wachsenden Drucks blühten vielerorts jüdische Gemeinden.

Christen waren schwierige Untertanen: Die Macht der neuen christlichen Autoritäten wurde immer fühlbarer. Bischöfe übten als Vorsteher der Ortsgemeinden mit ihrer Amtsgewalt und zum Teil mit Charisma Einfluss aus. Saßen sie in Hauptstädten von Provinzen, konnten sie zu echten Rivalen der Statthalter werden, da diese nur für begrenzte Zeit, gewöhnlich ein Jahr, vor Ort waren, während die kirchlichen Würdenträger lange Zeit, im Prinzip bis zu ihrem Tode, an einem Ort wirkten. So vermochten sie die lokalen Gegebenheiten viel präziser einzuschätzen als weltliche Amtsinhaber. Oft wirkten sie an höherer Stelle als Patrone ihrer Städte und begannen in ihrer Funktion als Fürsprecher weltliche Gewalten wie die Ratsherren abzulösen.

Nicht einmal den Konflikt mit den Regierenden scheuten machtbewusste Bischöfe. So lotete Ambrosius von Mailand die Möglichkeiten aus, Konflikte mit einem Kaiser durchzustehen. Als Valentinian II. (375–392), der anders als der Bischof kein Anhänger von Nizäa war, ihm eine Kirche abfordern wollte, setzte sich der Bischof, gestützt auf die breite Bevölkerung Mailands, erfolgreich zur Wehr. Selbst als Theodosius der Große (379–395) ein schweres Massaker anrichtete, ging Ambrosius in die Konfrontation und bewog, zwang vielleicht sogar den Herrscher dazu, öffentlich Buße zu tun.

Mönche leiteten ihre Autorität von asketischen Leistungen ab. Von ihnen wurden Wunder berichtet, sie galten als wirkungsvolle Fürsprecher vor Gott, aber auch vor den Menschen. Eindrucksvoll schildert der Kirchenhistoriker Theodoret, wie ein einfacher Asket mit hohen Amtsträgern umsprang, die 387 nach einem Steueraufstand kaiserliche Strafmaßnahmen gegen Antiochia verkünden sollten: *Als aber die Überbringer der kaiserlichen Drohungen ankamen, nämlich Hellebich, damals Heermeister, und der Palastvorsteher Cäsarius ..., da erschauerten alle in Angst und Schrecken vor den Drohungen. Doch die Helden der Tugend, welche am Fuße des Berges wohnten – und ihrer waren zu der Zeit viele und ganz ausgezeichnete –, wandten sich an jene Männer mit vielen Bitten und Ermahnungen. Der hochheilige Makedonios, der von den lebenspraktischen Dingen nichts verstand und selbst in den heiligen Schriften ganz unwissend war, der aber auf den Gipfeln der Berge Tag und Nacht dem Erlöser der Menschheit reine Gebete darbrachte, erschrak weder vor dem Zorn des Kaisers noch kümmerte er sich um die Macht der Abgesandten, sondern faßte mitten in der*

Stadt den einen am Mantel und forderte beide auf, von den Pferden zu steigen. Als diese das kleine, alte und in armselige Lumpen gehüllte Männchen ansahen, wurden sie zuerst unwillig, als ihnen aber einige von den Vornehmeren die Tugendhaftigkeit des Mannes schilderten, sprangen sie von ihren Pferden, umfaßten seine Knie und baten ihn um Verzeihung.[18]

Natürlich ist die Historizität der Episode fraglich, aber sie muss der Leserschaft Theodorets eingeleuchtet haben, und belegt damit, welche Macht dem Asketen zugeschrieben wurde. Natürlich wären die Amtsträger berechtigt gewesen, den Mönch zu beseitigen, aber vor dem Hintergrund einer immer stärker christianisierten Gesellschaft hätten sie sich damit desavouiert. Bisweilen gab es Versuche, Mönche von Städten fernzuhalten, sie über die Einrichtung von Klöstern, wo sie einem Abt unterstanden, zu disziplinieren, aber gerade im Osten blieben die Asketen eine wichtige und kaum kontrollierbare Macht. Der Freimut der Mönche (und anderer Christen) gegenüber Hochgestellten wurde mit dem griechischen Wort *parrhesía* (S. 76) bezeichnet, jenem Wort, das im klassischen Athen für das Recht der Bürger stand, sich zu allen politischen Gegenständen zu äußern. Freiheit war den Zeitgenossen offenbar immer noch wichtig, aber es war eine Freiheit, die sich nicht vom Status des Bürgers herleitete, sondern vom Anspruch, im Namen Gottes zu sprechen, eine Freiheit, die nun im Prinzip einem jeden Menschen zukam.

Noch etwas Weiteres erschwerte den Umgang mit den Christen. Sie bildeten keineswegs eine geschlossene Gruppe. Der unter Konstantin ausgebrochene Konflikt setzte sich fort. Bald stritt man nicht nur über die Natur Christi, sondern auch über den Heiligen Geist, damit über die Dreieinigkeit von Gott, Sohn und Heiligem Geist. Als Verfahren zur Konfliktlösung war das Konzil weithin anerkannt, das idealerweise dank dem Wirken des Heiligen Geistes zu einem einmütigen Beschluss gelangen sollte (was in der Regel erst dann gelang, wenn die Opponenten nicht [mehr] da waren). Besonders wirkmächtig waren natürlich jene Konzilien, die von Kaisern unterstützt wurden. Das taten diese nicht allein logistisch, sondern auch, indem sie die Konzilsbeschlüsse in Gesetzesform gossen. Doch eine dauerhafte Beruhigung wollte auch der vereinten Macht von Kaiser und Konzil nicht gelingen.

Constantius II. (337–361), ein Sohn Konstantins, verzehrte sich bei der Abhaltung zahlreicher Konzilien und Gespräche mit Kirchenleuten, ohne eine tragfähige Einigung zu erreichen. Spätere Kaiser wie Valentinian I. (364–375) und wohl sein Bruder Valens (364–378), der allerdings als Feind der Nizäner galt, ließen die Dinge eher laufen. Scheinbar einen Schlusspunkt bildete die Regierungszeit Theodosius' des Großen (379–395). Zwar ist es weit übertrieben, von der Einrichtung einer Staatskirche zu sprechen, da weder die Rolle des Herrschers darin klar zu bestimmen wäre, noch die Kirche selbst einen entsprechenden Organisationsgrad erreicht hatte. Doch der Kaiser bekannte in einem Edikt klar, welchem Glauben seine Untertanen zu folgen hatten. Auf dem Konzil von Konstantinopel 381 wurde eine bis heute in vielen Kirchen verbindliche Glaubensformel beschlossen, die das Wesen der Dreieinigkeit auf der Grundlage von Nizäa festlegte. Ferner verbot der Kaiser heidnische Opfer selbst im Privaten und inszenierte sich immer mehr als ein König im Geiste der alttestamentlichen Herrscher. Seine Nachfolger sollten diese Linie fortsetzen, seither wurde die Lage für die Heiden und Juden immer bedrängter.

Linear entwickelte sich das Verhältnis von Kaiser und Christentum keineswegs, es gab sogar ein heidnisches Zwischenspiel. Julian Apostata (361–363) hatte versucht, das Heidentum zu erneuern, mit einer Konsequenz, die sogar manche Heiden abstieß, und mit einer Organisation, die offenkundig an das Modell der christlichen Kirche angelehnt war. Das Experiment währte nicht lange, denn er fiel nach kurzer Zeit bei einem Feldzug gegen die Perser. Die Christen konnten sich wieder darin bestätigt fühlen, dass ihr Gott sie stütze.

Die Spannung in der Geschichte des Christentums ist manifest: Auf der einen Seite setzten die Kaiser viel daran, mit dem Christentum eine einheitsstiftende Macht zu gewinnen, und die Akzeptanz für den neuen Glauben und seine Vertreter wuchs zusehends. Zugleich wirkten die Christen in zweierlei Weise desintegrativ: Immer neue theologische Kontroversen spalteten die Christenheit, zudem besaßen sie in den Bischöfen und Mönchen lokal gebundene, dort aber überaus mächtige Autoritäten, die den kaiserlichen Machtanspruch immer mehr in Frage stellten.

Die vielfältigen Auseinandersetzungen mit und zwischen den Christen belasteten die Arbeit der Administration gewiss erheblich; doch noch ganz andere Fragen harrten einer Lösung. Die Herrschaftsnachfolge, das Grundproblem jeder Monarchie, wurde nach dem Zusammenbruch der Tetrarchie wieder grundsätzlich auf der Grundlage des dynastischen Prinzips gelöst. Brüderkämpfe und Usurpationen bestimmten die ersten Regierungsjahre der Söhne Konstantins. 351 setzte sich Constantius II. (337–361) als Alleinherrscher durch. Dem war die höchst verlustreiche Schlacht von Mursa (heute Osijek) vorausgegangen. Antike Autoren hatten wohl zu Recht den Eindruck, dass dieser Aderlass nie wieder kompensiert worden sei, und auch diese blutig erstrittene Reichseinung währte nicht lange.

Als Valentinian I. 364 an die Macht gelangte, erhob er seinen Bruder Valens sogleich zum Mitherrscher, ja Verwaltung und Heer wurden 364 zwischen ihnen formell aufgeteilt. Der Gedanke der Reichseinheit war damit keineswegs aufgegeben, *de facto* aber die Trennung beschleunigt. Aus der Sicht der Zeitgenossen indes waren solche Vorgänge nichts Unerwartetes. Tatsächlich vereinte Theodosius der Große, der Nachfolger des Valens, das Reich für kurze Zeit in seiner Hand, teilte es aber bei seinem Tod 395 wieder unter seinen beiden Söhnen auf. Damit schritt die politische Spaltung voran, die weithin zugleich eine kulturelle zwischen lateinischer und griechischer Welt war und zunehmend auch eine kirchliche wurde, die aber nie den Gedanken an das *eine* Römische Reich zum Verschwinden bringen sollte.

Das Hin und Her in der großen Politik erfolgte vor dem Hintergrund eines strukturellen Wandels. Vor allem ein Ziel bestimmte die Administration: Wie konnte man genügend Steuereinnahmen gewinnen, um das Heer zu erhalten? Immer wieder wurden neue Wege beschritten, um zu den nötigen Einnahmen zu gelangen. Die Gesetzessammlungen überliefern eine Vielzahl von Maßnahmen, die tief in die Rechte der Bürger einzugreifen scheinen, indem sie die Erblichkeit von Berufen festlegten oder Bauern an ihre Scholle banden. Ratsherren, die schon seit jeher für die Steuerleistungen ihrer Städte einstehen mussten, gerieten unter größeren Druck, so dass die Ehre des Amtes oft mehr als Last empfunden wurde. Diese Entwicklungen sind in der Moderne als Symptome der Herausbildung eines Zwangsstaates gedeutet worden. Das aber wird in der jüngeren Forschung deutlich anders gesehen. Faktisch lässt sich in der spätantiken Gesellschaft eine große Mobilität beobachten; einige Regionen prosperierten wirtschaftlich. Die fortwährenden Gesetzesmaßnahmen erscheinen gerade als Ausdruck des Unvermögens der spätantiken Verwaltung, ihren Ansprüchen Geltung zu verschaffen.

Zugleich war das Römische Reich in zahlreiche militärische Konflikte verstrickt. Fremde Völker sorgten für weniger Unruhe als im 3. Jahrhundert. Trotz mancher Barbareneinfälle funktionierte die Grenzverteidigung und stabilisierte sich an vielen Stellen sogar, etwa am Rhein. Zu Beginn des 4. Jahrhunderts schien keine Gefahr seitens der Perser zu drohen, die besiegt und innerlich zerrissen waren. Doch am Ende der Regierungszeit Konstantins flammten neue Konflikte auf, die sich über Jahrzehnte hinzogen und starke Kräfte banden. Julian vermochte den Krieg in das Perserreich hineinzutragen, doch er fiel, so dass die Römer zum Rückzug gezwungen waren. Angesichts der Verbindung einer äußeren und inneren Krise konnte der Nachfolger Julians, Jovian (363/64), nicht umhin, die Stadt Nisibis, eines der wichtigen Zentren östlich des Euphrats, abzutreten. Auch weiter im Norden, in Armenien, seit jeher zwischen Römern und Persern umstritten, schafften die Römer es nicht, sich durchzusetzen. Theodosius der Große stimmte wohl 387 einem Frieden zu, der den Persern einen Großteil des Landes zugestand. Doch so herb solche Rückschläge waren, destabilisiert wurde das Reich dadurch nicht.

Schwerere, von den Römern lange unterschätzte Gefahren lauerten woanders. Entwicklungen weit im Inneren Asiens hatten das Reitervolk der Hunnen dazu gebracht, gegen Westen vorzustoßen, womit es die dort bestehenden germanischen Herrschaftsgebilde durcheinanderwirbelte. So standen die Tervingen, die späteren Westgoten, mit denen die Römer sich viele Jahrzehnte mal größere, mal kleinere Auseinandersetzungen geliefert hatten, 376 unversehens an der Donaugrenze und baten um Aufnahme ins Römische Reich. Die Römer stimmten dem Ansinnen zu, was weniger überraschend war, als man in Kenntnis späterer Zeiten erwarten würde. Schon viele fremde Völkerschaften, vormalige Gegner, waren ins Römische Reich übergetreten; die Männer konnten die oft ausgedünnten Reihen der römischen Armee auffüllen. Ihrerseits waren die Völker bei ihrem Kampf gegen Rom nicht von nationalistischen, antirömischen Gefühlen geleitet, sondern vom Wunsch, an dessen Prosperität teilzuhaben – als Soldaten konnten sie das.

Es bestanden also durchaus erfreuliche Aussichten für beide Seiten, doch die römische Verwaltung im Donauraum machte alles falsch: Es wurden zu viele Tervingen über den Fluss gelassen, sie konnten ihre eigenen Waffen mitnehmen und wurden dann nicht ausreichend versorgt. Zwei Jahre ließen sie sich hinhalten, dann genügten ihnen Plünderungen nicht mehr. Sie forderten den römischen Kaiser und die römischen Truppen, die bisher kaum einmal eine offene Feldschlacht verloren hatten, zum Kampf. Bei Adrianopel, dem heutigen Edirne, begegneten sich am 9. August 378 die Gegner, mit desaströsen Folgen für die Römer: Besiegt war ihr Heer, der Kaiser gefallen. Sofort erinnerte man sich an Cannae.

Schon das unerhörte Ausmaß der Niederlage bedeutete einen Einschnitt. Neu war auch, wie die Römer mit der Situation umgingen. Valens' rasch erhobener Nachfolger Theodosius versuchte natürlich, die in das Reich eingedrungenen Stämme zu vernichten, doch weitere strömten nach, die Römer wurden der Eindringlinge nicht mehr Herr. 384 ließen sie sich zu einem Friedensvertrag her-

Der Obelisk des Thutmosis (Abb. S. 87) wurde in Konstantinopel auf eine Basis gestellt, die Reliefs aus der Zeit Theodosius des Großen (379–395) trug. Das hier abgebildete zeigt den Kaiser, umgeben von Verwandten und Leibwächtern, unter ihm die Zuschauer, wie er einen Kranz bereit hält, wohl für den Sieger des Wagenrennens. Die Überlegenheit des spätantiken Kaisers ist hier sinnfällig inszeniert.

bei, der den Westgoten weitgehende Autonomie zugestand, sie allerdings in irgendeiner Weise zum Waffendienst für die Römer verpflichtete. Ein solcher Vertrag offenbarte die Schwäche der Zentralgewalt, musste aber keineswegs zu einer Auflösung des Reiches führen. Schließlich sollte es Theodosius ja noch einmal gelingen, mit der Hilfe der Westgoten das Römische Reich zusammenzuführen und zu stabilisieren. Bei seinem Tode 395 war nicht absehbar, wie rapide die römische Macht gerade im Westen verfallen sollte.

Eine christianisierte Gesellschaft?

Blickt man auf die Geschichte des Römischen Reiches im 4. Jahrhundert zurück, so stellt sich als Erstes die Frage: Was hatte das Christentum gebracht? Hatte das Reich sich gewandelt? Christianisierung ist ein Prozess, bei dem nicht einfach einer vorhandenen

Struktur eine entwickelte Religion übergestülpt wird, vielmehr wandelte sich in diesem Prozess auch das Christentum einschneidend, wie umgekehrt das, was als Heidentum bezeichnet wird, sich änderte, schon weil die Verbindung von politischer und religiöser Gemeinschaft aufgelöst war. Genau genommen handelt es sich um mehrere Prozesse, die ineinandergreifen, aber ungleichzeitig ablaufen. So wurden manche Bereiche des geistigen Lebens schon früh christianisiert, während eine gesamtgesellschaftliche Christianisierung erst mit Konstantin einsetzen konnte. Auch dann aber gab es Städte und Bereiche, die sich der Christianisierung entzogen, und andere, die bald völlig christlich geprägt waren.

Wandelte sich durch die Christianisierungen der Alltag der Menschen? Wurde er gar besser? Das lässt sich nicht ermessen, zumal es unterschiedliche Kriterien gibt, dies zu bewerten. Derjenige, der im Glauben Trost gewann, der durch die Zuwendung eines Heiligen seine Gesundheit erlangte, der in einem Kloster Ruhe fand, ertrug das Leben leichter. Gewiss halfen in zahlreichen Fällen Christen Menschen in Not, speisten Hungrige, tränkten Durstige und bekleideten Nackte. Viele Kirchen und Klöster betrieben Einrichtungen, die sich um Arme, Kranke und Fremde kümmerten. Das beseitigte für etliche die elementare Not, aber nicht im Ganzen. Die Welt blieb gekennzeichnet von Ungleichheit und Unterdrückung. Die Sklaverei wurde von Kirchenleuten nicht nur akzeptiert, sondern weithin sogar gerechtfertigt. Es blieb in dieser Gesellschaft bei Hunger, Durst und Not, von Krieg ganz zu schweigen.

Der Sonntag bestimmte nicht nur den neuen Rhythmus der Zeit, sondern besaß überhaupt eine Sonderstellung, der sonntägliche Gottesdienst gewann an Bedeutung – obwohl der eine oder andere Gottesdienstbesucher nichts dabei fand, auch die Synagoge zu besuchen und mit heidnischen Priestern zu verkehren. Andere Feste zum Gedenken an Heilige wurden gefeiert. Zeremonien, namentlich Prozessionen, machten das Christentum in der Stadt bemerkbar. Der performative Aspekt – Ritual und Kultpraxis –, der in der traditionellen Religiosität so wichtig gewesen war, gewann für die Christen immer größere Bedeutung. Noch in anderer Weise erlangte das Christentum höhere Sichtbarkeit. Kirchen wurden an immer prominenteren Stellen errichtet, oft als aufwendige Anlagen, in denen sich der Reichtum von Stiftern zeigte. Gegen Ende des Jahrhunderts traf man so auf deutlich sichtbare christliche Zeichen in den Städten. Ganze Landschaften wandelten ihre sakrale Topographie, das Reich durchzogen Pilger, für die die Welt sich in eine Landschaft christlicher Erinnerungsorte verwandelte.

Mancherorts übte man offene Gewalt gegen Nicht-Christen. Die öffentlichen, dann die privaten Opfer wurden unterbunden – bald hört man von Strafen für Opfernde. Einige Tempel fielen der Zerstörungswut christlicher Horden anheim, oft wurden sie aber eher dem Verfall preisgegeben. Viele klassische Statuen goutierte man weiterhin, man musste in ihnen keine religiösen Objekte sehen. Es gab Kunstwerke, die sowohl mit heidnischen als auch mit christlichen Zeichen geschmückt waren. Erst um die Wende zum 5. Jahrhundert fanden die Gladiatorenkämpfe ein Ende, ebenso wie die großen Agone, etwa jene von Olympia. Theater und Wagenrennen lebten in den Städten weiter, letztere blühten sogar auf.

An den Schulen und in den Häusern der Gebildeten, auch unter Theologen, las man weiter die klassischen Texte. Man benötigte sie wegen ihrer sprachlichen Eleganz, der Höhe der Reflexion, der Omnipräsenz ihrer Mythen. Die Christen eigneten sich diese Traditionen an. Ein und derselbe Dichter konnte Kunstwerke mit mythologischem und mit christlichem Gehalt schaffen, so etwa um die Mitte des 5. Jahrhunderts der ägyptische Epiker Nonnos. Nur wenige opponierten fundamental gegen die klassische Tradition.

Was sich wandelte, war die Art, über bestimmte Probleme zu reden. Die Bibel und die christlichen Lehren wurden jetzt wichtige Referenzpunkte. Gerade die ausgreifenden theologischen Streitigkeiten ließen die Erörterung von Glaubensfragen als selbstverständlich erscheinen. Selbst in Frisierstuben und Bäckereien disputierte man, so heißt es, über die Dreieinigkeit Gottes. Die Kaiser verglichen sich nicht nur mit Alexander dem Großen oder Augustus, sondern auch mit David und Salomon. Damit erlangte das Alte Testament, das anders als das Neue Testament ein frommes Herrschertum kannte, eine ungeahnte Bedeutung: Hier fand man Vorbilder für christliche Kaiser, Vorbilder, die allerdings nicht perfekt waren. So konnten die Sünden, die Fehler der christlichen Kaiser verständlich gemacht werden, und es entwickelte sich ein neues, der griechisch-römischen Antike zuvor fremdes Kaiserideal, in dessen Zentrum die Demut stand.

Die starke Präsenz christlicher Texte kann auch sonst nicht völlig ohne Wirkung auf das Leben geblieben sein: Diejenigen, die sich als Christen gaben, sahen sich gewissen Erwartungen gegenüber. Wer seinen Sklaven streng züchtigte, seine Frau verstieß, am Hungrigen achtlos vorüberging, musste sich stärker rechtfertigen, fürchtete vielleicht sogar die Strafe Gottes. Wie ernst die Möglichkeit, für Sünden Buße tun zu müssen, genommen wurde, zeigt sich auch daran, dass man die Taufe gerne hinauszögerte. Viele signalisierten zwar ihre Nähe zur christlichen Kirche, indem sie in den Status des Katechumenen, des Taufanwärters, eintraten, warteten dann aber ab, da die Taufe eine Lösung von Sünden versprach, die Sünden danach aber umso schwerer wogen.

Auch für die Frauen veränderten sich die Handlungsoptionen. Hatten sie ein sozial anerkanntes Leben bislang fast ausschließlich als Ehefrau und Mutter führen können, so eröffnete sich jetzt die Möglichkeit, als Jungfrau eine angesehene Stellung in der Kirche zu erreichen oder als Witwe gerade durch die Ablehnung der sonst erwarteten Wiederverheiratung das Ansehen zu mehren. Das war gewiss weit entfernt von einer Emanzipation im modernen Sinne. Die Jungfrauen und Witwen unterlagen der priesterlichen Kontrolle, individuelle Asketinnen wurden nicht gerne gesehen, Frauenklöster waren männlichen Äbten unterstellt. Dennoch, die Handlungsspielräume hatten sich erweitert, fühlbar erweitert, wie man am Widerstand vieler vornehmer Geschlechter erkennt: Sie wollten ihre Töchter, die sich so nutzbringend mit anderen Familien verheiraten ließen, nicht der Kirche überlassen. Auch hier war Bischof Ambrosius von Mailand ein entschiedener Vorkämpfer der kirchlichen Belange.

Zu einem puren Instrument der Herrschaft wurde das Christentum nicht. Es war sperrig, zum einen weil es sich auf einen Text bezog, den man nicht ändern durfte, nachdem er eine bestimmte Stufe der Textentwicklung erreicht hatte, zum anderen weil Heilige auftraten, deren Autorität sich nicht aus ihrer institutionellen Position ableitete, sondern aus ihrer speziellen Beziehung zu Gott, die der Kaiser nicht beeinflussen konnte. Aber die Ungerechtigkeiten und Härten der Ordnung wurden durch das Christentum nicht beseitigt.

Von drei großen Prozessen, die scheinbar auf eine Vereinheitlichung der Kultur hinauslaufen, war in diesem Buch die Rede: von Hellenisierung, Romanisierung und Christianisierung. Allen dreien war gemeinsam, dass bestimmte kulturelle Praktiken sich ausbreiteten, durchaus nicht nur mit Zwangsmaßnahmen, sondern wohl häufiger aufgrund des – wie auch immer motivierten – Interesses der Zeitgenossen. Alle drei förderten nur scheinbar eine Uniformierung des Reiches, tatsächlich gab es mannigfache Formen der lokalen Aneignung, so dass die Vielfalt der alten Welt durch die Prozesse nicht zugrunde ging, wenngleich sie ganz neu gefasst wurde.

4. Das Ende des Weströmischen Kaisertums und das Überleben des Christentums

Das Weströmische Kaisertum starb eines langsamen Todes. In der Silvesternacht 406/7 überschritten Vandalen und andere Gruppen den zugefrorenen Rhein. Das war keine blutige Schlacht wie jene von Adrianopel, hatte aber vergleichbare Auswirkungen. Die Völker, die jetzt in das Römische Reich eingedrungen waren, ließen sich nicht mehr vertreiben, und sie stießen tief in das Innere des Reiches vor, 429 erreichten sie Africa.

Seit Jahrhunderten war die Stadt Rom von Kriegen verschont geblieben, seit Jahrzehnten war sie von unüberwindbaren Mauern umschlossen. Im Jahr 410 aber eroberten sie ebenjene Westgoten, denen Theodosius der Große Heimatrecht im Römischen Reich gewährt hatte. Kann man die Eroberer wirklich Westgoten nennen? Ihr Anführer Alarich war formell römischer Offizier, seine Soldaten römische Truppen. Dies zeigt erneut, dass man die Entwicklungen jener Zeit nicht einfach als einen germanisch-römischen Konflikt verstehen darf, obwohl die römischen Zeitgenossen die Schande der Eroberung Roms als das Werk von Barbaren hinstellten.

Wie konnte all das geschehen, nachdem Theodosius gerade erst das Reich energisch geeint hatte? Seine Herrschaft hatte manches bremsen können, aber den Druck der Germanen nicht auf Dauer gemindert, letztlich hatte er den Westgoten schon nachgeben müssen. Die «Völkerwanderung», deren Wucht seit dem ausgehenden 4. Jahrhundert spürbar wurde, ließ sich mit den Mitteln der scheinbar überlegenen römischen Macht offenbar nicht aufhalten – im Übrigen standen die Römer mit diesem Problem nicht allein, denn die Perser mussten sich ebenfalls wandernder Völker erwehren. Es handelt sich hier um einen Jahrhunderte währenden, weite Teile des eurasischen Raumes erfassenden Prozess, der die Großreiche der Antike erfasste.

Seit Honorius (395–423) residierten die weströmischen Kaiser in Ravenna, dessen wichtigste Eigenschaft darin bestand, kaum einnehmbar zu sein; der Bereich ihrer faktischen Herrschaft schrumpfte zusehends. Usurpationen folgten Schlag auf Schlag, ab 455 betrugen die Regierungszeiten der Kaiser allenfalls wenige Jahre. Für Kontinuität sorgten andere, nämlich die obersten Heermeister barbarischer Herkunft, doch auch ihre Existenz war gefährlich:

Stilicho, der noch von Theodosius seinem Sohn Honorius beigegeben worden war, wurde 408 ermordet. Sein Nachfolger Aëtius genießt bis heute Ruhm, weil er 451 auf den Katalaunischen Feldern die Hunnen zum Abzug aus dem Westen zwang. Er wurde von seinem Kaiser Valentinian III. (425–455), der sich durch ihn an den Rand gedrängt fühlte, ermordet. Es folgte Ricimer. Er diente vielen Kaisern, schützte oder stürzte sie fast nach Belieben. Vielleicht hatte er erwogen, trotz seiner germanischen Herkunft selbst nach der Krone zu greifen, das sollte ihm aber nicht gelingen. Ein weiterer einflussreicher Militär war Odoacer. Er setzte 476 in Ravenna den schwachen, viel zu jungen Kaiser Romulus Augustulus ab und schickte ihn in ein großzügig alimentiertes Exil. Für die Zeitgenossen bestand kein Grund, darin einen Einschnitt zu sehen, zumal es mit Nepos (474–480) noch einen legitimen Westkaiser gab und vorstellbar war, dass der Osten einen neuen Herrscher benennen würde. Intervalle zwischen verschiedenen Regierungszeiten hatte es auch zuvor schon gegeben. Keiner konnte im Jahre 476 ahnen, dass er etwas miterlebt hatte, was spätere Generationen als die Absetzung des letzten römischen Kaisers, gar als das Ende des Weströmischen Reiches bezeichnen sollten.

Formell hatte das Römische Reich den Anspruch, in seinem alten Territorium die Regierungsgewalt auszuüben, nicht aufgegeben. Römisches Recht galt hier weiterhin, keiner stellte die Legitimität der römischen Herrschaft und das Kaisertum prinzipiell in Frage; römische Soldaten waren bereit, für den Kaiser zu kämpfen, und merkten erst am Ausbleiben des Soldes, dass etwas nicht stimmte.

Angesichts der Schwierigkeiten in der Kommunikation und der Unfähigkeit von Kaisern, über größere Entfernungen hinweg Kontrolle auszuüben, bildeten sich verselbständigte Herrschaftsräume militärischer Potentaten heraus, die sich ebenfalls ganz in der römischen Tradition sahen: So etwa Syagrius, der 464/65 bis 486/87 im nördlichen Gallien unabhängig agierte, sich aber formell nie vom Römischen Reich lossagte, oder Marcellinus, der etwas früher Ähnliches im dalmatinischen Raum tat. Faktisch agierten sie weitgehend unabhängig.

Wichtiger als diese ephemeren Herrschaftsgebilde war die Entstehung der sogenannten germanischen Nachfolgereiche. Die Westgoten setzten sich in Südwestfrankreich, dann in Spanien fest, die Vandalen in Africa, die Ostgoten in Italien und im Norden Frankreichs die Franken. Gebraucht man diese Namen, so vereinfacht man die Dinge gewaltig, denn die Stämme, die Völker der «Völkerwanderung», die wir mit einem Namen wie «Vandalen» oder «Westgoten» zu belegen pflegen, waren keineswegs einheitliche ethnische Gruppen. Ihre Verbände setzten sich aus Menschen verschiedener Sprache und Herkunft zusammen, auch Römer oder Hunnen konnten sich von den sogenannten Germanen mitreißen lassen. Zusammengehalten wurden sie durch den Willen, mit Kriegs- und Raubzügen den Lebensunterhalt zu sichern, und durch die Figur eines Königs, um den die Gewaltgemeinschaft sich scharte, solange er sie erfolgreich anführte.

Die Könige allerdings hatten ein Interesse daran, ihrer Herrschaft Dauer zu verleihen. Deshalb erstrebten sie die Anerkennung der Kaiser, deren legitimierende Autorität in Verträgen und römischen Titeln Ausdruck fand. Zudem suchten sie nach einer gemeinsamen Geschichte und einer Tradition für ihr Königshaus. Gerne bedienten sie sich römischer Geschichtsschreiber, um das aufschreiben zu lassen, was man als die eigene Geschichte empfand, und so entstand die Geschichte der Ostgoten unter dem Königshaus der Amaler, die von Schweden aus über Osteuropa bis nach Italien gewandert sein sollen. In den Erzählungen mag immer etwas Richtiges stecken, doch keinesfalls gab es eine ethnische Identität, die über die Jahrhunderte Bestand gehabt hätte. Im Kontakt mit den Römern bildete sich, vielleicht um einen Traditionskern, eine neue Identität, die sich durch neue Begegnungen und Entwicklungen wandeln konnte.

Eine gewisse Geschlossenheit erlangten die Gruppen mit ihren Herrschaftsbildungen auf vormals römischem Boden. In mancherlei Beziehung scheint die Ansiedlung der Westgoten im Donauraum als Modell gedient zu haben, doch liegt jeder Einzelfall anders. Es wurden jeweils *foedera* – Bündnisse – geschlossen, die die Grundlage des Zusammenlebens bildeten und etwa Steuerfragen und militärische Angelegenheiten regelten. Die Germanen, stets nur eine Minderheit, wurden angesiedelt und versorgt, sei es, dass sie ein Drittel des Landes oder der Steuern erhielten. Natürlich kam es gegenüber der eingeborenen Bevölkerung zu Übergriffen, aber typischerweise entwickelte sich ein befriedetes Nebeneinander. Die Romanen konnten weitgehend nach römischem Recht leben und ihre Sprache sprechen; ihre Institutionen wurden nicht zerschlagen. Militärische Aufgaben lagen bei den Germanen, was den Romanen ihre Ohnmacht umso deutlicher vor Augen führte. So belastend die Fremdherrschaft war, sie bedeutete keineswegs einen Untergang der römischen Tradition. Gerade im Vandalenreich, das wohl den Römern die strengste Herrschaft auferlegte, gab es eine regelrechte Blüte der lateinischen Dichtung.

Schärfer als die kulturelle Grenze war in den Germanenreichen eine andere gezogen, nämlich die zwischen den kirchlichen Orientierungen. Die Germanen waren Arianer, die Romanen standen gewöhnlich in der Tradition der Konzilien von Nizäa und Konstantinopel, die auch die Katholische Kirche prägen sollten. Die konfessionelle Trennung erschwerte Heiratsverbindungen und befestigte so die Trennung zwischen den Ethnien.

Im italischen Ostgotenreich entwickelte sich ein bemerkenswertes Modell des Zusammenlebens zwischen Romanen und Ostgoten. Nachdem König Theoderich der Große (493–526) in einem mehrjährigen Krieg gegen Odoacer, unter Berufung auf einen Auftrag des oströmischen Kaisers, Italien erobert hatte, herrschte dort nach Jahrzehnten der Unruhe für geraume Zeit Friede, zumal Theoderich durch geschickte Bündnisse die äußere Stellung des Ostgotenreiches abzusichern vermochte. Neue Bauwerke entstanden, die Philosophie erlebte mit den Schriften des Boëthius eine späte Blüte. Theoderich stellte sich in die Tradition der römischen Kaiser, beanspruchte aber den *Augustus*-Titel nicht für sich. Er ließ sich vielmehr *Flavius Theodericus Rex* nennen, führte also einerseits den Königstitel, den die Römer ablehnten, mit Flavius aber auch den Geschlechtsnamen, den die römischen Kaiser (aber nicht nur sie) der Spätantike trugen (Abb. S. 253). Sein wallendes Haupthaar und der Schnurrbart signalisierten ebenfalls seine germanische Herkunft, doch seine Verwaltung funktionierte auf Latein und führende Köpfe des lateinischen Westens dienten ihm. Der Senat in

Rom blieb bestehen. Bezeichnend für die Politik Theoderichs ist das Schlagwort der *civilitas*, das in seinen Verlautbarungen oftmals auftaucht. Mit diesem Stichwort waren Rechtlichkeit, Milde, Friedfertigkeit im Zusammenleben gemeint, was letztlich die Goten zu einer Orientierung an römischen Werten zwang. Mit einer ausgewogenen Gesetzgebung bemühte Theoderich sich, den Bedürfnissen der verschiedenen Gruppen in seinem Reich – auch denen der Juden – gerecht zu werden. Eine Verschmelzung aber strebte er offenbar nicht an, vielmehr scheint er ein friedliches Nebeneinander gefördert zu haben.

Doch am Ende scheiterte er. Denn die römischen Senatoren und auch der Bischof von Rom befanden sich im Dilemma einer doppelten Loyalität. Als ihren eigentlichen Herrscher betrachteten sie nach wie vor den Kaiser Ostroms. Das wurde allerdings dadurch erschwert, dass zwischen den Bischöfen von Konstantinopel und Rom ein Schisma bestand und Kaiser Anastasius (491–518) im Westen als Häretiker galt. Obgleich (oder gerade weil?) Theoderich als Arianer wieder eine andere theologische Position vertrat, erkannte der Kaiser ihn an. Das ging lange gut. Doch beendete der oströmische Kaiser Justin (518–527) das Schisma, so dass sich die Loyalität der italischen Senatoren gegenüber Konstantinopel festigte. Theoderich hatte wohl das Gefühl, er werde verraten, und reagierte mit äußerster Härte. Der Papst wurde entthront, einige Senatoren, darunter der Philosoph Boëthius, gefangen gesetzt und hingerichtet. Wenige Jahre nach Theoderichs Tod marschierten römische Truppen ein, um das Ostgotenreich zu vernichten.

Eine moderne Karte der spätantiken Mittelmeerwelt nimmt sich aus wie ein bunter Flickenteppich. Das entspricht den realen Machtverhältnissen, doch könnte man, nähme man die Sicht eines hohen Beamten in Konstantinopel oder in Ravenna ein, eine einheitliche Fläche zeichnen. Denn vom Norden Frankreichs bis zum Süden Ägyptens, vom Atlantik bis über den Euphrat hinaus, legitimierten die Herrscher die eigene Macht mit der Referenz auf den (ost)römischen Kaiser. Gerne führten germanische Könige Titel wie *consul* oder *patricius*, die ihnen vom Kaiser verliehen werden

Die Gestaltung dieses goldenen Medaillons zeigt Theoderich den Großen (493–526) mit germanischer Haartracht und Schnurrbart, aber auch mit einer Kleidung, die an das römische Kaisergewand erinnert; die Umschrift (s. S. 251) lehnt sich an die Kaisertitulatur an, ohne sie vollständig zu übernehmen. So wird sichtbar, wie sich Theoderich sowohl an ein römisch als auch an ein gotisch geprägtes Publikum wendet.

konnten. Es bestand ein eigenartiger Legitimationsüberhang des Römischen, der der faktischen Macht nicht entsprach, der aber über Jahrhunderte noch den Ruhm des Römischen Reiches ausmachen sollte, in dessen Tradition sich mittelalterliche Kaiser ebenso stellen konnten wie russische Zaren. Es spricht daher manches dafür, die einzelnen Reiche nicht als barbarisch, sondern als poströmisch zu bezeichnen. Für die Akteure nämlich handelte es sich allem Anschein nach vor allem um eine Fortsetzung römischer Herrschaft mit anderen Mitteln.

Ein bisher kaum erwähnter Stamm steht für die Übertragung des Kaisertitels an spätere Generationen: die Franken. Sichtbar wird der Vorgang in der schon erwähnten Kaiserkrönung Karls des Großen zu Rom, traditionell auf den 25. Dezember 800 datiert. Doch das markierte nur den Höhepunkt einer langen Entwicklung. Franken waren auch deswegen erfolgreich, weil sie anders als die Goten oder Vandalen nicht als Fremde ein Gebiet überrannt hatten; vielmehr hatten sie sich in Gallien schon lange eingenistet, so dass die Beziehungen zu den Einheimischen eng waren. Einen entscheidenden Schritt tat der außenpolitisch überaus erfolgreiche König Chlodwig (481/82–511), als er sich, nach traditioneller Datierung, Weihnachten 497 katholisch taufen ließ. Damit war eine weitere Grundlage für die Integration der romanischen und der germanischen Bevölkerung geschaffen. Das Frankenreich sollte große Teile Westeuropas zusammenbringen und die Tradition des römischen Kaisertums erneuern.

Viel später, 587, trat mit König Reccared (586–601) in Spanien ein Westgote zum Katholizismus über. In Iberien entstand eine lebendige lateinische Literatur, die erst 710/11 im Arabersturm ein Ende fand. Für die Blüte steht Isidor von Sevilla (ca. 560–636), der in seinen *Etymologiae* das Wissen seiner Zeit zusammenzufassen suchte und es so an das Mittelalter überlieferte.

Trotz des Legitimationsüberhanges des Römischen Reiches und der Lebendigkeit der lateinischen Kultur war die Schwächung des Imperiums seit der Niederlage von Adrianopel 378 unverkennbar. Die Eroberung Roms 410 bildete ein Fanal, das Heiden fragen ließ, ob nicht die Vernachlässigung der alten Götter, die der Sieg des Christentums mit sich gebracht hatte, das Reich so entscheidend geschwächt hätte. Es war ein früherer Rhetor aus Mailand und nunmehriger Provinzbischof, der hierauf mit *De civitate Dei*, *Über die Bürgerschaft Gottes*, eine Antwort erteilte, die geistesgeschichtlich folgenschwer werden sollte: Augustinus von Hippo (354–430). Hatten viele andere oft im Anschluss an den Propheten Daniel betont, dass das Römische Reich heilsnotwendig sei und seinem Untergang das Jüngste Gericht folgen werde, so erklärte Augustinus, es gebe zwei Bürgerschaften. Ganz in der Tradition antiken politischen Denkens sind diese nicht als räumliche Einheiten zu sehen, sondern als Verbände von Personen, von denen einer für die weltliche Ordnung stand, während der andere die Bürgerschaft Gottes, eben die *civitas Dei*, repräsentierte, die auf der Erde wie in der Fremde wandele. Der letzteren gehörten die wahren Christen an. Wann aber der Tag des Jüngsten Gerichts komme und diese Bürgerschaft an ihr Ziel gelange, sei Gottes Willen anheimgestellt.

Dass nicht alles aus der Antike verloren ging, verdankt sich nicht zuletzt einer spezifisch christlichen Institution, dem Kloster. Ein hoher Funktionär Theoderichs, Cassiodor, der auch eine Gotengeschichte geschrieben hatte, gründete ein Kloster namens Vivarium, das sich die Bewahrung der geistigen Tradition der Antike zur Aufgabe machte. In seinem Werk *Institutiones* suchte er ähnlich wie im Westgotenreich Isidor das Wissen zusammenzuführen und entfaltete eine vergleichbar große Wirkung wie der Mann aus Sevilla, obgleich sein Kloster nach seinem Tode unterging.

Größere Dauer sollte einer anderen klösterlichen Tradition beschieden sein, die im 6. Jahrhundert einsetzte, die der benediktinischen Klöster. Hier sah man bald auch in der Überlieferung antiker Texte eine Aufgabe. Es ist strittig, ob Benedikt von Nursia, dem die Tradition die Gründung von Monte Cassino im Jahre 529 zuschreibt, tatsächlich gelebt hat. Was sich aber bald mit seinem Namen verbinden sollte, das regulierte Klosterleben nach östlichem Vorbild in einem Rhythmus aus Gebet und Arbeit – *ora et labora* –, existierte und entfaltete eine bedeutende Wirkung.

Das Gewicht der Stadt Rom bemaß sich an der Bedeutung ihrer Bischöfe. Selbstbewusste Päpste wie Leo der Große (440–461) und Gregor der Große (590–604) betonten den Rang Roms und verwandelten die Stadt in eine christliche, deren Gesicht von Kirchen bestimmt wurde. Da über Jahrzehnte kein Kaiser in Italien herrschte, konnten die Päpste sich hier manche Freiheiten herausnehmen. Folgenschwer war jener Satz, den Papst Gelasius (492–496) dem Kaiser Anastasius (491–518) entgegenschleuderte, als dieser ihm während des erwähnten Schismas zwischen Ost- und Westrom sein Bekenntnis aufzudrängen suchte: *Zwei Gewalten sind es ja überhaupt, erhabener Kaiser, von denen diese Welt an oberster Stelle regiert wird: die geheiligte Autorität der Bischöfe und die herrscherliche Gewalt. Unter diesen kommt den Bischöfen («Priestern») ein umso größeres Gewicht zu, als sie auch für die Herrscher der Menschen persönlich vor dem göttlichen Gericht Rechenschaft ablegen werden.*[19] Die sogenannte Zweigewaltenlehre, die die besondere Rolle des Bischofs, schließlich des Papstes, herausstellte, wurde zu einer der Grundlagen mittelalterlichen politischen Denkens im Westen. In der Antike hatte diese Bemerkung, die einem Brief entwachsen war, indes keine dauerhaften Folgen. Die Ansprüche des Papsttums, die auch deswegen artikuliert werden konnten, weil der Kaiser fern war, fanden eher in Ausnahmefällen Anerkennung, aber es wurde der Boden bereitet für den späteren Machtgewinn.

Wenn das mit dem Römischen Reich so eng verbundene Christentum dessen Untergang überleben konnte wie einst die Juden den Untergang ihres Königtums, so liegt dies auch daran, dass derartige Denker das Christentum von den politischen Strukturen lösten. Das geistige Erbe spätantiker Theologie, das Mönchtum in den Traditionen Benedikts und das Papsttum, sollten die Geschichte der mittelalterlichen Christen im Westen prägen, von denen viele der Vorstellung nachhingen, weiter im Römischen Reich zu leben, aber nicht darauf angewiesen waren, durch seine Ordnung gestützt zu werden.

5. Das Überleben des christlichen Reiches im Osten

Als Rom im Jahre 410 erobert wurde, nahm man im Osten davon kaum Notiz. Dort waren die Verhältnisse weitaus stabiler. Der Versuch des Generals Gainas, eine ähnliche Stellung wie sein Zeitgenosse Stilicho im Westen zu gewinnen, war 400 blutig niedergeschlagen, seine gotischen Truppen teils massakriert, teils vertrieben worden. Die Grenzräume blieben ruhiger als im Westen: Zwar banden die Auseinandersetzungen mit den Persern weiter erhebliche Kräfte, doch stellten sie für das Reichsinnere zunächst keine Bedrohung dar. Gelegentlich stießen arabische Stämme tiefer vor, aber das blieben Ausnahmen. Die Erfahrungen des Ansturms fremder Völker, die ein Großteil der Bevölkerung des Westreiches machen musste, blieben jener des Ostens weitgehend erspart. Bedrohlicher war die Lage im Balkanraum. Die Westgoten waren zwar Richtung Italien aufgebrochen, doch die Vorstöße der Hunnen über die Donau waren lästig, und andere Völkerschaften drängten nach. Kämpfe mit den Eindringlingen vermied man; lieber beruhigte man sie mit Geschenken (die Hunnen sprachen von Tributen). Ostrom mit seinen prosperierenden Provinzen konnte sich das leisten.

Die Truppen des Ostreichs stammten zu einem Großteil aus anderen Völkern, vor allem Ostgoten und Isaurier werden genannt, die sich zum Teil gegenseitig in Schach hielten, doch konnten sie rasch zu gefährlichen Gegnern mutieren. Ihre Anführer waren oft römisch gebildet und auf jeden Fall mit römischen Titeln reich geschmückt, verfolgten aber ihre eigene Agenda. 486 belagerten die Ostgoten unter Führung Theoderichs, der noch 484 zum Consul erhoben worden war, Konstantinopel. Ähnliche Vorkommnisse wiederholten sich.

Doch gegen Ende des Jahrhunderts sank die Bedeutung dieser Völker. 488 entsandte Zeno (474–491) Theoderich nach Westen, mit der verlockenden Perspektive, dort Odoacer niederzuringen und die Herrschaft über Italien zu erlangen; unter Anastasius (491–518) wurden die Isaurier aufgerieben. Und auch wenn in und um Konstantinopel einflussreiche Heermeister agierten, bisweilen gar als Kaisermacher hervortraten, brachte es keiner von ihnen zu einer Machtfülle, die so erdrückend war wie jene eines Aëtius oder Ricimer.

Neben dem militärischen Bereich hielt sich eine mehr oder weniger funktionierende, jedenfalls umfangreiche und selbstbewusste Verwaltung. Theodosius II. ließ im *Codex Theodosianus* die gültigen Rechtsbestimmungen sammeln und schuf damit eine verbesserte Grundlage für die Rechtsprechung. In vielen Landschaften blühten die Städte noch lange, anderswo setzte ein Niedergang ein. Nach wie vor waren die Steuereinnahmen insgesamt hoch. Natürlich versuchten viele Angehörige der Eliten, sich zu entziehen. Die Steuereintreibung wurde zusätzlich dadurch erschwert, dass sich in vielen Regionen ein bedeutender Großgrundbesitz herausbildete, oft in den Händen von Aristokraten, die bei den Statthaltern oder gar am Hofe Einfluss genossen und die sich gegenüber der gewöhnlichen Verwaltung verselbständigten. Das waren durchaus gefährliche Desintegrationsprozesse, aber weitaus weniger schwerwiegende als im Westen.

Noch andere, vor allem kirchenpolitische Gründe ließen manche Regionen der Kontrolle der Zentrale allmählich entgleiten. Nur scheinbar hatte Theodosius der Große die innerchristlichen Streitigkeiten beigelegt. Unter seinen Nachfolgern setzten sie sich fort. Hatte man im 4. Jahrhundert darüber gestritten, inwieweit Jesus Mensch sei, so fragte man nun nach dem Göttlichen in Jesus. Erneut versuchte man mit Konzilien eine Lösung zu finden, wieder erwiesen sich die entsprechenden Beschlüsse nicht als tragfähig. Kaiser Marcian (450–457), der erste Kaiser nach dem Ende der Theodosianischen Dynastie, lud schließlich 451 zum Konzil nach Chalkedon nahe bei Konstantinopel.

Unter dem gar nicht so sanften Druck des Kaisers einigte man sich auf Kompromissformeln. So viel Mühe man sich gegeben hatte, man war letztlich darauf beschränkt, die alten Begriffe neu zu ordnen, ohne dass man die Inhalte wirklich präzisieren konnte oder wollte. Verbunden war der Kompromiss mit der Verdammung einiger Lehren und vor allem wichtiger Exponenten des Streits. Der kirchliche Friede wurde so nicht hergestellt, im Gegenteil, denn die Formel blieb interpretationsbedürftig. Wieder loderten Streitigkeiten auf. Die sogenannten Miaphysiten hoben die Einheit der Natur Christi hervor. Fatalerweise verband diese theologische Entwicklung sich mit regionalen Ablösungsprozessen. Insbesondere Ägypten, wegen seines Reichtums und seiner Getreideproduktion von größter Bedeutung, entzog sich religionspolitisch der kaiserlichen Kontrolle. Immer neue Versuche machten die Kaiser, sei es einen Kompromiss zu finden, sei es ihre religiöse Auffassung durchzusetzen.

Am massivsten griff Justinian (527–565) ein. Aus dem lateinischsprachigen Balkanraum stammend, war er seinem Onkel Justin, der in der kaiserlichen Leibwache diente und 518 Kaiser wurde, nach

Konstantinopel gefolgt. Als Justin 527 starb, erlangte Justinian die Alleinherrschaft über das Römische Reich.

Er erbte einen Perserkrieg, den er zwar nicht gewinnen, aber bis 532 beilegen konnte. Ganz andere Möglichkeiten taten sich auf, wenn man nach Westen blickte: Im Vandalenreich war ein romfreundlicher König gestürzt worden. Gegen den Rat seiner Generäle, die sich an ältere Misserfolge erinnerten, schickte Justinian seine Leute dorthin, die 534 einen überlegenen Sieg davontrugen. Africa stand nach einem Jahrhundert vandalischer Könige wieder unter römischer Herrschaft. Wenig später boten die inneren Streitigkeiten der Ostgoten Justinian einen Grund, in Italien einzugreifen. Dort war sein Erfolg weitaus weniger durchschlagend. Über Jahrzehnte zogen sich die Auseinandersetzungen hin, die Römer schienen zeitweise abgedrängt, doch auch hier konnten die Truppen Justinians 552 das Feld behaupten. Selbst an der Südostküste Spaniens setzten sich die Römer wieder fest.

Diese Kette von Erfolgen ließ sich im Nachhinein als eine gezielte Erneuerung des Reiches, eine *renovatio imperii*, darstellen. Doch es ist zweifelhaft, ob Justinian von Beginn an so hochfliegende Pläne nährte, ob er nicht vielleicht eher günstige Gelegenheiten genutzt hat und erst im Laufe der Zeit ein Konzept entwickelte. Auf seine außenpolitische Bilanz fielen auch Schatten. Es gelang nicht mehr, den Donauraum zu kontrollieren, und gegen die Perser, die wieder bis zur Mittelmeerküste vordringen konnten, erlitt er schwere Niederlagen. Der Frieden von 562 verpflichtete die Römer zu hohen Tributzahlungen. Das Reich schien dennoch am Ende von Justinians Regierungszeit äußerlich gestärkt, aber die Ressourcen waren fast erschöpft.

Im Inneren sah Justinian sich mit einer unruhigen Stadtbevölkerung und einer selbstbewussten Aristokratie konfrontiert, die auf ihn, den Bauernsohn, und seine Gattin, die frühere Schauspielerin und Prostituierte Theodora, verächtlich herabsah. Wie stark die Widerstände waren, zeigte sich 532 im sogenannten Nika-Aufstand. Er brach nicht ganz zufällig im Hippodrom aus. Dies, die Stätte der Wagenrennen, war einer der wenigen Orte, an denen der Kaiser und sein Volk zusammenkamen. Hier artikulierte sich der Protest gegen Maßnahmen Justinians, schlug in Gewalttätigkeiten um, löste Brände aus; Teile des Stadtzentrums wurden zerstört, Gegenkaiser erhoben, Justinian soll gar an Flucht gedacht haben. Doch am Ende behauptete er sich, indem er skrupellos Soldaten auf die Rebellen hetzte und ein Blutbad anrichtete. Die Bevölkerung wagte in der nächsten Zeit keinen Aufstand mehr, die Aristokratie, deren Angehörige sich in großer Zahl auf die Seite der Aufständischen geschlagen hatten, war geschwächt und desavouiert. In der Mitte Konstantinopels klaffte eine Lücke, die Justinian unter anderem mit dem Prachtbau der Hagia Sophia, die bis heute für den Glanz seiner Herrschaft steht, auffüllen konnte (Abb. S. 270). Die Geschehnisse stärkten Justinian in einem solchen Maße, dass heute bisweilen die Meinung vertreten wird, er selbst habe den Aufstand von langer Hand geplant.

Vor und noch mehr nach dem Nika-Aufstand demonstrierte Justinian gebieterisch seine Durchsetzungsfähigkeit. Mit einer Sammlung von Auszügen aus vorhandenen Gesetzen (dem *Codex Iustinianus*), einer Zusammenstellung von rechtsverbindlichen Stellungnahmen von Juristen (den Digesten), ferner mit einem Lehrbuch (den Institutionen) schuf er ein Gesetzeswerk, das 533/34 weitgehend in der heute bekannten Form vorlag. Diese Leistung zählte er zu seinen größten Ruhmestaten, durchaus zu Recht. Denn manch anderer Kaiser hatte schon versucht, die unzähligen Einzelbestimmungen des Römischen Rechts zusammenzuführen und zu systematisieren, doch keinem war es so umfassend gelungen wie Justinian. Das Werk wird heute, nachdem es auch um die jüngeren Gesetze Justinians, die Novellen, erweitert worden ist, als *Corpus iuris* bezeichnet. Es überdauerte im Osten wie im Westen, obzwar mit Brüchen, die Jahrhunderte und beeinflusste die abendländische Rechtstradition seit dem Mittelalter entscheidend.

Justinian widmete sich auch der Verwaltung. Entschlossen ging er gegen korrupte Beamte vor, womit er die Aristokratie schwächte, die sich auf den Posten gerne selbst bediente. Bischöfe wurden als Kontrolleure herangezogen. Lange Zeit versuchte Justinian, der selbst grundsätzlich den Beschlüssen von Chalkedon anhing, aber zu Variationen bereit war, die Miaphysiten einzubinden. Seine eigene Frau, Theodora, hing dieser Richtung an, so dass die Miaphysiten selbst in Zeiten, da sie dann doch systematisch verfolgt wurden, eine Ansprechpartnerin im Palast hatten. Doch der Druck, den Justinian entfaltete, wurde stärker. Er machte manche theologische Wendung mit, verfasste auch eigene theologische Traktate, doch schließlich versuchte er, mit Hilfe des (2.) Konzils von Konstantinopel 553 einen einheitlichen Glauben herbeizuzwingen. Zwar konnte er den widerstrebenden Papst Vigilius (537–555) zur Unterschrift nötigen, doch der Triumph war ein Pyrrhussieg, da der Bischof von Rom in Italien gerade dadurch an Rückhalt verlor. Der Kaiser selbst wandte sich gegen Ende seines Lebens einer wieder neuen theologischen Richtung zu und war vollends isoliert.

Von Beginn an war Justinian bemüht, dem Christentum im Alltag Geltung zu verschaffen. Er versuchte Menschen dazu zu bewegen, zum Christentum überzutreten, und scheute vor Zwang nicht zurück. So wie es einst eine Selbstverständlichkeit gewesen war, dass jeder Bürger die Kulte der Polis praktizierte, wurde jetzt von jedem Untertan erwartet, dass er das Christentum so auffasse, wie es der Kaiser wünschte. Das Heidentum bekämpfte er systematisch und bedrängte auch die Juden. Hierbei handelte es sich um mehr als um Machtpolitik. Denn Justinian nahm das Christentum so ernst, dass er bereit war, Unruhe in die Gesellschaft zu tragen, wenn er etwa die Rechte von Frauen oder von Sklaven stärkte. Er selbst, der sich prononciert als von Gott eingesetzt betrachtete, inszenierte sich immer mehr wie ein Heiliger Mann, führte persönlich Prozessionen an und schritt dabei demutsvoll einher.

Vermutlich bestätigten ihn kontingente, nicht steuerbare Ereignisse in dieser Haltung: Nachdem er anfangs nur Erfolge gehabt zu haben schien, häuften sich seit dem Ende der dreißiger Jahre die Katastrophen und Rückschläge, die ihm als Zeichen des Zornes Gottes erscheinen mussten. Besonders schwerwiegend war eine Seuche, die in den vierziger Jahren wütete, die sogenannte Justinianische Pest. Sie raffte weite Teile der Bevölkerung dahin, eine un-

Skoten
Briten
Angel-
sachsen
Nordsee
Friesen
Sachsen
Atlantischer
Ozean
BRETAGNE
Trier
Loire
REICH DER FRANKEN
Baju-
waren
Lang
barden
Bordeaux
Sueben
Aquileia
Po
REICH DER
WESTGOTEN
Marseille
Ravenna
Toledo
Barcelona
Korsika
Adria
Rom
Córdoba
Balearen
Sardinien
Caesarea
Karthago
Sizilien
MAURETANIEN
NUMIDIEN
Mittelmeer
TRIPOLITANIEN
Ausdehnung des
Byzantinischen Reiches 527
Eroberungen Justinians I.
0
200
400
600 km

Das Römische Reich zur Zeit Justinians
awische Völker
Chasaren
Kaspisches Meer
Awaren
Osseten
Gepiden
Krimgoten
LAZIKA
Schwarzes Meer
Sinope
Trapezunt
Adrianopel
Konstantinopel
Thessalonike
Nikaia
OSTRÖMISCHES REICH
REICH DER SASSANIDEN
Pergamon
Smyrna
Ikonion
Athen
Ephesos
Euphrat
Tigris
Sparta
Antiochia
Zypern
Kreta
Jerusalem
Kyrene
LIBYEN
Alexandria
Memphis
ÄGYPTEN
Diospolis
Rotes Meer

vorstellbare Schwächung des Reiches. Zuvor schon soll die Welt sich verdunkelt haben; Missernten waren wohl die Folge. Die Konsequenzen des Bevölkerungsverlustes konnte Konstantinopel nicht mehr wettmachen. Übermächtige Gegner und die Kräfte der Natur, alles schien sich gegen Justinian verschworen zu haben. Selbst mühsam durchgesetzte Maßnahmen wie das Konzil von Konstantinopel erwiesen sich als politische Fehler. So starb Justinian nach seiner außerordentlich langen Regierungszeit als Oberhaupt einer entkräfteten, religiös zerstrittenen Gesellschaft und eines ausgezehrten Reiches.

Die Nachfolger versuchten mit unterschiedlichem Erfolg, der Schwierigkeiten Herr zu werden. Doch der Donauraum blieb unkontrollierbar, die Perser ließen sich nicht auf Dauer zurückdrängen, und auch die Religionsprobleme waren nicht lösbar, ja immer neue Fragen wurden aufgeworfen. Der größte Teil Italiens gelangte bald unter die Herrschaft der Langobarden, die seit 568 dorthin vordrangen.

Unter Herakleios (610–641) schien das Ende des östlichen Reiches gekommen. Jerusalem fiel 614 an die Perser, bis 619 war sogar Ägypten erobert und damit die Versorgung der Hauptstadt existentiell gefährdet. Doch der Kaiser besaß die Entschlossenheit, die römischen Kräfte zu bündeln, und errang in mehreren, von ihm persönlich geleiteten Feldzügen bis 629 einen überwältigenden Sieg gegen die Perser; bis tief ins Zweistromland drang er vor. Diese Kriege waren auch durch eine neuartige religiöse Ausrichtung gekennzeichnet. Chosrau, der mit einer Christin verheiratete Perserkönig, hatte die dortige Kreuzesreliquie aus Jerusalem nach Persien verbracht. Herakleios konnte sie wiedergewinnen und an ihren alten Platz zurückbringen, ein Ereignis, das auch im Westen gefeiert wurde. Der religiöse Eifer machte sich in Zerstörungen Luft. Römer und Perser verheerten die heiligen Stätten der anderen, ein Menetekel für die Zukunft. Doch für die Zeitgenossen nahm sich dies ganz anders aus: Es schien jetzt möglich, dass das Oströmische Reich, der Unterstützung Gottes gewiss und in Schlachten erfolgreich, den gesamten Vorderen Orient beherrschen könne.

Da trat mit Macht ein neuer Gegner auf den Plan, auch er von religiöser Leidenschaft getrieben. Während Römer und Perser sich in ihren Kriegen verzehrten, war in einer Randlandschaft, über die allenfalls Händler und bisweilen Missionare zu berichten wussten, etwas Neues entstanden. Dort hatte sich, offenbar beeinflusst durch eine jüdisch-christliche Umwelt, ein neuer Prophet gezeigt, Mohammed, der von sich sagte, dass er direkt von Gott beauftragt sei, seine Lehre zu verkünden. Trotz vieler Anfeindungen gelang es ihm, sich in Mekka und Medina durchzusetzen. Nach seinem Tod 632 organisierten sich die dortigen arabischen Stämme neu; die junge Religion mit ihrem Auftrag, ihre Wahrheit auszubreiten, entband eine kriegerische Bewegung, die in den geschwächten Raum der Levante vordrang: 636 erlitt das oströmische Heer am Yarmuk, einem Nebenfluss des Jordan, eine vernichtende Niederlage gegen die Araber, 638 ging Jerusalem verloren, 641 errangen die Muslime einen großen Sieg über die Perser, 642 eroberten sie das römische Ägypten, und damit hatte der Siegeszug, der schließlich sogar das Westgotenreich auf der Iberischen Halbinsel erfassen sollte, noch längst kein Ende.

Mit dem Islam zog eine neue Welt herauf. Das Oströmische Reich blieb geschwächt, das Sassanidenreich, das zweite antike Weltreich, ging 651 unter. Erneut entfaltete sich eine Religion mit einem radikalen Wahrheitsanspruch. Wie unter den ersten christlichen Herrschern war unter islamischen Herrschern, namentlich den Omayyaden, eine Zeit lang ein friedliches Zusammenleben zwischen den Kulturen und Religionen möglich; griechischsprachige Christen arbeiteten, in ihrem Glauben ungestört, für Kalifen. Griechische Philosophie wurde gelesen und zur Deutung des Glaubens herangezogen. Doch wie unter christlichen Herrschern kam es auch hier alsbald zu Radikalisierungen, zu Glaubenskriegen und Verfolgungen.

6. Rückblick

Das Judentum hatte sich unter äußerstem Druck herausgebildet, angesichts dessen andere Religionen zugrunde gegangen wären. Dabei hatte es eine Lehre entwickelt, die den Misserfolg, ja das Scheitern des Volkes Gottes erklären konnte, ohne dass man an der Allmacht Gottes verzweifeln musste. Im Judentum entstand um Jesus, in dem seine Anhänger den Messias sahen, eine neue Bewegung, die sich verselbständigte. Das Christentum gab viele Regeln des Judentums auf, bewahrte aber die Vorstellung, dass Schwäche und Scheitern gerade nicht Ausdruck der Machtlosigkeit Gottes seien. Es machte die Religion, auch den Kaiserkult, zu einer Sache der eigenen Entscheidung und löste sie so aus dem Kontext der Polis. Diese Form des Glaubens erwies sich als ungeheuer attraktiv, so dass das Christentum zur Religion der Kaiser wurde und machtgeschützt die Gesellschaft noch intensiver durchdrang.

Doch das Christentum war nicht geeignet, inneren Frieden zu schaffen, und das sollte auch dem Islam nicht gelingen. Der Wahrheitsanspruch des Glaubens, der Einzelnen die Kraft verlieh, das Äußerste zu ertragen, erschwerte es, abweichende Meinungen zu dulden. Wenn sich diese Haltung mit einem persönlichen Machtanspruch verband, so war der Schritt zur Gewalt nicht weit. Beide Religionen waren geleitet von der Idee, dass *ein* Glaube für alle richtig sei, und begründeten Reiche auf dieser Grundlage, sie entfachten den fundamentalen Streit über die religiöse Wahrheit, auch die Unterdrückung Andersgläubiger erfolgte unter christlichen wie islamischen Vorzeichen. Und dennoch wäre es verkehrt, einen unlöslichen Zusammenhang zwischen Monotheismus und Gewalt zu sehen.

Beide Religionen tragen nämlich in ihren friedenverheißenden Lehren den Ansatz zur Kritik an jenem radikal gelebten Wahrheitsanspruch in sich. Sowohl die Geschichte des Christentums als auch die des Islam kennt Phasen der Selbstkritik, der Reform, des Nebeneinanderlebens verschiedener Auffassungen. Doch gleichsetzen kann man die Geschichte der beiden Religionen nicht: Denn das westliche Christentum hat sich intensiv mit dem Gedanken der Freiheit auseinandergesetzt und der Herausforderung von Reformation und Aufklärung gestellt. Das hat diese antike Religion in einer Weise verändert, wie es der Islam bislang nicht erlebt hat.

V. Epilog

Das Erbe der antiken Welt ist vielfältiger, als es dieser Band zeigen konnte. Die künstlerische Tradition etwa ist hier grob vernachlässigt worden, ebenso Philosophie und Wissenschaft. Auf drei Schlüsselbegriffe habe ich mich konzentriert, die besonders für die politische Entwicklung und das Selbstverständnis Europas von herausragender, wenn auch in verschiedenen Phasen unterschiedlicher Bedeutung waren und sind: die Freiheit, der Reichsgedanke, der wahre Glauben – alle drei lassen bereits in der Antike ihre Ambivalenz erkennen: Wer darf an der Freiheit teilhaben? Was ist mit den ausgelöschten Kulturen im Römischen Reich? Welche Opfer forderte der Kampf für den wahren Glauben? Die Erinnerung an die drei Ideen hat aber auch das europäische Denken belebt und, teils sogar durch fruchtbare Missverständnisse, Entwicklungen vorangetrieben, die wir als Errungenschaften der Neuzeit betrachten. Die Antike zeigte späteren Generationen, dass ein freies Zusammenleben möglich war, dass eine überregionale Ordnung zu Frieden und Wohlstand führen kann, dass das Vertrauen in den Glauben stark macht im Kampf gegen politische Gewalten. Das Erbe der Antike ist so auf vielfältige Weise in Europa angenommen und angeeignet worden. Heute stellt die Antike kein Identifikationsangebot mehr dar; gerade die intensive Beschäftigung mit ihr hat gezeigt, wie fremd, wie eigenartig sie war. Wohl aber erlaubt die Auseinandersetzung mit der Antike, über das vertieft zu reflektieren, was Europa möglich machte, und seine Gewordenheit zu sehen.

Es gibt keinen Erinnerungsort, an dem die ganze Vielfalt der Bezüge auf die Antike sichtbar wird, aber doch manche Städte, die eine Vorstellung von ihrer Mannigfaltigkeit vermitteln. In Konstantinopel, dem einstigen Byzantion und heutigen Istanbul, kam vieles

Der Blick über den Hippodrom im heutigen Istanbul erschließt die Verbindung von altorientalischen, klassischen und christlichen Traditionen in der Antike und deren Nachwirkungen auch im Islam. Man erkennt den vermutlich auf das 4. Jahrhundert zurückgehenden gemauerten Obelisken, sodann – inzwischen unterhalb des heutigen Bodenniveaus – die Schlangensäule aus Delphi (Abb. S. 44), ferner den Obelisken des Thutmosis (Abb. S. 87) mit seinem spätantiken Reliefsockel (Abb. S. 243). Im Hintergrund sieht man die Hagia Sophia, die in islamischer Zeit mit Minaretten ausgestattet wurde, vorne rechts der Zugang zum Vorhof der Sultan Ahmed-Moschee (Blaue Moschee), die architektonisch von der Hagia Sophia inspiriert ist.

zusammen, die Tradition der Polis, die Tradition des Senats, die Tradition des Kaisertums; manche Heiligtümer der alten Götter standen noch in der Spätantike, doch Kirchen und Paläste beherrschten das Stadtbild. Und vor allem wurde der städtische Alltag immer mehr vom Christentum beherrscht.

Und dennoch: Wer als Besucher eines der großen Spiele Justinians im Hippodrom, der Wagenrennbahn, verfolgte, der erlebte Wettspiele in einer Form, wie sie sich über Jahrhunderte im Römischen Reich entwickelt hatte. Er erblickte auf der Spina, dem Mittelstreifen des Hippodroms, Ehrenstatuen für Wagenlenker seiner Zeit, aber auch teils jahrhundertealte Kunstwerke, darunter die Schlangensäule von Delphi mit ihren drei ineinander verschlungenen Schlangen (Abb. S. 44). Sie war nach dem Sieg über die Perser 479 v. Chr. von den beteiligten Städten in Delphi gestiftet worden und bewahrte die Erinnerung an die Verteidigung der Freiheit durch die Griechen. Ursprünglich hatte sie auch eine religiöse Bedeutung gehabt, die sie mit ihrer Verpflanzung in den Hippodrom vollends einbüßte.

Beherrschend stand und steht im Hippodrom ein Obelisk, der durch Thutmosis III. (1479–1425 v. Chr.) zur Erinnerung an einen erfolgreichen Feldzug im Amunsheiligtum zu Karnak errichtet (Abb. S. 87), von dort an den Bosporus transportiert und mit großen Mühen unter Theodosius dem Großen (379–395 n. Chr.) in Konstantinopel wieder aufgestellt worden war, bereichert um Reliefs, die den Kaiser selbst als Zuschauer von Wagenrennen inmitten seiner Familie und seiner Untertanen zeigen (Abb. S. 243). Der ägyptische Pharao und der römische Kaiser fanden in einem Kunstwerk zusammen.

Überhaupt beherrschte der Kaiser die Szenerie im Hippodrom. Das Kathisma, die kaiserliche Loge, muss deutlich hervorgehoben gewesen sein. Dorthin begab der Kaiser sich direkt aus dem Palastkomplex und präsidierte den Spielen. Alles stand im Zeichen seiner Sieghaftigkeit, und damit auch der Größe des Römischen Reiches.

Christliche Symbole spielten an diesem Ort anscheinend keine große Rolle. Doch nur wenige Meter von der Startanlage der Wagen entfernt erhob sich die Hagia Sophia, baulich eng verbunden mit einer weiteren Kirche, der Hagia Eirene; von der anderen Seite der Rennbahn aus gelangte man mit wenigen Schritten zur Sergios- und Bakchos-Kirche. Der Macht der gar nicht mehr so neuen Religion konnte sich auch der Besucher des Hippodroms nicht entziehen, zumal die Wettkampfstätte zu einem Ort christlicher Prozessionen mutieren konnte.

Ob die Nähe von klassischer Kunst und Kirchenbau als eine Spannung erlebt wurde, ist schwer zu ermessen; vieles spricht dafür, dass man bereit war, alles zusammenzusehen, und keinen

Widerspruch zwischen klassischer und christlicher Tradition wahrnahm – allerdings unter der Voraussetzung, dass Christentum und Kaisertum ohnehin allem anderen übergeordnet seien. Gerade in der Zeit Justinians wurde die Macht dieses Glaubens fühlbarer. So energisch wie nie zuvor wurde das Heidentum zurückgedrängt. Als ein Ende, als Erstarrung sollte man die Epoche jedoch nicht betrachten.

Das erkennt man deutlich an der Baukunst, die sich unter Justinian besonders kreativ entwickelte. So wurde der Typus der sogenannten Kuppelbasilika zu ihrem Höhepunkt geführt, mit dem Bau der Sergios- und Bakchos-Kirche, in höchster Vollendung aber in der Hagia Sophia (Abb. S. 270). Sie wirkte in alle Richtungen: Vielleicht über ravennatische Bauten vermittelt, strahlte sie bis nach Aachen aus, wo der neue römische Kaiser Karl der Große gerne residierte. Unzählige byzantinische und russische Kirchen griffen ebenfalls Bauformen der Hagia Sophia auf und entwickelten sie weiter, so dass diese Art, Kirchen zu errichten, später oft als östlich wahrgenommen wurde. Doch auch die islamische Kunst verwandelte sich diese Formen an. Namentlich die Osmanische Moschee mit ihrem großen Kuppelraum schloss an die Hagia Sophia an, nachdem die Osmanen die Herrschaft über die alte Hauptstadt errungen hatten. Dieses Erbe spätantiker Baukunst wird in zahlreichen großen Moscheen sichtbar, etwa in der 1616/17 eröffneten Sultan-Ahmed-Camii, im Deutschen die Blaue Moschee genannt, die bewusst nahe bei der Hagia Sophia errichtet wurde.

Die Antike ist die Vergangenheit, in der Europa seine Traditionen wiederfindet, aber sie gehört nicht allein diesem Kontinent. Gerade Byzantion, Konstantinopel, Istanbul, diese Stadt mit ihrer großen Strahlkraft in viele Richtungen, zeigt: Die Antike ist ein gemeinsames Erbe der Mittelmeerkulturen. Abraham ist in allen drei großen monotheistischen Religionen eine verehrungswürdige Figur, die man deswegen heute gerne abrahamitische Religionen nennt – doch gerade dieses Beispiel zeigt, dass man sich durch äußere Gemeinsamkeiten nicht täuschen lassen darf. Denn es ist eben vor allem der Name Abrahams, den alle gemeinsam haben, während man sich die Gestalt in ganz unterschiedlicher Weise aneignete: Die Juden erkennen in ihm den Stammvater Israels. Die Christen sehen ihn als einen Patriarchen, der auf ihren Messias Jesus verweist. Für die islamische Tradition ist Abraham der Wiedererbauer der Kaaba. Ein gemeinsames Erbe garantiert noch keine Gemeinsamkeit; es kann sogar Streit bringen. Es gehört viel guter Wille dazu, das Verbindende zu erkennen. Vielleicht erschließt es sich aber leichter, wenn man in eine gemeinsame Vergangenheit zurückblickt, die nicht von unmittelbaren Gegenwartsinteressen besetzt ist. Dann könnte das Erbe der Antike zu dem gehören, was jene Kulturen zusammenführt, deren Tradition auf den Mittelmeerraum zurückgeht.

Literaturhinweise

Wer ein Buch wie das vorliegende schreibt, stützt sich auf eine erhebliche Menge an Literatur. Er muss von der Gewohnheit Abstand nehmen, hinter jedem Satz eine Anmerkung zu machen und hinter jedem Absatz die Zweifel, Unsicherheiten und offenen Probleme zu benennen. Manche Behauptungen, die ich aufstelle, habe ich in wissenschaftlichen Monographien und Aufsätzen begründet, doch auch das ist nur ein Bruchteil dessen, was nachzuweisen wäre. In anderem stütze ich mich auf die Forschung anderer, die sich für den Spezialisten leicht identifizieren lassen. Alles zu benennen würde den Band um die Hälfte anschwellen lassen.

An dieser Stelle muss ich mich auf einige Hinweise zur weiteren Orientierung beschränken. Zusätzliche Hinweise werden auf der Homepage des Verlags bereitgestellt werden (unter www.chbeck.de/das-erbe-der-antike sowie unter www.chbeck.de/geschichte-europas für die gesamte Reihe). Dort wird auch aktuelle Literatur angezeigt werden, denn zu den schwierigen Erfahrungen, die man als Wissenschaftler macht, gehört, dass das, was man mit Herzblut erforscht hat, rasch an Aktualität verliert.

Einen allgemeinen Überblick über die Alte Geschichte vermitteln Gehrke, Hans Joachim/Schneider, Helmuth (Hg.): Geschichte der Antike. Ein Studienbuch, Stuttgart/Weimar 2000; Dahlheim, Werner: Die Antike: Griechenland und Rom von den Anfängen bis zur Expansion des Islam, Paderborn ^{6}2002. Zum Lehrbuchwissen s. Leppin, Hartmut: Einführung in die Alte Geschichte, München 2005. Herausragend sind die als Sammelbände gestalteten Bände der Cambridge Ancient History, Second/Third Edition, Cambridge 1970 ff. Knapper gehalten ist die ebenfalls mehrbändige, den Zeitraum von 1200 v. Chr. bis 600 n. Chr. abdeckende Routledge History of the Ancient World, die sich dadurch auszeichnet, dass in den Bänden stets auch eine intensive methodische Reflexion geboten wird. Mit einem ganz anderen Ansatz als dem hier vertretenen deutet die Antike auf inspirierende Weise als das erste Europa Schuller, Wolfgang: Das Erste Europa 1000 v. Chr. – 500 n. Chr., Stuttgart 2004. Als Teil einer größeren Geschichte konzipiert ist Meier, Christian: Kultur um der Freiheit willen. Griechische Anfänge – Anfänge Europas?, Berlin 2009, der sich auf den Aspekt der Freiheit konzentriert und ihn eindringlich erläutert. Eine brillante Vergegenwärtigung der Zeit bis zum 2. Jahrhundert n. Chr. bietet Lane Fox, Robert: Klassische Welt, Stuttgart 2010 (engl. 2005).

Sehr hilfreich sind die auf die Antike bezogenen Bände des «Oldenbourg Grundriß der Geschichte», ferner die bereits erschienenen Bände der «Enzyklopädie der Antike», die bestimmte Querschnittsthemen erläutern.

Grundlage aller Arbeit sind die Quellen, die einerseits ein besonders eindringliches Bild vermitteln, die andererseits aus sprachlichen und inhaltlichen Gründen sich nicht immer leicht erschließen. Eine umfassende ältere Sammlung übersetzter und knapp erläuterter Quellen liegt vor in Arend, Walter: Altertum. Alter Orient, Hellas, Rom (Geschichte in Quellen 1), München ^{4}1989; eine vorzüglich ausgewählte und erläuterte jüngere Auswahl bildet das «Quellenbuch» zu dem oben erwähnten Studienbuch von Gehrke und Schneider.

Zeitleiste

ca. 1550 – 1070	Neues Reich in Ägypten
1259	Frieden von Kadesch
ca. 1200	«Seevölkersturm»: Zusammenbruch des Hethiterreiches; Bedrängnis Ägyptens
ca. 1200–800	«Dunkle Zeitalter»
753	Gründungsdatum Roms nach traditioneller Vorstellung
seit 750	Gründung griechischer Apoikien («Kolonien») zunächst im Westen
8./7. Jh.	Entstehung der homerischen Epen in einer festen Form
um 650	Beginn der älteren Tyrannis
639–609	Regierungszeit des jüdischen Königs Josia; Erneuerung der jüdischen Tradition
ca. 620	Gesetzgebung Drakons in Athen?
1. Drittel 6. Jh.	Wirken Solons in Athen
597 und 587	Eroberungen Jerusalems durch Nebukadnezar II. und Deportation eines Teils der Bevölkerung Judäas
559–530	Kyros der Große
546/5 – 511/0	Ununterbrochene Herrschaft der Peisistratiden in Athen
ca. 520/515	Errichtung des 2. Tempels in Jerusalem
524	Harmodios und Aristogeiton ermorden Hipparchos, einen Sohn und Nachfolger des Peisistratos («Tyrannenmord»)
510	Traditionelles Datum für den Sturz des römischen Königtums und den Beginn der Römischen Republik
509/8	Abwehr eines spartanischen Vorstoßes durch das Volk von Athen
490	Schlacht bei Marathon; erster Perserkrieg
480–479	Schlachten bei Salamis, Plataiai und Mykale, zweiter Perserkrieg
478/7	Gründung des Delisch-Attischen Seebundes
464/3	Helotenaufstand in Messenien

462/1	Reformen des Ephialtes: Entmachtung des Areopag; Athen gibt Bündnis mit Sparta auf.
449/8	Ausgleich zwischen Athen und Persien
446	Friede zwischen Athen und Sparta
431–404	Peloponnesischer Krieg, der mit der Niederlage Athens und der Auflösung des Seebundes endet.
396	Rom erobert und zerstört Veji
387/6	Königsfrieden in Griechenland bei persischer Dominanz
367/6	Licinisch-Sextische Gesetze: Aufwertung der Plebejer in Rom
340–338	Latinerkrieg: Rom Vormacht in Mittelitalien
346	Philokrates-Friede zwischen Philipp II. und Athen
338	Schlacht von Chaironeia: Griechenland unter der Hegemonie Makedoniens
336–323	Herrschaft Alexanders des Großen
334–325	Perserzug
301	Schlacht bei Ipsos, Antigonos als letzter Vertreter der Reichseinheit fällt.
282–272	Konflikt zwischen Rom und Tarent (Pyrrhos-Krieg): Rom Vormacht in Italien
281	Schlacht von Kouroupedion; System der drei Reiche (Antigoniden in Makedonien, Seleukiden in Vorderasien, Ptolemäer in Ägypten) etabliert.
264–241	1. Römisch-Karthagischer Krieg
218–201	2. Römisch-Karthagischer Krieg: Rom Vormacht im westlichen Mittelmeerraum
Seit 200	Eingreifen Roms im Osten
188	Friede zwischen Rom und Antiochos dem Großen, der sich aus Kleinasien zurückziehen muss. Rom beherrscht indirekt Griechenland.
168	Auflösung Makedoniens
168	«Tag von Eleusis»: Römische Gesandte zwingen Antiochos IV. zum Rückzug aus dem geschlagenen Ägypten.
168/7–164	Aufstand der jüdischen Makkabäer gegen die Seleukiden
149–146	Endgültige Niederwerfung und Zerstörung Karthagos
146	Zerstörung Korinths durch Rom
133–122	Gracchische Reformen; Beginn der Späten Republik

seit 104	Marianische Heeresreform; Entstehung der Heeresklientel
91–88	Bundesgenossenkrieg in Italien
81–79	Sullas Dictatur
64	Ende der Seleukidendynastie
58–51	Caesars Statthalterschaft in Gallien
44	Ermordung Caesars
30	Ägypten wird nach dem Tod Kleopatras VII. römisch.
27 v. Chr.	Octavian legt seine Sondervollmachten nieder und herrscht als Augustus weiter.
ca. 30 n. Chr.	Kreuzigung Jesu
68	Ende der Julisch-Claudischen Dynastie
69–96	Flavische Dynastie
96–180	Adoptivkaisertum
193–235	Severerdynastie
70	Zerstörung des Zweiten Tempels von Jerusalem
212/3	Caracalla verleiht fast allen Reichsbewohnern das römische Bürgerrecht.
249/50	Allgemeiner Opferzwang unter Decius
257–260	Christenverfolgung unter Valerian
294	Vollendung der Tetrarchie
303–311	Christenverfolgungen
306	Ausrufung Konstantins zum Kaiser: Bruch mit der Tetrarchie
312	Sieg Konstantins an der Milvischen Brücke im Zeichen des Kreuzes
364	Teilung der Verwaltung zwischen Ost und West
378	Niederlage der Römer bei Adrianopel
406/7	Germanische Gruppen überschreiten den Rhein.
410	Eroberung Roms durch die Westgoten
451	(4. Ökumenisches) Konzil von Chalkedon; die Gegner entwickeln sich in den folgenden Jahrzehnten zu «Miaphysitischen» Kirchen.
476	Ende des Weströmischen Kaisertums
533/4	Wichtige Rechtssammlungen werden in Konstantinopel vorgelegt, die zum *Corpus iuris* werden.
seit 540	Pestepidemie im Mittelmeerraum mit schweren Bevölkerungsverlusten

629	Herakleios schlägt die Perser
632	Tod Mohammeds; kurz darauf Beginn der islamischen Expansion
636	Niederlage Roms gegen die Araber am Yarmuk
651	Untergang des Sassanidenreiches
710/1	Auflösung des Westgotenreichs unter dem Ansturm muslimischer Truppen

Anmerkungen

I. Prolog

1 Noch einige technische Bemerkungen: Bei Herrschern und Bischöfen werden Regierungs- bzw. Amtsdaten angegeben, bei sonstigen Persönlichkeiten Lebensdaten; bei antiken Namen, für die oft unterschiedliche Schreibweisen existieren, wird die Namensform gewählt, die gebräuchlicher erscheint. Auf die Ergänzung von v. Chr. und n. Chr. wird da verzichtet, wo sich die zeitliche Einordnung aus dem Kontext ergibt.

II. Freiheit

1 Aischylos, *Perser* 241–244; Übers. nach J. G. Droysen.
2 Herodot 7,104; Übers. nach A. Horneffer.
3 Hesiod, *Werke und Tage* 363; 348 f.; 248–264; Übers. nach W. Marg.
4 R. Koerner, Inschriftliche Gesetzestexte der frühen griechischen Polis, Köln/Weimar/Wien 1993, 333.
5 Solon, Fragment 3 D (= 3 G.-P.); Übers. nach M. Stahl.
6 Alkaios, *Gedichte* 46 a D = 326 LP; Übers. nach M. Treu.
7 *Attisches Skolion* 10 D. = 10 P; Übers. nach F. Hölderlin.
8 Thukydides 2,37; Übers. nach G. P. Landmann.
9 Aristophanes, *Wolken* 550–558; Übers. nach L. Steeger.
10 Thukydides 1,70; Übers. nach G. P. Landmann.
11 F. D. Harvey, ‹Help! I'm Dying here›. A Letter from a Slave, ZPE 163 (2007), 49 f.
12 Tyrtaios, *Fragment* 6,1–4 G/P; Übers. nach M. Meier.
13 Horaz, *Oden* 3,2,13.
14 Plutarch, *Lykurg* 18,1; Übers. nach K. Ziegler.
15 Simonides 92 A D = FGE XXII b.
16 Thukydides 2,37; Übers. nach G. P. Landmann.

III. Reich

1 *Daniel* 2,31–35. Übers. wie auch bei den anderen Bibelzitaten nach der Neuen Zürcher Bibel (2007).
2 *Daniel* 2,44; vgl. das Kapitel 7, das gleichfalls eine Vision bringt, die sich auf die vier Reiche beziehen lässt.
3 Suda, s. v. *basileia*; B 147 Adler; Übers. nach F. W. Walbank.
4 *Töpferorakel* P_2 29–35, ZPE 2 (1968), 206.

5 Vergil, *Aeneis* 8,347–368; Übers. nach J. Götte.
6 Polybios 29,27,2–8; Übers. nach H. Drexler.
7 Horaz, *Briefe* 2,1,156 f.
8 *Res gestae divi Augusti* 34; Übers. nach M. Giebel.
9 P. Yale I 61.
10 BGU VII 1680 = Sel. Pap. 1,134.
11 Aelius Aristides, *Auf Rom* 97; Übers. nach R. Klein.
12 Tacitus, *Agricola* 21; Übers. nach K. Büchner.

IV. Wahrer Glaube

1 «*Großer Hymnus*» *Echnatons von Amarna*; Übers. nach J. Assmann.
2 *Exodus* 20,2 f.
3 *Deuteronomium* 13,6–10.
4 S. dazu S. 105 f.
5 *Römer* 1,1.
6 *Galater* 2,11–14.
7 *Matthäus* 5,38 f.
8 *Apostelgeschichte* 14,8–18.
9 Vergil, *Eclogen* 1,7.
10 Sueton, *Vespasian* 23,4.
11 Tacitus, *Historien* 5,5,1; Übers. nach J. Borst.
12 TAM V I 246; Übers. nach G. F. Chiai.
13 Tacitus, *Annalen* 15,44; Übers. nach W. Harendza.
14 1. *Korinther* 11,18–22.
15 Athenagoras, *Legatio* 11; 37; Übers. nach A. Eberhard.
16 Tertullian, *Apologeticum* 40,2; Übers. nach C. Becker.
17 Plinius, *Briefe* 10, 96; Übers. nach M. Giebel.
18 Theodoret, *Kirchengeschichte* 5,20,4 f.; Übers. nach A. Seider.
19 Gelasius, *Briefe* 12,2; Übers. nach A. M. Ritter.

Bildnachweis

Berlin, The Bridgeman Art Library: S. 38 (Museo Archeologico Nazionale, Neapel), S. 69 (Peter Willi), S. 87 und S. 153 (Bridgeman Berlin); Berlin, akg-images: S. 44 (Gerard Degeorge), S. 168 (Kalkriese, RIC: Augustus 541), S. 168 (Erich Lessing, RIC: Titus 63), S. 243 (Suzanne Held); München, Interfoto/Miller: S. 270; Rom, Museo Nazionale: S. 253.

Sämtliche Karten wurden von Peter Palm, Berlin, gezeichnet.

Orts- und Personenregister